范 钧 等 著

知识共创与
顾客在线创新研究

浙江工商大学出版社
ZHEJIANG GONGSHANG UNIVERSITY PRESS
·杭州·

图书在版编目(CIP)数据

知识共创与顾客在线创新研究 / 范钧等著. —杭州:
浙江工商大学出版社,2019.12

ISBN 978-7-5178-3596-7

Ⅰ. ①知… Ⅱ. ①范… Ⅲ. ①企业创新—研究 Ⅳ.
①F273.1

中国版本图书馆 CIP 数据核字(2019)第 255377 号

知识共创与顾客在线创新研究

ZHISHI GONGCHUANG YU GUKE ZAIXIAN CHUANGXIN YANJIU

范　钧　等著

责任编辑	范玉芳　谭娟娟
封面设计	林朦朦
责任印制	包建辉
出版发行	浙江工商大学出版社
	(杭州市教工路 198 号　邮政编码 310012)
	(E-mail:zjgsupress@163.com)
	(网址:http://www.zjgsupress.com)
	电话:0571 - 88904980,88831806(传真)
排　版	杭州朝曦图文设计有限公司
印　刷	浙江全能工艺美术印刷有限公司
开　本	710mm×1000mm　1/16
印　张	13.75
字　数	252 千
版 印 次	2019 年 12 月第 1 版　2019 年 12 月第 1 次印刷
书　号	ISBN 978-7-5178-3596-7
定　价	49.00 元

本书得到以下基金资助：

· 国家社会科学基金（14BGL197）

· 教育部人文社会科学研究规划基金（19YJA630019）

顾客在线创新即顾客通过虚拟品牌（创新）社区、社会化媒体等互联网平台和载体，以在线方式参与企业新产品（服务）开发等开放式创新活动。在开放式创新理念的指引下，企业的创新活动已从封闭走向开放，顾客也随之成了企业重要的外部创新资源。但传统的线下实体环境使顾客参与创新活动受到极大的限制，企业很难充分利用顾客的创新潜力。互联网和信息技术的高速发展，打破了顾客参与企业创新活动的时空局限，使顾客在线创新成为可能。与此同时，顾客的个性化需求也日趋强烈，出于不满足现有选择、追求自我实现等原因，他们也希望通过各种便利的在线工具与企业交流互动并参与企业创新活动。因此，在新产品（服务）开发过程中，企业可通过虚拟社区、虚拟实验室、顾客创新工具箱、社会化媒体等在线方式实现与顾客大规模零距离的实时互动；吸引顾客利用自身拥有的异质性知识和创造力，积极为企业开放式创新活动做出贡献。目前，已有越来越多的企业开始将顾客在线创新作为企业重要的开放式创新战略，并构建起相应的顾客在线创新平台，如耐克的篮球鞋社区，微软的虚拟实验室，华为花粉俱乐部，联想开发者平台，小米社区等。

创新的本质就是知识的创造，创新过程就是参与创新的主体知识增加的过程，顾客在线创新活动也就必然蕴含着顾客与企业的在线知识共创。本书将顾客在线创新情境下的知识共创定义为：顾客在在线参与企业新产品（服务）开发过程中，通过在线互动、相互启发、诱导激励等方式，共同构建和发展新知识的过程。本书将其分为内向型知识共创和外向型知识共创两大类。内向型知识共创是基于企业逻辑的，指的是企业吸收顾客知识，在企业内部经过共享、整合、利用，进而创造出新的知识；外向型知识共创是基于顾客逻辑的，指的是顾客利用企业提供的知识和资源,与自身拥有的知识和技能相融合,进而发展出新的知识。与此同时,还有诸多因素与顾客在线创新活动紧密相关。如顾客—企业在线互动是顾客在线创新的基础性活动;虚拟社区创新氛围和顾客创造力是影响顾客在线创新绩效的重要环境和个体因素;顾客在线建言行为是顾客在线创新的常见表现形式;在线知识共享行为是知识共创和顾客在线创新的必要前提;微信公众号等社会化媒体已逐渐成为顾客在线创新的主流载体。

目前,开放式创新背景下的顾客创新问题已成为创新领域的研究热点和重要方向,涉及知识管理、营销管理、创新管理等多个学科及服务主导逻辑、价值共创、顾客互动、顾客合作生产、用户驱动型创新、顾客共同开发、关系营销等多个主题。学术界日益关注在线情境下的顾客创新问题,进行了各种有益的理论探索,如顾客在线创新的角色、动机、方式和结果(积极和消极),顾客在线创新过程中的知识共享和知识共创,以及顾客在线创新氛围、顾客创造力等问题。从已有研究来看,虽然顾客在线创新已进入了学者们的研究视野,但针对顾客在线创新问题的实证和动态研究,以及综合考虑顾客—企业在线互动、在线知识共享、顾客—企业知识共创、虚拟社区创新氛围、顾客创造力等因素和情境的细化研究尚有待深入。本书结合当前互联网时代和开放式创新背景,从知识共创视角出发,对顾客在线创新问题进行了较深入的理论和实证研究,并对与顾客在线创新与知识共创紧密相关的若干主题进行了系统性研究。本书不仅对顾客在线创新研究的不断深化和拓展具有积极的促进作用和参考价值,而且为企业如何充分利用顾客在线创新活动来提升开放式创新绩效提供了一定的方法借鉴和理论指导。

本书共分 9 章。第 1 章为导论,介绍了本书的现实和理论背景、主要研究对象、具体研究内容、主要研究方法和框架结构安排。第 2 章为文献综述,对顾客在线创新和知识共创这两个重要研究主题进行了文献梳理,总结了已有研究的主要进展及有待进一步研究的主要问题。第 3 章为知识惯性与知识密集型服务企业绩效研究,以知识密集型服务企业内部的知识管理和组织学习问题为研究情境,以组织学习为中介,就知识惯性对服务企业绩效的影响机制问题进行了理论和实证研究。第4章为顾客—企业在线互动与新服务开发绩效研究,以顾客在线参与企业新服务开发活动为情境,分析了顾客—企业知识内向型和外向型共创的过程机制,构建并验证了顾客—企业在线互动、知识共创与新服务开发绩效的关系模型。第5章为创新氛围与顾客—企业外向型知识共创研究,以顾客在线参与虚拟品牌社区主导企业创新活动为情境,以内部人身份认知为中介,就创新氛围对顾客—企业外向型知识共创的作用机制问题进行理论和实证分析。第6章为创新氛围与顾客创造力研究,以虚拟社区顾客在线创新为情境,以创造性自我效能感和积极情绪为中介,就创新氛围对顾客创造力的影响机制问题进行理论和实证分析。第7章为顾客在线建言行为的动机研究,从虚拟品牌社区中的顾客在线建言行为角度研究顾客在线创新问题,分析了影响顾客在线建言行为的四类主要动机及社区认同的调节作用。第8章为顾客在线知识共享行为退出意向研究,以顾客消极态度为中介,就虚拟社区中顾客期望差距和低感知公平性对其在线知识共享行为退出意向的影响机制进行了理论和实证研究。第9章为顾客微信公众号持续使用意愿研究,以顾客情感价值和信息价值为中介,就微信公众号推送内容特性对顾客持续使用意愿的影响机制进行了理论和实证分析。

本书是笔者主持的国家社会科学基金项目"知识共创视角下的顾客在线参与新服务开发研究"(14BGL197),以及教育部人文社会科学研究规划基金项目"基于在线社会支持的顾客创造力提升机制研究"(19YJA630019)的部分研究成果。这些成果大多以论文形式公开发表在《科研管理》《商业经济与管理》《管理评论》《科学学与科学技术管理》《科技管理研究》《外国经济与管理》等学术期刊上,其中有5篇论文被人大复印资料《市场营销》(理论版)全文转载,本次整理成书时进行了一定的扩充、修改和完善。

本书的完成要感谢笔者的在读博士和硕士研究生陈婷婷、赵明科、李绛露、何佳瑜、吴丽萍、张元强等同学,他们每个人都承担了本书1万字以上的撰写和整理工作;同时还要感谢笔者已经毕业的博士和硕士研究生聂津君、高孟立、葛米娜、梁号天、朱春平、王小梅、林涛等同学,他们参与了与本书内容相关的大量研究工作。感谢浙江工商大学市场营销与服务管理学科方向研究团队的所有成员,本书取得的相关研究成果得益于全体团队成员的共同努力。感谢全国哲学社会科学规划办公室、教育部社会科学司为本书提供的基金项目资助,也要感谢浙江工商大学出版社为本书出版所付出的辛勤劳动。

范 钧

浙江工商大学

2019 年 10 月

| 目　录 |

1　导　论

1.1　研究背景与意义

1.1.1　现实背景与意义

(1)顾客参与创新已成为企业开放式创新的重要成功因素

自约瑟夫·熊彼特(Joseph Alois Schumpeter)在 1912 年提出创新概念以来,技术创新开始被认为是企业发展的灵魂。随着知识经济和全球化时代的来临,技术创新已成为产业转型升级和国家竞争优势的源泉和重要动力。但从目前来看,在全球化背景下,我国企业的整体创新能力和市场竞争力仍较为薄弱,影响了其在国民经济中应有作用的充分发挥(刘顺忠,2011)。新产品(服务)开发作为企业创新活动的重要内容,在当前市场竞争日趋激烈、顾客需求复杂变化、创新速度和效率压力不断增强的环境下,对提高企业创新绩效并获取长期竞争优势有重要作用(Smith et al.,2007)。企业只有在更短的时间内以更低的成本开发出更符合市场需求的新产品(服务),才能在激烈的竞争中生存和发展。然而,因为市场环境的急剧变化,新产品(服务)开发过程本身具有高风险性和复杂性,所以新产品(服务)开发的失败率很高。这成为威胁企业发展的严重问题。这说明,尽管关于新产品(服务)开发的理论研究一直如火如荼地开展,但新产品(服务)开发过程中所面临的现实问题仍不断涌现,已有的理论研究成果仍不足以解决现实问题。因此,对影响新产品(服务)开发成功的关键因素以及其中的具体作用关系等问题,仍需要深入的理论探索和实证研究。

在诸多影响新产品(服务)开发绩效的因素中,企业内外部各群体知识资源的获取、整合和利用已被证实为新产品(服务)开发成功的重要因素之一。在外部环境日益变化的形势下,企业的技术创新活动正从封闭走向开放,开放式创新理念已经基本普及。"共同创造"作为一种汇聚各方力量的创新模式,开始应用于新产品(服务)开发实践。成功的新产品(服务)开发需要运用企业内外部各群体的知识资源,而顾客作为重要的外部资源已在理论上得到了学者们的共识,顾客无疑是重要的"合作创造者"之一(Prahalad and Ramaswamy,2000;Mahr et al.,2014)。与此同时,顾客参与创新在新产品(服务)开发中的积极作用也引起了越来越多企业的重视。企业的技术创新活动已从传统上"以企业为中心"的单边创新范式向"顾客—企业共创价值"的交互创新范式转变(王琳,2012)。在顾客需求导向的市场环境下,顾客在企业创新活动中的重要地位日益凸显。他们已不仅仅是新产品(服务)的被动接受者,更是主动表达自己的需求和愿望,并参与到新产品(服务)设计过程中,扮演着企业新产品(服务)的共同开发者、企业合作者与竞争者,以及价值共同创造者等多重关键角色,顾客参与创新对提升企业新产品(服务)开发绩效至关重要(王永贵等,2011)。Ramaswamy(2004)指出,顾客与企业的合作主要通过互动来实现。企业与顾客间蕴含着一种"共生关系","顾客—企业互动"的界面是企业与顾客共创价值的新场所(Muller and Zenker,2001)。在价值共创的创新层面,创新过程也是参与主体的知识增加过程,是知识的共同创造(Kohlbacher,2008)。因此,通过与顾客的有效互动来整合双方的知识和潜能并实现知识共创,进而使创新想法得以不断涌现,是提升企业开放式创新绩效的重要途径之一。

(2)互联网时代的顾客在线创新成为企业新产品(服务)开发制胜关键

顾客在线创新即顾客通过虚拟品牌(创新)社区、社会化媒体等互联网平台和载体,以在线方式参与企业新产品(服务)开发等开放式创新活动。传统的线下环境难免使得顾客群体的参与活动受到限制,企业很难真正挖掘顾客作为"合作创造者"的潜力。互联网和信息技术的高速发展,进一步打破了在传统实体环境下,顾客—企业互动在顾客数量及时间等方面的局限,使企业与庞大顾客群体的在线实时互动成为可能。在新产品(服务)开发过程中,企业可通过电子邮件、论坛、微博、微信、在线社区、即时通信工具、虚拟实验室、顾客创新工具箱、社会化媒体等互联网(含移动互联)途径和方式,实现与顾客的大规模零距离互动,并为提升新产品(服务)开发绩效做出积极贡献。顾客—企业互动的广度、深度和频度大大提升,顾客拥有了直接参与企业新产品(服务)开发活动的便利途径,企业也拥有了及时、高效、低成本地识别、捕获创新知识和信息的重要渠道(Fuller et al,2006;Chu and Chan,2009)。越来越多的企业开始尝试通过虚拟创新社区等顾客—企业在线互动方式,把志趣相投的各方力量汇聚起来进行新产品(服务)开发活动(Flavian and Guinaliu,2005;Sheng and Hartono,2015)。

　　顾客在线参与新产品（服务）开发最典型的是软件行业的开源社区。例如操作系统 Linux 就是典型的开源软件，Linux 的核心代码库放在一个全球软件开发者社区中，很多软件专业人士或爱好者等社区成员对该代码库进行不断地修改和完善，而这些参与者中只有很少一部分是 IBM 公司的正式员工。如今，越来越多的企业使用这种"分布式共同创造"模式，以达到发掘更多优秀的产品（服务）创意，更快速有效地利用这些创意为企业创造竞争优势的目的。在星巴克的顾客创意论坛中，顾客可以自由发表对产品或服务的想法和建议，通过顾客间丰富的交流互动形成和提升服务创意，实现服务突破。国内的小米手机也是顾客在线参与新产品（服务）开发的典型案例。小米的产品（服务）理念是"为发烧而生"，让 60 万"发烧友"参与手机系统等应用软件的开发，并根据"发烧友"的反馈意见不断改进。在小米社区中，"米粉"们毫无保留地进行互动和分享，正是这种顾客—企业共同创造的模式促成了小米的成功。

　　很多公司都创建了类似的在线平台，以更加积极、直接和系统化的方式将顾客的创意整合到新产品（服务）开发过程中，如星巴克的顾客创意论坛、微软的虚拟实验室，以及华为花粉俱乐部、联想开发者平台、魅族社区、威锋网等。还有很多企业通过微博、微信、QQ 等社交媒体工具与顾客建立并维系良好关系，通过与顾客的在线互动吸收顾客创意，为企业创新活动提供源源不断的养分（Della Corte et al.，2015）。除此之外，国外许多公司利用先进的虚拟实验室、顾客创新工具箱等方式让顾客更加直接、深入地参与到企业的新产品（服务）开发中去，为企业带来了巨大的附加价值。相比而言，国内企业在虚拟实验室和顾客创新工具箱等方面稍显滞后，仍有待进一步探索和实践。

　　综上所述，基于互联网的虚拟顾客整合已在企业新产品（服务）开发实践中被广泛运用并为企业创造了巨大价值，与此同时，消费者的个性化需求越来越强烈，出于不满足现有选择等原因，顾客也希望通过各种便利的在线工具与企业进行互动并共创价值（Ramaswamy，2004）。在线顾客群体拥有大量与产品（服务）相关的消费知识、市场信息和技术诀窍（Fuller et al.，2006）；企业与顾客的在线互动，可充分利用顾客群体的异质性知识和创造力，在思维碰撞中引起创造性"风暴"（王莉和任浩，2013）。因此，深入研究网络环境下参与新产品（服务）开发的顾客与企业之间的交互活动，探索和验证影响新产品（服务）开发绩效的机制，是一项重要和现实的研究课题。这对帮助企业更好地认识网络环境下顾客对企业的价值，把握顾客在线参与新产品（服务）开发的创新规律，找到有效提升新产品（服务）开发绩效的关键路径，优化企业内外部管理以高效实现与顾客的价值共创，有效地理解与响应顾客差异化、层次化和不断变化的需求，从而在严峻的竞争形势下胜出，都具有重大的现实意义。

(3)顾客—企业知识共创是提升企业新产品(服务)开发绩效的重要途径

随着经济全球化,信息技术的迅猛发展,企业的生存与发展面临着不确定的、充满挑战的环境。知识已经成为企业竞争优势的核心来源,知识竞争成为企业竞争的主流形态。如何创造、挖掘、利用、管理这一资源,实现企业竞争优势,成为学者们多年来的研究热点。新产品(服务)开发是一个复杂的知识运动过程。在这个过程中,企业不仅要应用已有的各种知识,还要努力从企业外部获取各种知识,进而创造新的知识。企业如何有效整合和利用内外部知识资源已成为新产品(服务)开发成功的重要因素,特别是顾客知识已成为企业提高新产品(服务)开发成功率,获取持续竞争优势的重要源泉。在市场竞争不断加剧,产品(服务)生命周期日益缩短,顾客对产品(服务)需求的变化越来越快的形势下,企业所要面对的一个难题就是如何对外部知识进行挖掘和有效管理并创造新的知识,通过知识转化利用和创新实施新产品(服务)的开发,从而提高企业服务竞争力。

顾客作为企业新产品(服务)开发活动重要的外部知识资源,其对产品(服务)不断变化的需求,在购买和使用产品(服务)过程中积累的经验、技能,以及在参与过程中创造的知识,已成为企业预测市场发展趋势、识别市场机会、改进和开发产品(服务)、合理确定企业目标所必需的关键资源(Thomke and Hipple,2002)。顾客在线创新虽然对企业新产品(服务)开发绩效的积极作用已得到学术界的基本认可和企业实践的检验,但也是一把双刃剑,其对新产品(服务)绩效的影响尚未完全明确,且并非总是存在积极效应(Jeppesen,2003;Chan,2010;Hoyer et al.,2010;范秀成和杜琰琰,2012)。在顾客在线参与新产品(服务)开发过程中,顾客差异或能力不足、顾客创造力不强、顾客创新意愿或投入不够、顾客参与时机不当等诸多因素均可能造成新产品(服务)开发成本增加、效率降低、失败率偏高等负面影响。其中顾客—企业知识共创是影响新产品(服务)开发绩效的重要因素。顾客提出的想法、创意、产品(服务)设计或改进方案的新颖性和实用性会对企业新产品(服务)开发绩效产生直接影响。因此,在顾客在线参与新产品(服务)开发过程中,高效实现顾客—企业知识共创,是提升企业新产品(服务)开发绩效的重要途径。

因此,本书对顾客在线参与企业新产品(服务)开发情境下,顾客—企业在线互动与新服务开发绩效的关系,以及顾客—企业知识共创的过程和影响机制研究,能为企业在顾客在线参与新产品(服务)开发过程中,如何通过科学的信息导向、关系导向和任务导向的顾客—企业在线互动,来不断强化顾客—企业内向型和外向型知识共创,提升企业新服务开发绩效提供较好的思路借鉴。同时本书还能帮助企业在充分了解顾客—企业内向型和外向型知识共创过程机制的前提下,综合考虑顾客与企业的知识势差等因素,通过营造良好的虚拟品牌社区创新氛围,来促进顾客的内部人身份感知并消解其知识心理所有权,从而高效实现顾客—企业外向型知识共创,提升企业产品(服务)创新绩效创造有利条件。此外,本书开展的知识惯性与知识密集型服务企业绩效、创新氛围与顾客创造力、顾客在线建言行为、顾客在线知识共享意向、顾客微信公众号持续使用意愿等一系列研究工作,对企业利用虚拟品牌(创新)社区、微信公众号等社会化媒体,高效开展顾客在线创新活动,充分发挥其积极效应,特别是通过强化顾客—企业知识共创来全面提升企业开放式创新绩效,具有现实意义。

1.1.2　理论背景与意义

(1)开放式创新背景下的顾客参与创新问题已成为创新研究热点

顾客参与创新是创新领域新兴的重要研究方向,涉及知识管理、营销管理、创新管理等多个学科。综观目前的相关文献,学者们从不同的视角展开理论研究,取得了丰硕的成果。已有研究涉及不同的视角和切入点,如顾客参与创新、开放式创新、服务主导逻辑、顾客价值共创、用户创新、顾客互动、顾客合作生产、用户驱动型创新、顾客共同开发、关系营销、顾客整合等,但总体较为零散,尚未形成完整的理论体系。在研究内容上,涉及顾客参与创新的内涵界定、维度划分、顾客角色、参与程度、参与动机、参与阶段、顾客特征、对新产品(服务)开发绩效的影响等方面已形成了较多研究成果。

顾客参与创新对新产品(服务)开发绩效的影响受到了国内外学者的重点关注,部分学者曾对顾客参与创新带来绩效的提升持怀疑态度(Leonard-Barton,1995;Bidault and Cummings,1994;Burce et al.,1995;Christensen,1997;Schrader and Gopfert,1998;lwick,2002;Magnusson,2003;Cui and Wu,2016)。但总体而言,学界普遍认同顾客参与创新对新产品(服务)开发的积极作用(Olson et al.,1995;Griffin and Page,1996;Gruner and Homburg,2000;Von Hippel,2001;Alam,2002,2006,2013;Matthing et al.,2004;Enkel et al.,2005;Lagrosen,2005;Sandberg,2007;Gemser and Perks,2015;汪涛等,2009)。在顾客参与创新对新产品(服务)开发绩效的直接效应基础上,一些学者开始关注两者的间接效应。Fang(2008)指出,顾客参与创新对新产品(服务)开发的绩效影响机制是一个有意义的研究方向。已有研究主要从关系嵌入、知识整合、知识转

移、组织学习等角度来考察顾客参与创新对新产品(服务)开发绩效的间接效应(Bonner,2010;汪涛和郭锐,2010;姚山季和王永贵,2011;卢俊义和王永贵,2011;王琳,2012),试图打开其作用机制的"黑箱"。但大多研究基于信息处理和知识管理的视角,特别是传统的线下参与创新情境的研究,主要从单向参与企业创新的角度出发,将顾客仅仅视为企业创新活动中的信息和知识提供者,主要关注企业如何获取顾客信息和知识以提升创新绩效,忽视了顾客的"合作创造者"角色,缺乏对双向互动、共同创造的重视。

(2)在线情境下的顾客参与创新问题研究日益引起学术界的关注

在传统实体环境下,顾客在绝大多数新产品(服务)开发过程中所发挥的作用是十分有限而且是被动的。这当中有很多因素,其中一个重要的因素就是顾客与企业(特别是与企业开发人员)之间缺乏有效的沟通渠道和工具,企业与顾客之间的"联通性"太弱。Matthing et al.(2004)指出,顾客参与新产品(服务)开发需要太多的沟通,传统的线下沟通成本太高,因此难以获取、识别、理解和满足顾客潜在的需求。事实上,除了倾听顾客的心声,企业还可以充分鼓励顾客投入知识,甚至通过与顾客频繁地互动合作,互相启迪思想,共同创造知识,找到产品中顾客没有表达出来的兴奋要素,以满足顾客的最大需求,增强新产品(服务)的市场竞争力。顾客—企业合作创新的本质是互动(Prahalad and Ramaswamy,2000)。隐性、黏性的知识和洞察力很难与产生它的社会背景分离,因而需要更深入的互动沟通过程(Lundkvist and Yakhlef,2004)。Sigala(2012)通过对服务业的案例研究也发现,创意并非预先存在,而是在企业与顾客互动、对话过程中产生的。随着互联网和信息技术的发展,企业与顾客之间拥有了比简单的信息处理更为丰富的互动和沟通方式,企业吸纳顾客参与创新过程的能力大大增强。信息通信技术的快速发展,为顾客深入参与企业新产品(服务)开发全过程提供了强大的技术保障,新产品(服务)开发过程中的顾客—企业关系因此发生了突破性转变,新产品(服务)开发从"企业利用顾客知识"向"与顾客共同创造知识"转变。与此同时,在线情境下的顾客参与创新也引起了理论界和实践界的高度关注。

国外学者对顾客在线创新问题已进行了有益的探索,而国内相关研究仍处于初始阶段。国外相关研究成果对后续理论研究及中国情境下的实证研究有较大的借鉴价值,但已有研究尚未形成一个系统的分析框架和完整的理论体系,仍有诸多问题有待进一步深入探讨。从已有文献来看,大量研究集中于顾客在线参与新产品(服务)开发的动机方面(Hars and Ou,2002;Lakhani and Von Hippel,2003;Fuller et al.,2006;Oreg and Nov,2008),很多研究也涉及了顾客在线参与新产品(服务)开发的方式,概括而言,主要有用户生成内容、基于社区的创新、虚拟产品(服务)体验和顾客创新工具箱四类(Fuller et al.,2004;Jeppesen,2005;Rowley,2007;Kohler et al.,2009;Andreassen,2009;Sigala,2012)。此外,顾客在线创新对新产品(服务)开发绩效的积极影响获得了多数学者的认可(Alam,2002,2006,2013;Franke and Von Hippel,2003;Dennis and Fowler,2005;Sawhney et al.,2005;Sigala,2012;Greer and Lei,2012);但也有学者提出了顾客在线创新给企业新产品(服务)开发所带来的成本、风险等负面问题(Jeppesen,2005;Fang,2008;Hoyer et al.,2010;范秀成,2011)。

(3)顾客在线创新对企业新产品(服务)开发绩效的影响机制尚待进一步深入研究

如前所述,在顾客在线创新对新产品(服务)开发绩效的影响方面,大量文献进行了相关研究,但对于其间接效应则缺乏足够的重视和关注,即关于顾客在线创新对企业新产品(服务)开发绩效的作用机制的"黑箱"尚未被完全打开。很多研究都基于信息处理的视角,主要关注企业如何获取顾客信息和知识以提升创新绩效,低估了顾客的"合作创造者"的作用,缺乏对双向互动、共同创造的重视。有些研究已开始关注互联网在线情境下的顾客—企业双向互动和知识共创,但大多是理论阐述或简单的案例研究,如 Franz 和 Wolkinger(2003)研究了通过虚拟社区将顾客整合进新产品(服务)开发的过程;Rowley(2007)等以风筝社区为例研究顾客社区中的共创问题;Nicolajsen 和 Scupola(2011)研究了顾客参与某工程咨询服务公司的突破性服务创新;Pedrosa(2012)研究了物流服务业的顾客整合案例。这些研究大多专注于顾客参与创新的阶段、顾客所扮演的创新角色等方面的探索,对在线情境下顾客—企业互动对新产品(服务)开发绩效的影响涉及较少,对知识共创及其在两者关系中的重要作用尤其缺乏足够的关注。

已有研究对顾客—企业知识共创已有所涉及,但总体尚处于起步阶段。Prahalad 和 Ramaswamy(2000)、Ramaswamy(2004)、Chesbrough et al.(2006)、Mohaghar et al.(2012)、Saadia 和 Pahlavanib(2013)、孙洪庆(2010)、张永成,郝冬冬(2011)、王莉和任浩(2013)等中外学者,就顾客—企业知识共创的概念界定、维度和类型划分、影响因素及对新产品(服务)开发绩效的影响等问题,进行了理论和实证分析。另外,对创新氛围(creative environment)、组织支持等问题已有相关研究,虽然主要集中于组织行为学领域,以组织、团队和员工为主要研究对象,但对顾客在线创新对新产品(服务)开发绩效影响机制的研究也有较大的借鉴意义。Amabile et al.(1989,1996,2005)、Maruping 和 Magni(2012)、Turnipseed(2013)、Yu(2013)、Bowen 和 Schneider(2014)、顾远东和彭纪生(2010)、连欣等

（2013）、王艳平等（2014）、孙锐（2014）研究了创新氛围的界定、维度及对知识创造的影响机制问题。Rhoades 和 Eisenberger（2002）、Amabile et al.（2004）、Altunoglu 和 Gurel（2015）、顾远东等（2014）关于组织支持与员工创新行为的关系问题研究，对顾客在线创新和顾客—企业知识共创，也有较大的参考价值。因为网络虚拟社区作为顾客在线参与企业新产品（服务）开发的重要平台，也是一种较为特殊的开放性组织。

从已有研究来看，顾客在线创新问题虽然已进入了学者们的研究视野，但已有研究主要关注顾客（线下）参与产品或服务创新及其对绩效的直接影响，针对顾客在线参与新产品（服务）开发的实证和动态研究，以及综合考虑顾客—企业在线互动、在线知识共享、顾客—企业知识共创、虚拟社区创新氛围、顾客创造力等因素和情境的细化研究尚有待深入。因此，本书是互联网时代开放式创新背景下，对顾客在线参与新产品（服务）开发研究的进一步深入和细化；并从顾客—企业在线互动、社区创新氛围与顾客—企业知识共创的关系入手，通过文献研究、理论分析、大样本问卷调查和统计分析等研究方法，剖析顾客在线创新与企业新产品（服务）开发绩效间复杂关系的重要一环。本书各项研究工作的理论意义主要体现在以下几个方面：一是明确顾客—企业在线互动对知识共创和新服务开发绩效的作用机制，发现提升新服务开发绩效的关键路径；二是明确顾客—企业知识共创的过程机制，发现内向型和外向型知识共创的主要阶段和区别联系；三是明确虚拟社区创新氛围对顾客内部人身份认知和顾客—企业外向型知识共创的影响机制，以及顾客与企业知识势差的调节效应；四是明确顾客创造力、顾客在线建言行为、顾客在线知识共享意向、顾客微信公众号持续使用意愿等与顾客在线创新密切相关的顾客行为的前因后果及其作用机制。

1.2　研究对象与内容

1.2.1　研究对象

顾客在线创新即顾客通过虚拟品牌（创新）社区、社会化媒体等互联网平台和载体，以在线方式参与企业新产品（服务）开发等开放式创新活动。本书主要以顾客在线参与企业新服务开发这一典型的顾客在线创新活动为研究情境，揭示顾客—企业在线互动、知识共创与新服务开发绩效的作用关系，以及顾客—企业知识共创的过程机制和影响机制，同时也对顾客在线创新相关问题进行了拓展研究。因此,本书的研究对象(变量)主要有以下 6 个:顾客—企业在线互动、顾客—企业知识共创、新服务开发绩效、创新氛围、顾客创造力、顾客在线建言行为。需要说明的是,其中选择顾客—企业在线互动为研究对象的原因主要有二:一是顾客—企业在线互动是顾客在线创新的主要形式和根本基础,顾客的在线创新过程本身就是与企业互动的过程;二是从顾客在线参与新服务开发的维度(如在线互动、信息共享、共同开发三维度)出发的研究已较为成熟,从在线互动角度出发开展研究是对已有研究的进一步深入和细化,同时也具有较大的创新性。考虑到国内外学术界对上述六个研究对象(变量),同时存在多种不同的研究视角、概念界定和维度划分。为了不引起歧义,有必要结合本书的顾客在线参与企业新服务开发活动,以及虚拟品牌社区中的顾客—企业外向型知识共创等研究情境,对这些研究对象的概念先加以明确界定。

(1)顾客—企业在线互动

"顾客—企业互动"概念起源于服务管理与服务营销领域,是顾客在服务生产环节中与服务提供商发生的合作活动(Co-production)在创新层面的自然延伸。它体现了对企业与顾客合作创新的理解,已实现从"企业单向利用顾客信息"向"企业与顾客共同创造知识"的转变(Lundkvist and Yakhlef,2004)。Matthing et al.(2004)认为顾客—企业互动是服务提供商与当前或潜在顾客合作,从而学习并改变组织行为的过程、事件和互动;Lundkvist 和 Yakhlef(2004)认为,顾客—企业互动不仅是信息、想法、意图和知识的转移,同时也提供了共同构建信息、想法和知识的机会,从而形成集体行动。Nambisan(2002,2009)指出要为企业新产品(服务)开发构建虚拟顾客环境(VCE,Virtual Customer Environments),他认为企业可以提供在线论坛、虚拟设计工具箱、原型制造中心等服务,建立可以吸纳各种顾客参与的分布式创新模式,引导顾客在新产品(服务)开发各阶段担任不同的角色。他还认为在虚拟顾客环境中,顾客同时扮演资源、用户和共同创造者三重角色。资源指顾客作为企业创新思想的源泉,共同创造者指顾客参与企业产品(服务)的设计和开发,用户指顾客参与企业产品(服务)测试和支持。Nambisan(2010)指出,在虚拟顾客环境中的共同创新和价值共创过程中,顾客扮演以下五种角色:概念生成者、产品设计者、产品测试者、产品支持者和产品营销者。Fuller et al.(2006,2008)、Chan(2010)等强调了"基于社区的创新"(CBI,Community Based Innovation)概念,并指出顾客能为企业提供多样化的需求信息及通过产品(服务)实际使用所获得的各种反馈,因而是企业创新活动必不可少的外部知识源。

借鉴已有研究,本书认为,顾客—企业在线互动是顾客与企业基于互联网和社会化媒体,围绕特定创新任务而进行的持续交流与协作活动,可分为信息导向、关系导向和任务导向三个互动维度。信息导向互动是顾客与企业在线分享和交换创新信息的活动,关系导向互动是顾客与企业以建立双方持久关系和满足情感需求为目标的在线互动,任务导向互动是顾客与企业围绕特定创新任务而开展的在线互动与合作。

(2)顾客—企业知识共创

Mohaghar et al.(2012)指出,知识共创是指组织与合作伙伴、竞争者、供应商和顾客相互协作以创造知识的过程。在企业新产品(服务)开发过程中,顾客是知识共创的重要参与者,因为他们比企业更清楚自己要什么。企业新产品(服务)开发所必需的顾客知识并非完全作为一个"事先准备好的包裹"而存在,还需要通过企业与顾客的合作来共同创造新的知识,这种合作就是"知识共创"的过程(Kohler et al.,2011;Mohaghar et al.,2012)。Chesbrough 和 Crowther(2006)指出,开放式创新包括由外而内和由内而外两种基本的知识流程,即知识的外部获取和知识的外向转移。张永成和郝冬冬(2011)在 Chesbrough 和 Crowther(2006)的研究基础上,进一步将开放式创新下的知识共创分为嵌入型知识共创和外部联合创造两种方式。

结合已有研究,本书将顾客在线参与企业新产品(服务)开发活动情境下的顾客—企业知识共创定义为:顾客与企业在互动交流过程中,通过互相启发、诱导和激励,共同构建和发展新知识的过程,并将其分为内向型知识共创和外向型知识共创两大类。内向型知识共创是基于企业逻辑的,指的是企业吸收顾客知识,在企业内部经过共享、整合、利用进而创造出新的知识;外向型知识共创是基于顾客逻辑的,指的是顾客利用企业提供的知识和资源,与自身拥有的知识与技能相融合,进而发展出新的知识。

(3)新服务开发绩效

新服务开发(NSD,New Service Development)概念最早来源于新产品开发(NPD,New Product Development)。Edvardsson 和 Olsson(1996)认为新服务开发是对服务概念、服务系统和服务过程进行开发的系列活动。Menor 和 Roth(2007)、Bettencourt(2010)、刘顺忠(2009,2011)、李雷等(2012)等将新服务开发界定为服务企业通过对服务概念、服务递交系统、服务递交界面或服务支撑技术的创新,为顾客提供全新或改进服务的正式、非正式开发活动。本书对新服务开发的概念界定,也沿用了上述学者的观点。

已有研究对新服务开发绩效的评价,主要参考了企业创新绩效和产品(服务)创新绩效的相关指标。Cooper 和 Kleinschmidt(1987)从财务绩效、市场影响和机会窗口三个方面来测量新产品(服务)开发绩效;Storey 和 Kelly(2001)、Tatikonda(2001)等把时间、质量、成本作为新服务开发绩效的核心测量指标;Rauniar(2008)使用顾客满意、开发时间和开发成本三个指标来测量新产品(服务)开发绩效;Hagedoorn 和 Cloodt(2003)将新服务开发绩效定义为从概念生成到将发明创造引入市场整个过程所取得的绩效;Hipp 和 Grupp(2005)使用服务质量改善、符合环境标准和安全要求、公司内部改进和客户绩效改善等维度来测量新服务绩效;Carbonell et al.(2009,2011)从运营绩效和市场绩效两个方面对新服务开发绩效进行测量。Bonner(2010)根据质量、特点、技术绩效和满足顾客需求程度四个指标,来度量新产品(服务)开发绩效;Jaw et al.(2010)采用目标达成度、市场份额、利润率、销售量和超越竞争者五个指标对新服务开发绩效进行评价;范钧等(2013,2014)采用了新服务达到预期目标程度、新服务相对创新性、新服务相对市场占有率、新服务投入回报率和新服务顾客满意度五个指标来测量知识密集型服务业的新服务开发绩效。

概括而言,基于不同的研究领域、视角和情境,目前并没有一个学界公认的一致性测量维度和评价指标。但几乎所有相关研究都是从多维度视角来测量新服务开发绩效,而不仅仅局限于最终的财务结果,其中技术、市场、财务和顾客等指标的使用频率相对较高。借鉴已有相关研究并考虑本研究的实际情况,同时结合有关专家和企业、顾客的访谈意见,本书主要从技术绩效、顾客绩效和财务绩效三个方面对新服务开发绩效进行界定和测量。

(4)创新氛围

已有的对创新氛围(Creative Environment)的研究主要集中在组织和团队两个层面,其中创新氛围被视为组织内部氛围的一种特定类型,属于员工创新工作环境的范畴。West(1987)首次提出了创新氛围的概念,并将其界定为组织成员对影响其创新能力发挥的工作环境的认知;Amabile et al.(1996,1996,2005)认为组织创新氛围是组织成员描述组织是否具有创新环境的主观体验,并强调了个体创新行为需要以社会环境为外部条件;Anderson 和 West(1998)认为团队创新氛围是团队成员对团队创新工作环境的描述性认知,这种认知对行为具有导向性,并验证了团队创新氛围对成员创新行为的导向作用;杨百寅等(2013)认为创新氛围具有多重内涵,并提出了企业组织中创新氛围的多维度结构及测量方法。Zhou 和 Shalley(2008)、顾远东和彭纪生(2010)、连欣等(2013)、王艳平等(2014)、孙锐(2014)等学者也给出了类似的界定。

从个体知觉角度来看,创新氛围主要指个体主观感知到的与组织创新相关的工作环境。Amabile et al.(1989,1996,2005)将创新氛围分为鼓励创新、自由自治、资源、压力、创新障碍五个维度,并开发了相关量表;West et al.(1998)将创新氛围分为组织价值观、参与安全、任务导向和创新支持四类;Anderson 和West(1998)编制了包括愿景目标、参与安全感、任务自主性、创新支持、社会称许性五个维度的创新氛围量表;Ekvall 和 Ryhammar(1999)开发了创造性氛围量表,以评价组织中支持创造性和革新性的情境因素;高鹏等(2009)、顾远东和彭纪生(2010)、王艳平等(2014)、孙锐(2014)等根据相关研究情境对创新氛围进行了相应的维度划分和测量。本书将创新氛围的研究情境,从企业组织内部延伸至虚拟品牌社区这一企业主导下的顾客—企业在线互动与合作创新平台。因为虚拟品牌社区事实上也是一种组织,只不过比企业组织更具开放性,社区中的顾客与社区的关系也相对较为松散而已。

(5)顾客创造力

在顾客创造力的概念界定方面,对个体创造力的界定主要有三种视角,即创造力的人格定义、过程定义和结果定义。人格定义将创造力看作某些特殊的个性特征或能力,如好奇心、自觉性、求知欲、想象力、直觉等(Gradner,1993);过程定义则将创造力看成一个特定的活动分析和问题解决过程(Sterberg,1996);结果定义在创造力研究中最具代表性和影响力,它主要从创造活动的产物来界定创造力(Amabile et al.,1983,1989,1996,2005)。Woodman 和 Schoenfeldt(1990)、Shalley(1995)、Oldham 和 Cummings(1996)、Zhou 和 George(2001)等学者均认为,创造力是产生新颖(Novelty)而有用(Usefulness)的产品、服务、想法或过程。Hirschman(1980)、Burroughs et al.(2004,2008,2011)、Moreau 和 Dahl(2005)、王莉等(2011,2013)、张辉等(2013)、曹花蕊等(2014)对顾客创造力进行了针对性研究,大多从新颖性、功能性、恰当性等结果变量来界定顾客创造力,本书也沿用了这一概念界定。

顾客创造力的影响因素方面,Amabile et al.(1989,1996,2005)、Hucker(1988)、Hausmann(1990)、Burroughs et al.(2008)均强调了创新氛围等外部环境对创造力的影响;Runco 和 Chand(1995)、Davis(2009)认为创造性活动是一种复杂的认知过程,并提出了创造性思维的双层成分模型;认为个体创造力主要受发现问题、构思和评价三个主层次中的控制因子的影响;Mayer(1999)指出,由于拥有创造力的主体不同和情境差异,创造力形成及贡献机理也大相径庭;王莉等(2011,2013)的研究验证了顾客知识和知识共享对顾客创造力的正向影响;张辉等(2013)验证了顾客参与创新过程中,顾客授权对顾客创造力的积极影响作用。顾客创造力对创新绩效的影响方面,Horn 和 Salvend(2006)指出,顾客参与创新可以看作企业与顾客共同创造的过程,其中顾客自身创造力的变化是影响新产品(服务)开发成败的重要因素;王莉和任浩(2013)的研究,验证了虚拟创新社区中消费者互动和知识共享对消费者群体创造力的正向影响;在 Lan(2007)、Pitta 和 Fowler(2005)、Fuller(2007、2011)、Kohler et al.(2009)、王莉等(2011)、张辉等(2013)、曹花蕊等(2014)的理论或实证研究中,均分析或验证了在顾客参与创新过程中,顾客创造力对新产品(服务)开发绩效的积极促进作用。

(6)顾客在线建言行为

建言行为在组织行为学中是个热门的研究主题。建言过程中提出的创新性想法有助于企业突破常规思维,不断优化工作流程,走上创新引领发展的康庄大道;建言过程中提出的批评性的意见有助于企业防微杜渐,更加注重细节,避免出现"千里之堤,毁于蚁穴"的状况。学术界对建言行为的研究伴随着角色外行为研究而兴起,学者们对建言行为的研究也分成了不同的流派。Rusbult 等(1988)指出建言行为是指员工积极地通过与主管或同事交流问题,采取行动解决问题,提出解决方案,来提升组织环境和条件的一系列行为。LePine 和 Van Dyne(1998)对建言行为下了较为全面的定义,认为建言行为是组织成员向组织主动提出建设性意见的角色外的人际沟通行为。从这个定义可以看出:首先,建言行为是一种角色外行为,属于组织公民行为的范畴,具有自发性和主动性,且建言行为本身并不是组织要求或期待的。其次,建言行为旨在改进,追求建设性意见的表达而不仅仅是批评,建言是指即使面临反对,仍对变革提出创新性建议或对标准化程序提出修改意见。Dyne et al.(2003)认为,建言的含义不只是提出建设性的意见,还应当指出组织中存在的问题并给出针对性的建议。最后,建言行为作为一种人际间的沟通行为,反映的是在工作场所中发生的人际交流与言语活动(段锦云和钟建安,2005),但并不是所有在工作场所中所发生的言语活动都属于建言,如抱怨、组织异议等(Botero and Van Dyne,2009)。Premeaux 和 Bedeian(2003)认为建言行为是成员对工作环境中的问题公开表达自己的见解或观点,不管别人对自己持有怎样的看法。

Janssen et al.(1998)从内容上把建言行为分为常规建言与新颖建言;Hagedoorn 和 Van Yperen(1999)从形式上把建言行为分为和颜悦色的建言行为和咄咄逼人的建言行为;Dyne et al.(2003)从动机视角把建言行为分为亲社会性建言、防御性建言和默许性建言;Liang 和 Farh(2012)基于中国本土文化特点把建言行为划分为促进性建言和抑制性建言。其中促进性建言(promotive voice)主要强调表达改善当前工作和组织运行过程的具有创新性的想法和建议;而抑制性建言(prohibitive voice)则主要强调针对不利于组织发展的现存的或潜在的问题(如对组织有害的行为,低效率的程序、规则或政策等)而表达的意见,这一维度划分被众多学者接受并使用。从上述梳理可以看出,促进型建言是未来导向,指员工提出创新性的建议使组织的管理、绩效等更上一层楼,有锦上添花之效;抑制型建言既是过去导向也是未来导向,指员工对组织内存在的已经损害或有可能会损害组织利益的问题而表达的意见,有查漏补缺之义。在本书对虚拟品牌社区中顾客在线建言行为的动机问题的研究中,也沿用了 Liang 和 Farh(2012)对建言行为的概念界定和维度划分。

1.2.2　研究内容

基于顾客在线创新、顾客—企业知识共创等问题的现实背景及理论研究趋势,本书主要由 7 个具有较强逻辑递进关系的研究工作构成,即知识惯性、组织学习与知识密集型服务企业绩效的关系研究,顾客—企业在线互动、知识共创与新服务开发绩效的关系研究,虚拟社区创新氛围与顾客—企业外向型知识共创的关系研究,虚拟社区创新氛围与顾客创造力的关系研究,虚拟社区中顾客在线建言行为的动机研究,虚拟社区中顾客在线知识共享行为退出意向研究,以及顾客微信公众号持续使用意愿研究。

这 7 个研究工作涉及了顾客在线创新活动的主要行为和方式,并大多与顾客—企业知识共创问题密切相关。其中服务业企业特别是知识密集型服务企业是顾客参与创新活动最为常见和频繁的企业类型,其创新绩效深受知识惯性、知识共创等因素的影响;虚拟品牌(创新)社区是顾客在线参与社区主导企业创新活动的重要平台和载体,且外向型知识共创是基于顾客逻辑、以顾客为关键创新主体,并主要在虚拟品牌(创新)社区中得以实现的;顾客在线知识共享行为、顾客在线建言行为是顾客在线创新和知识共创的基础性活动和重要表现形式;微信公众号则是移动互联时代顾客在线创新和知识共创的主流载体之一,顾客利用社会化媒体开展在线创新活动已逐渐成为大势所趋。本书 7 个研究工作的主要内容具体如下:

(1)知识惯性与知识密集型服务企业绩效研究

本研究主要针对服务企业内部的知识管理和组织学习等问题,以知识密集型服务企业这一创新活动较为活跃的企业类型为实证研究对象。主要基于知识管理和组织学习理论,针对知识惯性悖论,以组织学习为中介变量,构建知识惯性影响服务企业绩效的概念模型。从程序惯性、资讯惯性和经验惯性三个维度,分析了知识惯性对组织利用式学习、探索式学习及服务企业绩效的具体影响机制,并对长三角和珠三角地区 211 家 KIBS(知识密集型服务业)企业进行实证研究。本部分研究工作虽然没有涉及顾客在线创新和知识共创问题,但为后续相关研究奠定了研究基础,并凸显了开放式创新和顾客在线创新、知识共创等方面的重要价值。

(2)顾客—企业在线互动与新服务开发绩效研究

本研究在充分考虑顾客在线参与和实体参与、顾客参与新服务开发和顾客服务消费过程中的参与之间的区别和联系的基础上,明确顾客在线参与新服务情境下的顾客—企业在线互动、知识共创的维度划分;探明外向型知识共创和内向型知识共创具体的实现路径和步骤,揭示外向型和内向型知识共创过程之间的区别和联系;提出顾客—企业在线互动、知识共创与新服务开发绩效作用关系的概念模型。在此基础上,通过对具有顾客在线参与经历的新服务开发项目的相关企业管理者的问卷调查获取研究数据,采用结构方程模型(SEM)分析等统计方法对研究假设进行实证检验,对概念模型进行修正。本部分研究工作是本书最核心的研究内容之一,同时也是后续研究的重要基础。

(3)创新氛围与顾客—企业外向型知识共创研究

本部分研究工作在前述研究的基础上,以顾客通过虚拟品牌社区在线参与企业新产品(服务)开发活动为研究情境,以顾客内部人身份认知为中介变量,就社区创新氛围对顾客—企业外向型知识共创的具体作用机制,进行较深入的理论和实证分析。同时考虑不同知识共创主体(顾客与企业)间的知识水平差异,进一步分析知识势差在内部人身份认知与顾客—企业外向型知识共创关系中的调节作用。本部分研究工作突出了顾客在外向型知识共创中的关键性创新主体地位,并结合虚拟品牌社区这一顾客在线参与企业新产品(服务)开发活动的主要平台和载体,从环境视角来分析顾客—企业外向型知识共创的影响机制问题。

(4)创新氛围与顾客创造力研究

在前述研究的基础上,本部分研究工作将重心放在对顾客在线创新绩效具有重大影响的顾客创造力问题上。基于社会认知理论,本部分研究将创新氛围分为知识传递、顾客赋权、任务导向和在线激励四个维度,并引入创造性自我效能感和积极情绪作为中介变量,从顾客心理角度,深入分析虚拟社区中顾客在线创新促进自身创造力提升的内在驱动机制。在文献综述、假设提出和模型构建的基础上,通过对 307 位在虚拟社区中在线创新顾客的问卷调查和统计分析,验证了宽松、自由、互动、充分支持授权的创新氛围对激发顾客创造性自我效能感、获得积极情绪及提升顾客创造力具有积极促进作用。

(5)顾客在线建言行为的动机研究

作为一种向企业提供意见建议的角色外人际沟通行为,顾客在线建言行为是顾客在线创新最为常见的重要表现方式之一,并对提升企业开放式创新绩效有积极作用。在前述研究的基础上,本研究借鉴动机理论及已有相关研究,将虚拟品牌社区中的顾客在线建言行为分为促进性和抑制性建言行为两大类,从社会性动机、经济性动机、心理性动机和功能性动机 4 个维度,对顾客在虚拟品牌社区中实施在线建言行为的关键动机进行深入的理论分析,对小米社区 368 位样本顾客进行问卷调查和统计分析,并进一步分析社区认同在顾客在线建言动机和行为关系中的调节作用。

(6)顾客在线知识共享行为退出意向研究

顾客在线知识共享行为是顾客在线创新和知识共创的基础性活动。没有在线知识共享行为,顾客在线创新和知识共创就根本无从谈起。因此,研究如何鼓励顾客持续进行在线知识共享行为问题,具有较大的理论和现实意义。本部分研究工作在已有相关研究的基础上,针对当前网络虚拟社区成员中普遍存在的在线知识共享退出行为问题,从期望差距(知识质量、自我价值、社交互动)和低感知公平性(结果公平、过程公平、互动公平)角度出发,探究虚拟社区中顾客在线知识共享行为退出意向的影响机制,对 239 位具有虚拟社区在线知识共享经历的样本顾客进行问卷调查和结构方程模型分析,并分析虚拟社区顾客消极态度的中介作用和社区归属感的调节作用。

(7)顾客微信公众号持续使用意愿研究

随着移动互联时代的到来,各种移动 APP 和智能产品层出不穷。微信公众号作为移动互联的重要产物,已成为顾客在线创新和知识共创的主流载体之一,顾客利用微信公众号等社会化媒体进行在线创新和知识共创已成为大势所趋。本部分研究工作在已有相关研究的基础上,借鉴计算机媒介沟通理论和感知价值理论,以顾客感知价值(情感价值、信息价值)为中介,分析企业微信公众号推送内容特性(内容互动性、内容生动性、内容利益性)对顾客持续使用意愿的影响机制,对 310 位样本顾客进行问卷调查和结构方程模型分析,并进一步探讨顾客认知需求的调节作用。

1.3　研究方法与框架结构

1.3.1　研究方法

考虑到本书的研究内容相对较多,涉及 7 个具体的研究内容和 10 余个相关的研究变量,且其中部分研究缺少成熟的理论借鉴,因而本研究采用了多种理论和实证研究方法,具体包括如下几种。

(1)文献分析与理论推演

广泛查阅国内外相关研究文献、统计资料和研究报告,系统梳理顾客在线创新、顾客—企业在线互动、知识共享、知识共创、创新氛围、新服务开发、顾客创造力、顾客在线建言行为等领域的前沿研究成果,以及虚拟品牌(创新)社区、社会化媒体等顾客在线创新平台的发展趋势和我国企业新产品(服务)开发的现状与问题,为各变量的概念界定、维度划分和测量量表及作用关系模型构建和研究假设的提出提供充分的理论和现实依据。同时还通过归纳演绎、逻辑推演等理论分析方法,进一步明确本书各项研究内容的概念模型和研究假设。

(2)深度访谈和网络志分析

借鉴 Eisenhardt(1989)等学者的观点和方法,本研究在创新企业、虚拟社区、顾客调研和专家学者访谈工作的基础上,对相关企业高管、研发人员、社区管理人员及在线创新顾客等进行深度访谈和网络志分析,获得一手和二手资料数据,形成对顾客在线创新、知识共创、顾客创造力、顾客在线建言行为等现状和影响因素等的直观认识,初步探明顾客—企业在线互动、顾客—企业知识共创、创新氛围等变量的维度结构及其与新产品(服务)开发绩效、顾客创造力等的作用关系,为后续理论和实证研究奠定基础。

(3)大样本问卷调查与统计分析

根据本书中多个研究内容的具体需要,设计出相应的测量量表和调查问卷,进行了多次大样本问卷调查与统计分析。主要调查对象为相关企业中高层管理者,以及参与过新产品(服务)开发项目(应有顾客在线创新和知识共创经历)的研发设计部门、营销部门、客户服务部门人员,及多个智能手机类虚拟品牌社区

（智能手机部落，如 iPhone 部落等）中的样本顾客。并使用 SPSS 和 AMOS 等软件，采用因子分析、结构方程模型分析等统计分析方法，对所获横截面研究数据进行多角度统计分析，探明各研究变量、维度间的具体作用路径、方式、程度及相关影响因素，验证各研究假设，修正并确立理论模型。

（4）系统分析和对策研究

综合文献研究、深度访谈、网络志分析、理论分析、大样本问卷调查和统计分析检验等多角度理论和实证研究结果，以及专家学者咨询、企业和顾客回访、学术交流心得，并结合我国企业开放式创新、顾客在线创新和知识共创实际，及虚拟品牌（创新）社区、社会化媒体等的发展趋势，提炼出通过科学组织和有效管理顾客的各类在线创新活动，来高效实现顾客—企业在线互动、在线知识共享和知识共创，以全面提升顾客创造力及企业开放式创新绩效的管理启示。

1.3.2　框架结构

本书以顾客在线创新和知识共创为主题，开展了 7 个递进和深化的具体研究工作。本书先对知识密集型服务企业内部的知识惯性、组织学习与企业绩效关系问题进行了理论和实证研究；再分析了顾客在线参与企业新服务开发情境下，顾客—企业在线互动、知识共创与新服务开发绩效的具体作用关系；在此基础上，以虚拟品牌社区中的顾客在线创新为情境，进一步分析了创新氛围对顾客—企业外向型知识共创和顾客创造力的作用机制；然后对虚拟社区中的顾客在线建言行为和在线知识共享行为的行为动机和退出意向进行了理论和实证研究；最后，结合当前移动互联网和社会化媒体快速发展，微信公众号成为顾客重要在线创新和知识共创平台的现实情况，分析了顾客对微信公众号持续使用的意愿问题。根据逐步递进的 7 个具体研究内容，本书共分为 9 个章节展开分析论述。本书的框架结构具体如下：

第 1 章为导论。本章主要介绍本书研究的现实背景和理论背景，对研究对象顾客—企业在线互动、顾客—企业知识共创、新服务开发绩效、创新氛围、顾客创造力和顾客在线建言行为等进行概念界定，并介绍了本书的 7 个具体研究内容、主要研究方法和框架结构安排等情况。

第 2 章为文献综述。本章主要对顾客在线创新和知识共创这两个本书重要研究主题进行了较为系统的文献综述，全面梳理、总结和阐明了已有相关研究的主要进展和趋势，以及有待进一步研究的主要问题，从而为本书各项研究工作开展找到了关键切入点。

　　第 3 章为知识惯性与知识密集型服务企业绩效研究。本章以知识密集型服务企业内部的知识管理和组织学习问题为研究情境,结合已有相关研究,以组织利用式学习和探索式学习为中介变量,就知识惯性对服务企业绩效的影响机制问题,进行了较深入的理论和实证研究。本章研究充分显示了企业进行开放式创新的必要性和迫切性,为后续各章开展的顾客在线创新和知识共创等问题的研究奠定了基础。

　　第 4 章为顾客—企业在线互动与新服务开发绩效研究。本章在第 2 章文献综述的基础上,以顾客在线参与企业新服务开发活动为研究情境,分析了顾客—企业知识内向型和外向型共创的过程机制,以及顾客—企业在线互动、知识共创与新服务开发绩效的关系模型;并通过大样本问卷调查和结构方程模型分析等统计方法,对假设和模型进行了检验和修正。本章是本书的核心内容之一,对顾客在线创新和知识共创问题进行了初步的理论和实证分析。

　　第 5 章为创新氛围与顾客—企业外向型知识共创研究。本章是一个相对完整的独立研究,同时也是对第 4 章研究的进一步深入和延续,并聚焦于以顾客为关键创新主体的顾客—企业外向型知识共创(传统的顾客在线参与研究大多关注企业对顾客知识的获取和利用,即内向型知识共创)。本章以顾客在线参与虚拟品牌社区主导企业新产品(服务)开发活动为研究情境,以顾客内部人身份认知为中介变量,就虚拟社区创新氛围对顾客—企业外向型知识共创的具体作用机制进行理论和实证分析,并进一步分析了知识势差的调节作用。

　　第 6 章为创新氛围与顾客创造力研究。本章是对第 4 章、第 5 章研究的进一步深化。本章采用了与第 5 章同样的虚拟社区顾客在线创新研究情境,但在研究对象上有所差异,主要侧重于对顾客在线创新绩效具有重大影响的顾客创造力问题,同时也对创新氛围的维度做了进一步细化。顾客创造力是已有顾客创新研究较为忽视的问题,本章以顾客创造性自我效能感和积极情绪作为中介变量,就虚拟社区创新氛围对顾客创造力的心理影响机制进行了理论和实证分析。

　　第 7 章为顾客在线建言行为的动机研究。本章在本书前几章研究的基础上,从虚拟品牌社区中的顾客在线建言行为这一角度切入,来研究顾客在线创新问题。顾客在线建言行为对顾客创新能力和资源投入的要求相对较低,因而较为简单易行,是顾客在线创新活动的常见方式。具体而言,本章主要探讨了虚拟品牌社区中,影响顾客促进性和抑制性在线建言行为的 4 类主要动机及其具体作用路径和方式,以及社区认同在顾客在线建言动机与行为关系中的调节作用,并对小米社区中的样本顾客进行了实证分析。

　　第 8 章为顾客在线知识共享行为退出意向研究。本章在本书前几章研究的基础上,将研究内容聚焦于虚拟社区中顾客在线知识共享行为退出问题这一独特的视角。虚拟社区中的顾客在线知识共享行为是顾客在线创新的基础性活动,同时也是知识共创的必要前提。本章以顾客消极态度为中介变量,就虚拟社区中顾客期望差距和低感知公平性对其在线知识共享行为退出意向的具体影响机制,进行了理论和实证研究,并分析了顾客虚拟社区归属感的调节作用。

第9章为顾客微信公众号持续使用意愿研究。本章是本书前几章研究内容的拓展,主要考虑在移动互联和社会化媒体时代,顾客在线创新活动从虚拟品牌(创新)社区逐渐向以微信为代表的社会化媒体迁移,微信公众号已成为顾客在线创新和知识共创的主要平台和载体。具体而言,本章主要以顾客情感价值和信息价值为中介变量,就微信公众号推送内容特性对顾客持续使用意愿的具体影响机制,进行理论和实证分析,并进一步讨论了顾客认知需求的调节作用。本章研究为后续社会化媒体情境下的顾客在线创新和知识共创问题研究奠定了基础。

2 文献综述

本书研究内容涉及多个领域的相关研究,本章主要就顾客在线创新与知识共创这两个本书最重要的研究主题进行文献梳理和总结,其他相关研究文献将在后续各章中加以梳理。

2.1 顾客在线创新研究综述

2.1.1 顾客在线创新的内涵研究

顾客在线创新即顾客通过虚拟品牌(创新)社区、社会化媒体等互联网平台和载体,以在线方式参与企业新产品(服务)开发等开放式创新活动。Bettencourt (1997)、Lloyd(2003)、Hsieh 和 Yen(2005)、Etgar(2008)、冯泰文(2012)等,从企业、顾客、归因、知识等研究视角,对顾客参与进行了界定;Hsieh 和 Yen(2005)将顾客参与定义为顾客在服务生产与传递过程中提供资源的程度。对顾客在线参与的维度划分,主要有顾客投入、参与过程、参与程度、顾企互动等多种方式;Ennew 和 Binks(1999)将顾客参与分为信息共享、责任行为、人际互动三个维度;Skaggs 和 Youndt(2004)将顾客参与分为合作生产、顾客接触、服务定制三个维度;Fang(2008)将顾客参与划分为信息提供和共同开发两个维度;姚山季和王永贵(2011)将顾客参与分为信息提供、共同开发、顾客创新三个维度。Nambisan et al. (2002,2009)强调了虚拟顾客环境(Virtual Customer Environments, VCE)概念,并指出企业应构建虚拟顾客环境,如提供在线论坛、虚拟设计工具箱、原型制造中心等服务来吸引顾客开展在线创新活动,并引导顾客在新产品(服务)开发各阶段担任不同的创新角色;Alam(2006,2013)将顾客创新定义为:企业在创新过程中根据战略需要,通过适当的参与方式,在适当的创新阶段引入适当程度的顾客参与,从而使顾客在企业创新活动中发挥最大的积极作用。Fuller(2006,2008)、Chan(2010)强调了"基于社区的创新"(Community Based

Innovation,CBI)概念,指出顾客是企业开放式创新活动必不可少的外部资源,并分析了如何将在线社区中的顾客融入企业新产品(服务)开发活动。

对于在线创新顾客的特性和分类,Gruner 和 Homburg(2000)界定了四种对创新有重要意义的顾客,即技术吸引型、财务吸引型、关系亲密型和领先顾客型;Hemetsberger 和 Pieters(2001)在开源软件社区研究中,根据贡献程度将在线创新顾客分为主要贡献者、贡献者和普通顾客三类;Dahan 和 John(2002)、Enkel et al.(2005)分析了如何根据新产品(服务)开发的不同阶段来选择合适的创新顾客类型;Brochoff(2003)将创新顾客分为启动型、领先型、参考型、需求型和首先购买型五类;Fuller et al.(2006)、Chu 和 Chan(2009)、Chan(2010)、曾晓洋(2011)分析了新产品(服务)开发过程中的不同创新顾客特征及其作用;张红琪和鲁若愚(2010)提出了在线创新顾客的四种类型,即领先型、成长型、逃避型和滞后型;王永贵(2011)把在线创新顾客分为需求驱动型、信息黏性驱动型、利益驱动型三类。在顾客在线创新的影响因素方面,Dholakia et al.(2004)构建了一个顾客在线参与虚拟社区创新活动的社会性影响模型,并分析了两个群体层面的决定因素;Fang et al.(2008)分析了顾客在线创新的影响因素;Chu(2009)分析了 CBI 的影响因素及其对新产品(服务)开发不同阶段的作用;Markley 和 Davis(2006)、Jang et al.(2008)、Nambisan 和 Baron(2009)、Zhou(2011)等学者,分析了顾客在线参与社区创新活动的主要动机。

2.1.2　顾客在线创新的方式研究

顾客在线创新的方式即企业如何通过网络虚拟方式,将顾客融入新产品(服务)开发等创新活动过程。一些学者分析了顾客在线创新的主要途径或方式。Nambisan(2002)提出要创造虚拟顾客环境,他认为企业可以提供在线论坛、虚拟设计工具箱、原型制造中心等服务,建立可以吸纳各种角色的顾客在线参与的分布式创新模式,并引导顾客在新产品(服务)开发各阶段担任不同的创新角色,企业可以在与顾客持续的在线对话中挖掘顾客知识。Blazevic 和 Lievens(2008)提出了顾客在线参与企业新产品(服务)开发的 3 种互动渠道:自我服务技术、主动提供反馈、虚拟顾客社区;并认为顾客在知识共创过程中扮演 3 种角色:被动的使用者、积极的告知者和双向的创造者。Sawhney(2005)阐述了顾客在线创新的主要方式,并根据合作性质和新产品(服务)开发阶段 2 个维度将其分为 4 类,且列举了每一类可能的顾客在线创新途径或方式。

综合国内外学者的已有研究,目前顾客在线创新的方式主要有以下 4 类:用户生成内容或社会智力(Evans and Wolf,2005;Andreassen,2009;Sigala,2011,

2012；Della Corte et al.，2015）、基于社区的创新（Fuller，2006，2008；Chan，2010）、虚拟创新体验（Kim et al.，2008；Kohler et al.，2009）、顾客创新工具箱（Von Hippel et al.，2001，2002；Franke and Piller，2004；Jeppesen，2005）。其中网络虚拟社区是顾客在线参与新服务开发的主要载体（Wenger，2004；Pitta and Fowle，2005）。

（1）用户生成内容

Web2.0 的出现使得顾客在线参与新产品（服务）开发各个阶段的可能性大大增加。一些研究阐述了如何利用 Web2.0 的 2 大特征，即用户生成内容（UGC，User Generated Content）和社交网络，来有效促进顾客的在线创新活动。还有一些研究强调了需要识别和利用 UGC 来执行快速可靠的市场研究，识别顾客需求、关于产品（服务）和流程的改进建议，以及降低新产品（服务）开发的风险（Evans and Wolf，2005；Sigala，2011）。Andreassen（2009）研究了倾听电子口碑对企业产品（服务）创新的影响，认为监听顾客在相关论坛中的持续对话能在三个方面帮助企业改进产品（服务）创新绩效。理论研究和企业实践都表明，在虚拟社区中，通过后台查看用户浏览和使用网站的行为，可以洞察用户的偏好和需求。Della Corte et al.（2015）也指出，企业可以在顾客利用在线社区表达的意见和评论的基础上，开发和实施创新的想法。

由此可见，UGC 对于企业新产品（服务）开发是有价值的，但也有学者认为利用 UGC 并没有使顾客真正参与到产品（服务）价值创造过程中。如 Dahan 和 Hauser（2002）指出，企业仅仅通过网页上的基本工具来洞察用户潜在需求，顾客并没有真正参与到创造产品（服务）价值的过程中，因此用户生成内容的利用基本停留在企业单向利用顾客信息上。Sigala（2012）对希腊旅游业的研究也发现，企业通过观察顾客在虚拟社区中贡献的评论并对其做出反应，对 Web2.0 的利用可以描述为一种对顾客偏好和需求的反应型方式，因为顾客是感知不到的，或者不是作为积极的合作者；相反，他们只是被动地被企业利用，通过使用他们的用户生成内容，这种低水平的 Web2.0 利用主要受竞争压力驱动。

（2）基于社区的创新

虚拟社区特别是企业主导下的虚拟品牌社区，是顾客在线创新的重要平台和载体，针对虚拟社区中的顾客在线参与创新活动已有较多的研究成果。社区可以被定义为这样一个组织：它包含多样化背景和偏好的个体，通过他们的相互作用产生新鲜互补的资源、知识和能力（Oliver and Ebers，1998；Bossink，2002）。在实践中，许多企业通过网站、论坛、博客、微博、微信、QQ 等，建立顾客社区、品牌社区、顾客群等来吸纳顾客在线参与创新活动，或直接通过社交媒体工具与顾客开展频繁的在线交流互动。

在基于社区的创新中，开源软件社区获得国外学者的广泛关注，Von Hippel 和 Krogh（2003）认为开放式软件项目（OSS，Open Source Software）是一种将发挥个人才能和整合集体智慧有机结合的创新形式。许多学者肯定了虚拟顾客社区在新产品（服务）开发中的积极作用，企业可利用与顾客有积极合作和互动的在线社会社区来产生和评价新思想、设计和测试新产品或新服务（Dahan and Hauser，2002；Lagrosen，2005；Rowley et al.，2007；Fuller et al.，2008）；开发能创造和维持企业与顾客联结的社区（Dahan and Hauser，2002；Nambisan，2002）；培育社区创新（Johnson，2010；Sigala，2012）。

Erat et al.（2006）讨论了在线实践社区被用于获取和分享顾客知识以改进企业流程和绩效。Pitta 和 Fowler（2005）也考察了在新产品（服务）开发的创意产生和扫描、服务导航、产品设计、传递偏好和价格测试等阶段，实践社区在识别、接近和利用领先顾客方面的作用和收益。他们特别指出，领先顾客参与在线社区创新活动是非常有益的，因为领先顾客在同伴中拥有很高的可信度，他们对其他在线顾客的购买习惯有重要影响。Tidd et al.（2005）和 Ebner et al.（2008）的研究证实了虚拟社区在新产品（服务）开发创意产生过程中的应用，如环境扫描和搜寻、创意形成以及创意评价和选择。实践社区对新产品（服务）开发团队绩效有显著影响，因为它允许参与者识别合适的人并与他们沟通；消除组织结构障碍，避免不同时区阻碍成员合作；采用高效的沟通渠道；参与有效的知识管理（如对专门知识、信息的存储和检索）；促进学习以及增加信任。Franz 和 Wolkinger（2003）研究了通过虚拟社区将顾客整合进新产品（服务）开发的过程。Rowley（2007）等以风筝社区为例，研究了顾客社区中的知识共创。总之，在线社区能在创造、激励、形成和扩散新产品（服务）开发活动和思想方面做出显著的贡献（Meeuwesen and Berends，2007）。利用在线社区产生和评价新思想也被称为"众包"，它大大拓宽了企业的新产品（服务）开发思维（Chesbrough，2003）。

Fuller et al.（2004）提出了"基于社区的创新"方法，该方法由以下四个步骤组成：第一步是确定顾客指标，即为支持企业新产品（服务）开发，顾客需具备哪些属性；第二步是社区识别，即确定符合顾客指标的顾客最可能在哪个网络虚拟社区中被找到；第三步是设计虚拟互动，即在考虑特定的开发任务与所选社区个性的前提下，有效地设计与目标社区成员之间的互动；第四步是顾客访问和在线参与创新，即与社区成员取得联系并鼓励他们积极参与合作开发。因此，通过网络虚拟社区将顾客有效融入新产品（服务）开发过程的关键主要在于如何识别和访问在线社区及如何与其成员进行高效互动。Fuller et al.（2006）、Chu 和 Chan

(2009)、Chan(2010)等还分析了基于社区创新的三阶段模型:第一阶段为创意生成和概念化阶段,该阶段参与顾客人数最多,他们主要提供各种创意来源;第二阶段是设计开发阶段,该阶段参与顾客人数有所减少,他们主要充当共同创造者;第三阶段为测试和投放阶段,该阶段参与顾客人数进一步减少,他们主要充当产品(服务)的最终用户和购买者。此外,基于互联网的创意竞赛是激发顾客在线参与企业产品(服务)研发过程的有效途径(Piller and Walcher,2006;Gangi and Wasko,2009)。

(3)虚拟服务体验

还有一些研究考察了利用虚拟实验室将顾客整合到新产品(服务)开发过程中的情况。随着信息技术的发展,虚拟现实技术和3D模拟软件在新产品(服务)的设计、仿真及测试中获得了广泛应用。Kim et al.(2008)识别了企业可以通过3D语言来开发的三种新服务:沉浸式原型设计用以评估空间、产品、服务提供和传递的设计;沉浸式事件模拟用以模拟现实生活中的事件,以此来研究人们的反应和行为;沉浸式商务用以增加现实生活中的商业活动。Kohler et al.(2009)考察了利用3D语言(如 secondlife.com)使顾客在线参与到服务原型的设计和测试中。顾客通常无法想象那些从未了解、体验过的产品或服务概念,而在虚拟现实技术支撑下,顾客可在高仿真的环境中虚拟体验产品和服务,直观地了解产品(服务)的功能、属性和特点,并可感受到逼真的视听效果与功能体验,激发他们的感知与想象力;企业则既可以通过顾客明确的反馈意见,又可通过观察顾客的动作、表情和反应来确认他们的真实需求。但就目前而言,虚拟现实技术的实践应用和相关研究更多地体现在有形的新产品开发中,如奥迪公司、耐克公司等(Fuller,2007;Ramaswamy(2008))。

(4)顾客创新工具箱

Von Hippel et al.(2001,2002)提出了"顾客创新工具箱"概念,并将其定义为顾客在线参与新产品(服务)开发的一种平台,它主要通过计算机软件来实现。为顾客提供创新工具箱,企业能减少识别需求相关的信息所需要的成本(Von Hippel and Katz,2002)。随着用户创新在B2C领域的逐步普及,创新工具箱在网络游戏开发、开源软件开发等顾客在线参与企业新产品(服务)开发项目中也得到了广泛应用。Jeppesen(2005)认为,在企业新产品(服务)开发过程中,顾客创新工具箱将特定的开发任务转移给顾客,允许他们创造自己期望的产品和服务特征,并为企业带来了巨大的附加价值。互联网时代,顾客创新工具箱已成为顾客在线创新的有效模式之一。企业可借助网络平台将工具箱转交给顾客,顾客在使用工具箱过程中出现的问题也可及时通过网络和企业交流。Franke 和 Von Hippel(2003)对 Apache 安全软件的案例研究发现,顾客创新工具箱为顾客提供了在线创造定制化和改进软件的机会,从而大大提高顾客满意度,并使 Apache 成为一项非常成功的开源服务器软件。

2.1.3　顾客在线创新的动机研究

已有研究主要从社会学、心理学、个体行为学、市场营销学、组织行为学、战略管理学等不同的学科视角出发,对顾客在线创新的动机进行了广泛的探索。Lakhani 和 Von Hippel(2003)、Fuller et al. (2006)、Oreg 和 Nov(2008)等学者,分别从内部动机或外部动机角度,对顾客在线创新的动机进行了论述(如表2-1所示)。其中内部动机是与顾客心理相关的动机,主要包括基于顾客个体的本质动机和基于社区的内部动机等;外部动机是与在线创新环境相关的动机,主要包括未来回报和独特需求等。

表 2-1　顾客在线创新的动机研究表

顾客在线创新的主要动机		研　究　者
内部动机	基于个体的本质动机	内在的兴趣和挑战的欲望,或对某项工作的满足感和成就感	Hars 和 Ou(2002),Lakhani 和 Von Hippel(2003),Lakhani 和 Wolf(2005),Fuller et al. (2006)
	基于社区的内部动机	对社区的支持	Nambisan(2002),Hars 和 Ou(2002),Lakhani 和 Von Hippel(2003)
		利他主义	Hars 和 Ou(2002),Lakhani 和 Von Hippel(2003)
		互惠行为	Hall 和 Graham(2004),Chu 和 Chan(2009)
		网络沉浸动机	Hoffman 和 Novak(1996),Nambisan(2002)
外部动机	未来回报	金钱激励	Hemetsberger 和 Pieters(2001),Fuller et al. (2006)
		人力资本的提升	Hemetsberger 和 Pieters(2001),Fuller et al. (2006,2007)
		他人的认同	Hemetsberger 和 Pieters(2001),Jeppesen 和 Frederiksen(2006),Oreg 和 Nov(2008)
		自我营销	Fuller et al. (2006),Oreg 和 Nov(2008)
	独特需求	满足对产品(服务)的特定需求	Hars 和 Ou(2002),Franke 和 Von Hippel(2003),Lakhani 和 Von Hippel(2003),Wu et al. (2007)

资料来源:作者根据相关文献整理。

(1)顾客在线创新的内部动机

一是基于个体的本质动机。这是一种与生俱来的动机,主要指个体内在的兴趣和挑战的欲望,或对某项工作的满足感和成就感。在没有利益回报的前提下,顾客在线参与新产品(服务)开发在很大程度上源于其内部动机(Jeppesen and Frederiksen,2006)。Hars 和 Ou(2002)的研究表明,完成编程的满足感和成就感等是顾客在线参与 Linux 操作系统开源软件开发的重要动机;Lakhani 和 Von Hippel(2003)指出,在 Apache 软件支持社区中,享受工作本身的乐趣是顾客在线参与软件开发的主要动机;Lakhani 和 Wolf(2006)的研究发现,在软件开发过程中感受到的创造性和愉悦感,是顾客在线参与开源软件开发最强烈和最有说服力的驱动力;Fuller et al.(2006)对制造业的研究也表明,对创新活动的内在兴趣和好奇心,是顾客乐意在线参与更多由制造商发起的新产品开发活动的最重要动机。

二是基于社区的内部动机。指的是顾客作为社区成员对社区的责任感和归属感,主要表现为顾客对社区的支持、利他主义、互惠行为和网络沉浸动机等。对社区的支持即顾客作为虚拟社区成员,认为社区的目标和利益与自身是一致的,故而应通过积极参与社区创新活动支持社区并为社区发展做贡献(Nambisan,2002;Lakhani and Von Hippel,2003;Hars and Ou,2002)。利他主义是一种愿意帮助他人的想法,其对顾客在线参与新产品(服务)开发活动的积极推动作用,已在 Linux 开源软件开发社区、Apache 软件支持社区等得到验证(Lakhani and Von Hippel,2003;Hars and Ou,2002)。

互惠行为指社区成员在帮助他人的同时,也希望能得到他人的帮助,从而使双方都能受益(Chu Chan,2009)。Hall 和 Graham(2004)对雅虎 e-group 成员知识分享行为的研究也表明,希望能报答其他成员给予的帮助是成员们参与 e-group 的主要动机。网络沉浸动机指顾客通过完全投入虚拟社区在线创新活动情境中(即进入沉浸状态)而获得最佳体验,它带来的内在满足感能使顾客在参与创新活动中满怀兴趣、忘记疲劳、不停探索,不断达到新的目标(Hoffman and Novak,1996)。Nambisan(2002)同时指出,顾客通过在线环境交互和探索有关新产品(服务)开发的知识而获得积极的顾客体验,这种体验非常令人满足且会激发更强烈的顾客在线创新热情。

(2)顾客在线创新的外部动机

一是未来回报。指的是顾客预期将来可能获得的收益和奖赏,包括金钱激励、人力资本的提升、他人认同和自我营销。金钱激励即顾客从在线参与新产品

（服务）开发中获得直接的货币回报；人力资本的提升即顾客通过虚拟社区提供的在线互动环境和空间，从创新活动中获取知识、信息并提升自身技能和价值；他人认同即得到其他顾客和企业的认同和尊重，为自己建立声誉；自我营销即顾客通过公开自己的创新成果，向更多人证明自己的创新能力，以获得更多的未来发展机会。Hemetsberger 和 Pieters(2001)指出，获得经济利益、职业前景、知识和声望等产品相关收益和长期自我利益，是顾客在线参与新产品（服务）开发的重要外部动机；Fuller et al. (2006)将金钱激励、显示创意和获取知识，作为顾客在线创新的重要动机；Jeppesen 和 Frederiksen(2006)对 Propellerhead Software 公司建立的在线顾客社区的案例研究显示，"得到企业的认同"是激励顾客在线参与企业创新活动的重要因素；Oreg 和 Nov(2008)将建立声誉、自我发展、利他主义视为顾客在线创新的主要动机。

二是独特需求。指的是顾客为满足个人对产品（服务）的特定需求而在线参与新产品（服务）开发。在消费经济时代，顾客的需求差异正变得越来越大。但由于市场不确定性、大规模生产的风险性、市场调查的局限性等原因，企业往往很难完全满足顾客对产品（服务）的独特需求，并由此引发顾客在线参与新产品（服务）开发的动机。Franke 和 Von Hippel(2003)、Lakhani 和 Von Hippel(2003)对 Apache 软件支持社区的研究发现，通过改进软件来满足自身的独特需求，是那些具有较大异质性需求的顾客自愿在线参与开源软件开发的重要动机；Hars 和 Ou(2002)对 Linux 开源软件社区的研究显示，满足个人对软件的特殊需求，是影响顾客在线参与新产品（服务）开发和持续参与意愿的重要因素。

2.1.4　顾客在线创新的影响研究

目前主要从顾客合作关系(Gruner and Homburg，2000；Von Hippel，2001；Magnusson et al. ，2003)、开放式创新(Chesbrough，2003，2006；陈劲等，2006，2009)、顾客共创和服务主导逻辑(Vargo and Lusch，2004；Bonner，2010；Hoyer et al. ，2010；Greer and Lei，2012；王琳和魏江，2009；张若勇等，2010；王琳等，2012)、通过 Web 2.0 的顾客授权和创新(Dahan and Hauser，2002；Pitta and Fowler，2005；Kohler et al. ，2009)四个视角来分析顾客在线创新对新产品（服务）开发绩效的影响作用。总体而言，顾客在线创新对新产品（服务）开发绩效的正面影响获得了多数学者的认可，但也有学者提出了顾客在线创新给企业新产品（服务）开发带来的风险问题等负面影响。

(1)顾客在线创新对新产品(服务)开发绩效的正面影响

Alam(2002,2006,2013)、Thomke 和 Hipple(2002)、Syson 和 Perks(2004)、Lagrosen(2005)、Mishra 和 Shah(2009)、Sigala(2012)、Greer 和 Lei(2012)、苏楠和吴贵生(2011)、刘石兰和郝斌(2012)等学者均强调了顾客在线创新对提升企业新产品(服务)开发绩效的重要作用,如顾客在线创新能提高新产品(服务)的开发效率、降低顾客知识获取处理等的开发成本、加快新产品(服务)的开发进程、培育市场潜力、提高新产品(服务)的新颖程度和技术可行性(Dennis and Fowler,2005;Sawhney et al.,2005;Chan,2010),并增强顾客的满意度和忠诚度(Franke and Von Hippel,2003;Shang et al.,2006;Casalo et al.,2007)等。

Franke 和 Von Hippel(2003)对创新顾客和非创新顾客进行了比较分析,结果发现参与过新产品(服务)设计和完善的创新顾客的满意水平,要明显高于非创新顾客;且创新顾客的在线创新活动还会使那些非创新顾客受益。Dennis 和 Fowler(2005)、Sawhney et al.(2005)指出,网络虚拟环境为企业吸引更多的顾客在线参与新产品(服务)设计和开发工作,推动顾客积极为企业贡献知识和技能,降低企业顾客信息获取和处理等开发成本,创造了十分便利的条件。与传统的顾客实体性创新方式相比,在线创新可以实现顾客与企业之间的实时交互而不受时间、空间约束,从而进一步提高顾客创新的速度、频率和持续性,加快新产品(服务)开发进程,提高企业新产品(服务)开发效率。

Carbonell(2009)通过实证研究发现,顾客在线创新对新产品(服务)开发的技术质量和创新速度有显著正向影响。Carbonell et al.(2011)研究了两种顾客特征——关系亲密性和领先顾客性对新产品(服务)开发绩效的影响,其中关系亲密性指的是在各个产品(服务)开发项目之外的互动程度及商业关系的持久度。结果显示,亲密顾客参与新产品(服务)开发过程对服务优势和市场投放速度有直接正向影响,而对服务新颖性没有影响。Chan(2010)的实证研究表明,在新产品(服务)开发的各个阶段,顾客在线创新对新产品(服务)的市场投放速度均有显著的正向影响。Casalo et al.(2007)以若干个开源软件社区为样本进行实证研究,用刺激社区的努力、与社区其他成员互动的动机、为帮助社区其他成员而提供解决方案的价值、在社区中发布消息和回应的积极性四个指标来测量顾客在线创新,验证了顾客在线创新对顾客信任和品牌忠诚度有显著的正向影响。

此外,也有部分学者研究了顾客在线参与企业新产品(服务)开发活动中,顾客自身的创造力对新产品(服务)开发绩效的影响。Horn 和 Salvend(2006)指出,产品(服务)创新可以看作一个企业与顾客共同创造的过程,其中顾客自身创造力的变化是新产品(服务)开发成败的重要因素;在 Lan(2007)、Pitta 和 Fowler(2005)、Fuller(2007、2011)、Kohler et al.(2009)、王莉等(2011)、张辉等(2013)、曹花蕊等(2014)的理论或实证研究中均分析或验证了在顾客在线创新过程中,顾客创造力对新产品(服务)开发绩效有积极促进作用。

(2)顾客在线创新对新产品(服务)开发绩效的负面影响

顾客在线创新对新产品(服务)开发的负面影响和风险问题主要体现在以下五个方面:一是顾客向竞争对手泄露重要新产品(服务)开发信息,特别是一些涉及知识产权保护问题的关键信息,以及需要保密或通过大量资源投入和额外努力才获得的重要信息(Prahalad and Ramaswamy,2004;Fuller et al.,2006;熊胜绪等,2012);二是并非所有顾客都愿意免费贡献他们的技能和劳动,部分顾客甚至会要求拥有相应的知识产权,从而增加企业新产品(服务)开发成本,甚至可能引起法律纠纷问题(Hoyer et al.,2010);三是可能会导致顾客信息过载和过度依赖等问题,尤其在创意概念阶段,过量的顾客信息涌入会大大增加企业浏览筛选的工作量,甚至成为一种负担(Hoyer et al.,2010;熊胜绪等,2012);四是由于受自身知识、经验不足等限制或视角差异,顾客提供的很多创意、思想或解决方案,从企业角度来看并不一定可行,对新产品(服务)开发的促进作用较为有限(Magnusson et al.,2003);五是企业为支持顾客在线创新而额外增加的各种资源投入等成本,有时甚至会高于所获得的收益(Agrawal,2001;Jeppesen,2005)等。此外,Carbonell et al.(2011)指出,影响顾客在线参与新产品(服务)开发结果的一个重要方面是选择合适的创新顾客,领先顾客的在线创新对产品(服务)新颖性和竞争优势有正向影响,而对市场绩效有负向影响。

2.2　知识共创研究综述

在知识经济时代,创新是经济和社会发展的主要驱动力,而知识在创新活动中发挥着无可比拟的作用,新知识的创造是创新的原动力和最核心的本质所在。知识创造相关理论是分析顾客—企业知识共创及其过程机制的理论基础,因此有必要对相关文献进行梳理。

2.2.1 知识创造的内涵研究

(1)知识的分类和内涵

关于知识的分类和内涵,目前学术界并没有统一的界定。1958年,欧洲著名哲学家波兰尼(Michael Polanyi)最先提出知识可分为隐性知识和显性知识两类。野中郁次郎(Nonaka)借鉴了这一分类方法,认为显性知识是可用正式的系统的语言来表述,可以用书面文字、图表、公式和说明书等形式来共享的知识;而隐性知识却是高度个人化的,难以编码和沟通的知识,基于经验而得来(Nonaka and Takeuchi,1995)。也有学者提出了不同的知识分类方法,甚至对传统的知识二分法提出了质疑。Boisot(1998)提出了公共知识、专有知识、个人知识和常识等四种知识的分类方法;Johannessen(1999)将知识划分为显性知识、隐性知识、系统化知识和关系性知识。

高章存和汤书昆(2008)指出,知识是动态而非静止的,知识的存在和活动状态是一个连续的过程。可以把知识比喻为一条数轴,显性知识和隐性知识分别处于两个极端,在这两端之间还有一个不可分割的过程性阶段和相应的知识存在状态,称为灰性知识。郑承志和黄淑兰(2010)提出了类似观点,他们认为知识二分法从本质上来说应该是知识存在内隐和外显两个维度,而不能简单二分为隐性和显性两类。大多数知识同时具有一定的外显性和内隐性,存在一个"知识的内隐性—外显性谱",所有的知识都可在谱图上找到自己适当的位置,而隐性知识和显性知识则分处于图谱的两端。范道津和郭瑜桥(2008)认为没有绝对隐性的知识,任何知识都存在一定程度的可编码性,特别是随着科技的发展,出现了越来越多的传播知识的媒介,如行为演示和语言交流往往可被制作成图片、视频等音像文件,存于磁盘等高科技媒介中,这本质上等同于编码化。

我们必须看到,信息技术已对知识管理过程产生了深远而有意义的影响,如今3D技术、多媒体技术、数据挖掘技术等新技术的发展,在线情境下隐性知识的可编码化和可共享传播的程度越来越高。国内外学者普遍提倡利用IT技术建立虚拟对话平台,以促进隐性知识的交流与共享(Dahan and Hauser,2002;Nambisan,2002;Blazevic and Lievens,2008)。郭强和施琴芬(2004)指出,依靠信息技术进行虚拟对话的交流方式,已成为支持隐性知识交流并促进隐性知识传播和共享的有效手段。谢彤和弋亚群(2006)认为信息技术的运用能加快部分隐性知识的显性化过程,并促进对该过程的有效管理。林筠和杨雪(2006)指出,虚拟对话交流平台的建立跨越了面对面交流中存在的障碍和困难,加速隐性知识的共享和流通,实现隐性知识的系统化管理。Lee 和 Kelkar(2011)研究了支持 SECI(Socialization,Externalization,Combination,Internalization)知识创造各阶段、加速隐性知识共享和转移的 13 种信息通信工具,包括博客、电子邮件、在线论坛、在线培训、即时消息、电视电话会议等。

(2)知识创造的内涵界定

关于知识创造的内涵至今尚无统一的定义,学者们由于研究视角的差异形成了不同的认识。Nonaka 和 Takeuchi(1995)认为,知识创造是企业的一种创造新知识、吸收新知识并使这种新知识贯穿于组织的整体能力中的创新活动,它体现在组织的产品、服务和系统之中。Grant(1996)由知识资源论进一步发展出企业知识基础理论(Knowledge Based Theory),他认为知识创造是企业利用知识资源的独占性、可转移性和集聚性来实现其竞争优势。Matusik(1998)的研究认为,知识创造意味着企业充分利用内、外部知识资源进行知识积累、价值创造和建立竞争优势。Krogh(1998)指出,知识创造就是许多具有不同知识背景的个体,通过相互协同作用加速创造各种显性知识和隐性知识的活动过程。

Mcfadyen et al.(2004)将知识创造看作是个人通过关系资源得到以前不曾知晓的知识。Gourlay(2006)认为知识按其属性应分为专有知识和公开知识,知识创造是这两种知识的持续互动过程。李民(2009)认为"知识创造"是个体或组织在整合知识的基础上,通过知识共享,达到显性知识与隐性知识的相互转化,完成知识的转移和扩散,最终创造出所需的系统的知识,并使之应用于实际产品的过程。Lee 和 Oguntebi(2012)着眼于团队层面的知识创造,认为知识创造就是团队成员通过集体学习而更新和传播知识的过程。Krogh et al.(2012)从组织角度出发,认为知识创造是企业对组织环境、知识资产和创新流程的整合,是三个活动层次的连续统一体:局部知识创造的核心层,提供知识创造资源和环境的条件层,形成组织中知识创造整体框架和方向的结构层。

由此可见,学者们主要从企业资源、知识属性、创造主体等角度对知识创造进行了界定。综合以上观点可以发现,知识创造具有思考行为和实践行为双重内涵。知识资源主要根植于企业员工个体内,具有可挖掘性和可再生性,人是知识创造的首要主体。知识创造离不开个人、团队、组织之间的交互活动,已有研究普遍认同高效的知识创造需要将个人知识转化为团队及组织共享知识,并通过知识联结而形成新知识。

2.2.2 知识创造的过程模型研究

1995年,日本学者野中郁次郎和竹内弘高提出了著名的SECI知识创造模型(Nonaka and Takeuchi,1995)。在此基础上,很多中外学者结合自己的研究领域,从不同的研究视角出发,对该模型进行了修正与补充。随着知识资源更加多元化和专业化,以及开放式创新理念的发展,单一企业很难拥有开发新产品(服务)所需的全部知识和能力,跨越传统组织边界的合作知识创造逐渐成为研究的热点。特别地,随着顾客成为企业外部知识的重要来源,顾客—企业合作开展知识创造问题也开始受到了学者们的重视。表2-2列出了部分知识创造过程问题的相关研究。

表 2-2 知识创造过程模型主要研究汇总表

研究者	知识创造过程模型	主要观点
Nonaka 和 Takeuchi(1995)	SECI 模型	知识转换共有四个模式,即社会化、外部化、联结化、内部化
Crossan(1999)	4I组织学习模型	知识创造过程包含个体直觉、知识解释、知识整合和制度化四个阶段
Scharmer(2000)	知识创造的双重螺旋模型 SECI2	知识创造是显性知识和自我超越的隐性知识的相互转化
Holsapple 和 Singh(2001)	知识价值链	知识价值链划分为知识获取、知识选择、知识生成、知识内化和知识外化五个过程
Yang(2010)	EICE 模型	知识创造分为探索、开发、机构创造和组合
耿新(2003)	IDE-SECI 模型	知识创造的完整过程包含外部引入、传播共享、解释内化、潜移默化、外部明示、汇总组合和内部升华七个阶段,而且,在这一过程中不再有明确的起点,知识转化的方向也不再唯一
元利兴等(2003)	E-O-SECI 模型	从本体论和认识论角度研究知识创造过程
芮明杰等(2004)	动态知识价值链	组织知识创新过程包含知识获得、选取、融合、创造、扩散和共享六个阶段
党兴华和李莉(2005)	O-KP-PK 模型	从知识位势角度出发,论述企业技术创新合作中的知识创造过程
褚建勋和汤书昆(2006)	Q-SECI 模型	构建了基于顿悟心理的量子知识创造模型
郑承志和黄淑兰(2010)	SIO-IE 模型	认为知识不能简单二分为隐性和显性两类,而是有一个知识内隐性-外显性谱

续　表

研究者	知识创造过程模型	主要观点
高章存和汤书昆(2008)	IMCM 模型	提出了企业知识创造包含直觉、隐喻、编码和记忆四个环节
Jakubik(2008)	合作知识创造过程模型	从问题解决角度,合作知识创造过程包含建立社区环境、定义问题、提出问题、针对可能解决方案展开对话、采取批判方法、一起找到解决方案、提出解决方案并采取行动、分析综合
姚威(2009)	产学研合作创造的GDSP 核心过程模型	产学研合作创新的知识创造过程包含知识获取、知识吸收、知识共享、知识增值
Kodama(2001)	基于顾客合作的知识创造过程模型	认为基于顾客合作的知识创造过程包括共享阶段、激发阶段、创造阶段、积累阶段
张雪和张庆普(2012)	客户协同产品创新过程	认为同时也是知识创造的过程,分别对应着知识的双向获取、知识选择、知识转换、知识评价、知识整合、知识利用和积累七个阶段

资料来源:作者根据相关文献整理。

(1)SECI 模型

目前,国内外学者广为传播和引用的知识创造过程的经典模型,是 Nonaka 和 Takeuchi(1995)提出的著名的 SECI 模型。该模型从认识论角度,将知识划分为"显性知识"(Explicit Knowledge)和"隐性知识"(Tacit Knowledge)两大类,并认为人类知识是隐性知识和显性知识的相互作用创造出来的,这个过程被称为知识转换。知识转换共有四个模式,即社会化(Socialization)、外部化(Externalization)、联结化(Combination)、内部化(Internalization)。其中社会化是从隐性知识到隐性知识的过程,获取渠道是观察、模仿和实践等方法,即把个人经验变成群体的共享经验,并由此创造出诸如共有心智模式和技能之类隐性知识的过程。外部化是从隐性知识到显性知识的过程,即隐性知识表述为概念的过程。它采用比喻、类比、假设或模型等形式将隐性知识明示化。组合化是从显性知识到显性知识的过程,就是将零散的显性知识综合为知识体系的过程。内在化是从显性知识到隐性知识的过程,即从组织的知识储备到个人的知识创造的转化。整个过程如图 2-1 所示。

从主体上看,组织知识的创造不仅发生在个人层次上,而且发生在群体、组织、组织之间,不同层次上都存在隐性知识和显性知识间的相互作用。因此,Nonaka(1995,1998)提出了知识创造螺旋的概念,用来反映知识创造的全过程。

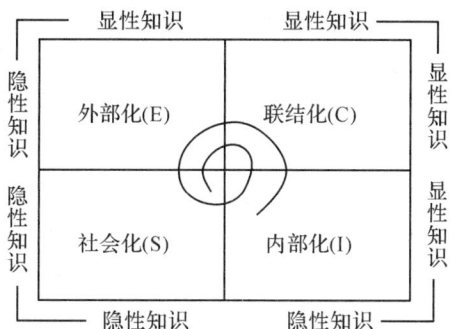

图 2-1   SECI 模型图

他在模型中还引入了"巴"的概念,提出了联结时间与空间的知识创造场所,对应知识转化的四种模式,有四种不同功能的巴存在,即发起巴、对话巴、系统巴和演练巴。此外,SECI 模型还从时间与活动维度,把组织知识创造过程分为五阶段:分享隐性知识、创造概念、验证概念、建造原型和转移知识,而知识的四种转化模式在组织知识创造过程各个环节起着关键作用。

野中郁次郎等(2001,2006)还提出了"知识创造场"的概念。知识创造的动力不仅源自个人,而且存在于人与人之间以及个人与环境相互作用的场中。个人所拥有的知识,一旦置身于场中,就可共享、更新和增强(野中郁次郎等,2001;竹内弘高和野中郁次郎,2006)。知识创造的场本质上是一个知识传播与互动的场所,场是流动的,它处于经常性的变化之中,具有一种此时此地的当下品质(竹内弘高和野中郁次郎,2006)。知识创造场的变化随着场本身的变化和新成员的加入,而同时体现在宏观层次和微观层次上,个人之间的虚拟互动、集体之间的虚拟互动都可形成知识创造场。野中郁次郎等(2001)指出这种场不仅指实体空间(如办公场所),也指虚拟空间(即电子邮件、电话会议等)和精神空间(即共享的经验、价值观和理念)。因此,在信息技术已经广泛使用的信息化时代,知识创造场由精神空间、物理空间、虚拟空间三个维度构成。知识创造场的边界是模糊的、动态的,特别当知识的传播可以借助一定的技术媒介跨越时空的限制,场可蔓延至整个社会空间,形成无边界的知识创造场。

(2)基于 SECI 的拓展模型

SECI 模型对知识在企业内部的动态演化有很好的解释力,为后续的研究奠定了坚实的基础。然而该模型仍然存在一些缺陷,比如许多学者认为其忽略了外部环境的力量,没有考虑组织外部知识对组织知识创造的影响。因此学者们结合自己的研究领域,从不同的角度出发,对该模型进行了修正与补充。

　　Crossan(1999)提出了从个体到组织多个层次的"4I组织学习模型",把知识创造过程描述为个体直觉(Intuition)、知识解释(Interpretion)、知识整合(Integration)和制度化(Institutionalization)四个阶段。Scharmer(2000)在 Nonaka 和 Takeuchi(1995)的知识螺旋的基础上,提出了知识创造的双重螺旋模型 SECI2。SECI2过程是显性知识和自我超越的隐性知识的相互转化。Holsapple 和 Singh(2001)提出知识价值链概念,将知识价值链划分为知识获取、知识选择、知识生成、知识内化和知识外化五个过程。Boisot(1999,2004)基于信息学的视角,提出了组织体系中知识资产的扩散演化模型,并基于知识资产的特征构建了包含知识的编码、抽象、扩散的信息空间模型,认为企业内各种类型的知识资产的演化遵循着社会学习周期理论,在信息空间内不断循环扩散。Zollo 和 Winter(2002)认为知识创造过程应包括知识变异、知识选择、知识复制和知识存储四个过程。Sheriff和 Xing(2006)从复杂适应系统(CAS)角度研究组织知识创造模型,认为知识是在主体刺激—反应的关系认知中产生的,通过标识、内部模型、信用分派与构筑块(开发创新)等机制控制。Yang(2010)针对 SECI 模型的不足扩展提出了EICE 模型,即探索(Exploration)、开发(Exploitation)、机构创造(Institutional Entrepreneurship)和组合(Combination)。

　　国内学者耿新(2003)在 SECI 模型的基础上提出了 IDE-SECI 模型,认为企业知识创造的完整过程包含外部引入、传播共享、解释内化、潜移默化、外部明示、汇总组合和内部升华七个阶段,而且在这一过程中不再有明确的起点,知识转化的方向也不再唯一。元利兴等(2003)从本体论和认识论角度研究知识创造过程。从本体论角度,可以将知识创造的过程分为四个层面:个体、群体、组织和组织之间;从认识论角度,知识被分为显性知识和隐性知识,从而建立了基于认识论和本体论的知识创造 E-O-SECI 模型。饶勇(2003)在 SECI 模型的基础上增加了社会知识的概念,并将社会知识和个人知识共同作为企业知识创造的源泉。同时认为"知识转化"只是知识生产过程的一部分,知识生产全过程还包括知识输入、知识积累和知识嵌入等环节。芮明杰等(2004)引入动态知识价值链的概念,认为组织知识创新的过程包含知识获得、知识选取、知识融合、知识创造、知识扩散和知识共享六个阶段。党兴华和李莉(2005)从知识位势角度出发,在网络环境及企业技术创新合作的背景下,以 SECI 模型的认识论、本体论为基础,结合"执行者"与"客户"的观点,构造知识创造 O-KP-PK 模型,论述企业技术创新合作中的知识创造过程。陈天阁等(2005)提出了一个由个体知识向企业知识创造演进的多维开放动态螺旋模型。

　　褚建勋和汤书昆(2006)借鉴顿悟学习的心理学研究成果,以量子能级跃迁作为知识创造螺旋上升的理论隐喻,构建了基于顿悟心理的量子知识创造模型

（Q-SECI 模型）。范道津和郭瑜桥（2008）认为 SECI 模型只描述了知识创新过程的一个特例，缺乏普遍的代表性，他提出了一个具有普遍包含性的知识转化和创新机制模型，隐性知识与显性知识之间可以通过融知创新巴或共享转移巴，来实现知识创新或转化过程。夏维力等（2009）从复杂适应系统理论的角度，构建了组织知识创造的 CAS-SECI 模型。郑承志和黄淑兰（2010）认为，知识不能简单地二分为隐性和显性两类，而是要有一个知识内隐性—外显性图谱，所有的知识都可以在图谱上找到自己适当的位置，并提出了知识创造的 SIO-IE 模型。高章存和汤书昆（2008）基于认知心理学理论，提出了企业知识创造的 IMCM 模型，即包含直觉（Intuition）、隐喻（Metaphor）、编码（Coding）和记忆（Memory）四个主要环节；他们还引入灰性知识概念，并认为按知识性质分类，企业知识包括隐性知识、灰性知识和显性知识。李柏洲等（2013）基于能级跃迁理论，提出了知识创造过程的动态模型。

由此可见，目前在知识创造过程模型研究中，缺乏对各种观点的融合，并没有取得一致的认识。学者们基于不同的理论进行研究，形成了不同的流派，而国内知识创造模型的研究受 Nonaka（1995，1998）的知识创造理论影响最大。

2.2.3 顾客—企业知识共创研究

（1）顾客—企业知识共创的概念与内涵

随着顾客成为企业外部知识的重要来源，顾客—企业知识共创问题受到了学者们的关注和重视。在企业新产品（服务）开发过程中，顾客是知识共创的重要参与者，企业需要通过与顾客的合作来共同创造新的知识，这种合作就是"知识共创"的过程（Bonner，2010；Kohler et al.，2011；Mohaghar et al.，2012）。Neale 和 Corkindale（1998）、Wise 和 Hogenhaven（2008）、Ja-Shen Chen et al.（2011）、Mahr et al.（2014）分别提出与顾客—企业知识共创密切相关的概念，如顾客共创、顾客合作生产、用户驱动型创新、顾客共同开发等。Prahalad 和 Ramaswamy（2000）和 Ramaswamy（2004）提出了顾客—企业知识共创（Knowledge Co-created With Customer）的概念；Kohlbacher（2008）、Sofianti et al.（2010）、Mohaghar et al.（2012）等学者，分别从过程、能力等视角对知识共创做出了概念界定。Blazevic 和 Lievens（2008）将顾客—企业知识合作生产定义为顾客与企业通过双向互动创造新知识的过程。Kodama（2001）基于顾客合作研究了组织知识创造过程，认为基于顾客合作的知识创造过程包括共享阶段（理解并与顾客共享现有知识）、激发阶段（传播与现有知识相关的知识）、创造阶段（创造新知识)、积累阶段(存储再激发、传播和创造过程中的各种新知识)。武文珍和陈启杰(2012)将顾客—企业知识共创分为生产者和消费者逻辑两个视角。张雪和张庆普(2012)认为客户协同产品创新过程同时也是知识创造的过程,分别对应着知识的双向获取、知识选择、知识转换、知识评价、知识整合、知识利用和积累七个阶段。

(2)顾客—企业知识共创的前因后果

在顾客—企业知识共创的前因方面,Belkahla 和 Triki(2011)、Kohler(2011)等学者均指出,顾客在线参与新产品(服务)开发是实现顾客—企业知识共创的有效方式;Mohaghar et al.(2012)、Saadia 和 Pahlavanib(2013)、孙洪庆(2010)、王莉和任浩(2013)等学者,强调了信息共享、情感信任和任务合作等因素,能够有效促进顾客—企业知识共创。叶笛等(2014)研究了在管理信息系统开发过程中,顾客和开发者之间知识共创的前因和结果。在顾客—企业知识共创的结果方面,Gibbert et al.(2002)、Sawhney 和 Prandelli(2005)、Mohaghar et al.(2012),从需求契合、顾客响应、顾客满意、知识独特性等角度,指出了顾客—企业知识共创对新产品(服务)开发绩效的积极促进作用。Nambisan(2002,2010)、Rowley(2007)、Kohlbacher(2008)、Sofianti et al.(2010)、Sigala(2012)等学者,均强调了顾客—企业知识共创在顾客在线参与新产品(服务)开发中的重要地位和作用,在网络虚拟环境下,在线创新顾客在企业新产品(服务)开发中扮演了共同创造者等关键角色,如设计和改进新产品(服务)的共创者等。

综上,目前关于顾客—企业知识共创的研究仍较少见,已有研究主要从企业逻辑出发,关注企业如何通过与顾客的互动合作,获取、整合和利用顾客知识,并创造新知识;而较少突出顾客自身的知识创造潜力,且以理论阐述和简单的案例研究为主,针对顾客在线参与新产品(服务)开发情境的顾客—企业知识共创研究也相对偏少。

3 知识惯性与知识密集型服务企业绩效研究

3.1 研究背景与概念界定

3.1.1 研究背景

随着我国现代服务业的迅速发展,知识密集型服务业(KIBS)在推动国家和区域经济发展的过程中发挥着越来越重要的作用。然而由于中国对外开放程度的加深,进出口贸易限制的放宽,国际巨头开始纷纷抢占中国市场,这不仅直接加剧了国内终端企业激烈的竞争环境,还间接给 KIBS 企业带来巨大的市场压力。如何提高 KIBS 企业绩效,进而提升综合竞争实力,俨然已成为中国 KIBS 企业迫切需要解决的问题。

根据 Chesbrough(2003)提出的开放式创新理念,KIBS 企业探索如何提升企业绩效时,开始从传统意义的单边创新范式转向跨越组织边界的交互式创新范式,这其中组织学习则受到了学术界的高度关注(Nevis et al.,1997;Elsenhardt and Martin,2000)。如何积极拓展组织边界,获取异质性的知识与资源,进而有效整合组织学习中所获得的各种创新思想,最终提高组织学习的效率,已成为 KIBS 企业提高绩效的关键所在。然而袁静等(2005)指出,组织一般会延续使用原有的知识,如果外来的新知识不足以破坏原有知识的话,组织就会保持原来的状态,即知识惯性。知识惯性在某些情况下会妨碍组织对新知识的学习,具有一定的危害性。由此可见,知识惯性可能会对组织学习产生负向影响,进而阻碍企业绩效的提升。因此,在探讨组织学习和企业绩效问题时,不能忽视知识惯性给组织所带来的破坏现象(Liao,2002)。

已有对企业绩效的研究大多运用资源依赖理论、社会关系网络理论、知识管理理论及组织学习理论等(Nevis et al.,1997;Pfeffer and Salancik,2003;范志刚等,2014;Lavie and Drori,2012;Lahiri and Narayanan,2013;Strambach,

2001;吴岩,2014;Chandy and Tellis,1998;Easterby and Prieto,2008)从正向影响因素入手来探讨对企业绩效的影响作用,较少以负向影响因素作为切入口进行研究,且研究对象大多为制造企业。已有知识惯性与企业绩效的关系研究,一般将知识惯性作为前因变量或调节变量,且同时存在正向影响和负向影响两种并不完全一致甚至是矛盾的研究结论。目前学术界这种并不一致的结论背后,很可能是因为忽略了不同类型知识惯性与组织学习方式之间的匹配问题。同时,由于 KIBS 企业其产品往往具有独特性、不可复制性等特点,导致知识惯性对 KIBS 企业组织的负面影响会更大。

因此,本研究选取 KIBS 企业为研究对象,以组织学习为中介变量,分析知识惯性对服务企业绩效的影响机制。本研究地将知识惯性划分为程序惯性、资讯惯性和经验惯性三种类型,以厘清不同知识惯性类型对服务企业绩效的作用路径关系,以期帮助服务企业合理利用或规避不同的知识惯性对绩效的影响,从而提高学习效率,提升企业绩效。

3.1.2　概念界定

(1)知识惯性

惯性最初源自物理学的概念:一切物体总保持匀速直线运动状态或静止状态,直到有外力迫使它改变这种状态为止。Kavcic et al.(2000)指出人类认知也存在着惯性,这种行为会促使人类拒绝改变目前的状态。知识惯性(Knowledge Inertia)概念最初由 Liao(2002)提出,是指当人们在解决问题的时候,会顺其自然地使用过去惯有的问题解决程序、僵化的知识来源以及过去的经验,包括程序惯性、资讯惯性和经验惯性。程序惯性(Procedural Inertia)指的是组织解决问题时会使用过去惯行的问题解决程序,资讯惯性(Informational Inertia)指的是组织解决问题时会使用以往常用的知识源进行资讯搜索,经验惯性(Experiential Inertia)指的是组织处理问题时会使用过去的经验来解决当前的问题(Liao,2002)。本研究采用 Liao(2002)对知识惯性的定义,并将其分为程序惯性、资讯惯性和经验惯性三种类型。

(2)组织学习

吴晓波等(2014)指出,组织学习是指企业为了适应动态变化的环境,获得持续竞争优势,而对知识进行不断获取、储存、传递、整合、应用以及创新的组织行为。March(1991)提出了利用式学习和探索式学习两种组织学习模式。利用式学习(Exploitative Learning)是指那些具有"提炼、筛选、生产、选择、实施、执行"等特征的学习活动,往往是对现有知识的重复利用和深度开发。探索式学习(Exploratory Learning)是指那些具有"探索、变化、风险、试验、尝试、应变、发现、创新"等特征的学习活动,往往具有显著的冒险性和试验性导向(March,1991;张振刚等,2015)。前者强调组织在适应环境的过程中,为使风险降低,往往选择一些已被证实为有效的知识,且通过重复性行动对现有知识加以改进,从而提升组织绩效(刘寿先,2014);而后者强调组织对新技术或商业机会进行尝试,产生的知识与组织现有知识库中的知识存在较大的差异,旨在追求新的知识来帮助组织适应环境,从而提升组织绩效(Katila and Ahuja,2002;张振刚等,2014)。本研究采用吴晓波等对组织学习所下的定义和 March(1991)对组织学习的分类,从利用式学习和探索式学习两个维度来探讨组织学习在知识惯性影响服务企业绩效中的作用机制。

(3)服务企业绩效

专门针对服务企业特别是 KIBS 企业绩效的研究相对较少。服务企业绩效(Service Enterprise Performance)指的是服务企业的各种产出以及投入产出效率,但已有服务企业绩效相关研究主要集中在企业的服务绩效方面,特别是服务创新的绩效。服务企业绩效与企业服务绩效是两个不同的概念,服务企业绩效除了其所提供的服务绩效之外,更应体现在服务企业的投入产出效率方面,即服务企业绩效更加强调服务企业在实际运行过程中能否形成有效的投入产出转化机制。对服务企业绩效的衡量,Kaplan 和 Norton(1992)认为应该采用平衡记分卡的概念。本研究认为服务企业绩效指的是服务企业的各种产出以及投入产出的效率。

3.2　理论基础与研究假设

3.2.1　知识惯性对组织学习的影响

由于社会运动比生物运动更具复杂性,因此在组织学习中发生的知识惯性现象也更加复杂(袁静等,2005)。Liao(2002)指出,组织在学习知识的过程中会受到知识惯性的作用,在解决问题时会使用过去的经验,排斥新知识,从而产生更高的惯性。周健明等(2014)的相关研究发现程序惯性以及资讯惯性对组织开发新产品的过程会产生破坏作用,特别是产品创新时,惯性会对组织内外部知识学习产生负面的破坏作用。据此,本研究认为,当组织进行利用式学习和探索式学习活动时,由于受到知识惯性的影响,使得无论是对现有知识进行深度加工还是对新知识的探索,都会受到知识惯性的影响从而对组织学习产生阻碍作用。基于上述理论分析,本研究提出以下假设:

H1a:程序惯性对利用式学习有显著的负向影响。

H1b:程序惯性对探索式学习有显著的负向影响。

H1c:资讯惯性对利用式学习有显著的负向影响。

H1d:资讯惯性对探索式学习有显著的负向影响。

H1e:经验惯性对利用式学习有显著的负向影响。

H1f:经验惯性对探索式学习有显著的负向影响。

3.2.2 组织学习对服务企业绩效的影响

组织学习的最终目的是实现组织知识更新与创新能力形成(阮爱君等,2014),也就是企业绩效特别是创新绩效的提升。随着与外部企业合作紧密性的不断增加,KIBS企业通过组织学习,获取外部各种创新思维,更新已有知识,并提高企业绩效(金昕和陈松,2015)。然而在开放式创新环境下,企业发展不仅需要对现有知识进行深度挖掘,更需要通过探索式学习来创造变异能力(张振刚等,2014)。所以,从二元化的视角把组织学习活动分为利用式学习和探索式学习,更能有效体现组织的战略主动性,并且能够加强与企业的绩效联系(Jansen et al.,2006)。

(1)利用式学习与服务企业绩效的关系

March(1991)认为,利用式学习是对既有知识和技术的改进与提高,可以在较短时间内带来回报,增加企业的当前收入。因此,企业往往更加注重短期的运营效率(吴晓波等,2015),倾向于深度开发已有知识。采用利用式学习的服务企业,完善了现有产品或服务的知识、流程以及工艺(Atuahene and Ko,2001),从而能够实现对企业现有服务能力、技术的提升和拓展,从而提高服务企业绩效。基于上述理论分析,本研究提出以下假设:

H2a:利用式学习对服务企业绩效具有显著的正向影响。

（2）探索式学习与服务企业绩效的关系

探索式学习是对新事物、新知识的发现和尝试（Jansen et al.，2005），通过这种学习活动，组织能够获取外部的新知识和新创意，使企业赢得新的发展机遇，从而增强自身可持续性竞争优势。尽管这种组织学习活动所产生的知识与企业现有知识体系之间所存在的差异会导致风险的增大（张振刚等，2015），但是企业只要制订长期周密的战略规划，加强对创新各环节的监控和调整，就可以提升企业的绩效（刘寿先，2014）。探索式学习虽然有风险，但是能够显著提升企业的财务绩效水平（Jansen et al.，2005），还与企业的战略绩效密切相关，能够增强企业的长期竞争力，增加未来的收益（March，1991）。基于上述理论分析，本研究提出以下假设：

H2b：探索式学习对服务企业绩效具有显著的正向影响。

3.2.3　知识惯性对服务企业绩效的影响

周健明等（2014）认为知识惯性会对知识在企业解决社会问题、开发新产品的过程中产生极大的负面影响。Liao（2002）也指出知识惯性深刻地影响员工知识的选择以及知识获取的途径，从而影响知识在解决实际问题时所发挥的作用。所以在一个快速变革的环境中，已有的组织实践和惯例可能会减少企业适应新变革的灵活性（Levitt and March，2008），因此知识惯性可能会阻碍企业获取新的知识来适应环境的动态变革，进而影响企业绩效的提升。基于上述理论分析，本研究提出以下假设：

H3a：程序惯性对服务企业绩效具有显著的负向影响。

H3b：资讯惯性对服务企业绩效具有显著的负向影响。

H3c：经验惯性对服务企业绩效具有显著的负向影响。

3.2.4　知识惯性与服务企业绩效的关系模型

根据上述理论推演和研究假设，本研究构建了如图 3-1 所示的概念模型。在该模型中，知识惯性各维度（程序惯性、资讯惯性、经验惯性）以组织利用式和探索式学习为中介，对 KIBS 企业服务绩效施加影响。

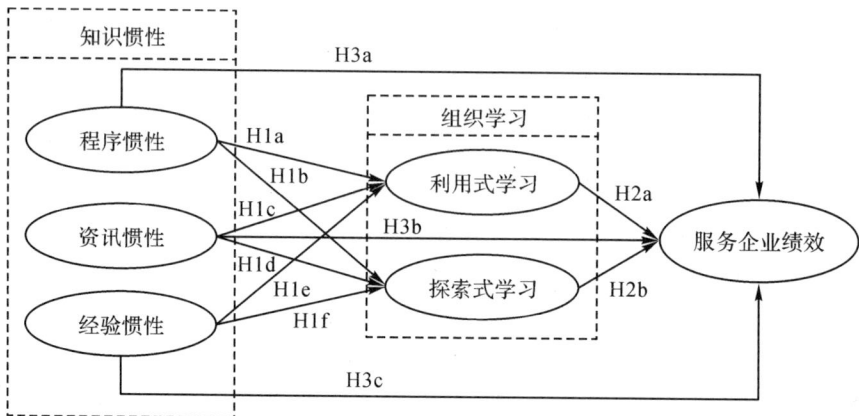

图 3-1　本研究的概念模型图

3.3　研究设计与数据分析

3.3.1　研究设计

(1)数据收集

本研究采用对企业进行问卷调查的方法进行数据收集工作,调查区域为中国的长三角地区和珠三角地区,以信息服务业、金融服务业、科技服务业和商务服务业四大类 KIBS 企业为样本,受访对象仅限于了解服务企业经营状况的高管、部门经理或项目负责人。在当地相关协会负责人的协助下,采取电话预约、上门调研及问卷邮寄等办法,从 2014 年 10 月至 2015 年 5 月,共发放问卷 600份,回收问卷 280 份,剔除其中无效问卷 69 份,最后有效问卷共计 211 份,有效回收率为 35.17%。样本企业来源地区构成如下:长三角地区占 57.82%,珠三角地区占 42.18%;行业类型构成如下:信息服务业占 23.70%,金融服务业占36.02%,科技服务业占 18.48%,商务服务业占 21.80%;存续年限构成如下:5年以下企业占 17.06%,6—10 年企业占 29.86%,11—20 年企业占 34.12%,21年以上企业占 18.96%;员工数量构成如下:50 人以下企业占 34.12%,51—300人企业占 30.33%,301—1000 人企业占 17.54%,1000 人以上企业占 18.01%;年销售额构成如下:100 万元以下企业占 11.37%,101 万—500 万元企业占

20.85％,501 万—1000 万元企业占 14.69％,1001 万—1 亿元企业占 20.85％,1亿元以上企业占 32.24％。

(2)变量测量

本研究对变量的测量主要采用国内外现有文献中已经使用过的成熟量表,并根据本研究的实际问题对相关问项进行了适当修改(具体见表 3-1),问卷采用通用的 Likert-5 级量表。知识惯性的测量主要参考 Liao et al.(2008)的研究,包括程序惯性(Procedural Inertia,PI)、资讯惯性(Informational Inertia,II)和经验惯性(Experiential Inertia,EI)3 个子维度,各有 5 个测量问项,对应 PI1—PI5、II1—II5 和 EI1—EI5。组织学习的测量主要参考 March(1991)、Atuahene-Gima K 和 Murray(2007)等学者的研究,包括利用式学习(Exploitative Learning,EEL)和探索式学习(Exploratory Learning,EYL)2 个子维度,各有 5 个测量问项,对应 EEL1—EEL5 和 EYL1—EYL5。服务企业绩效(Service Enterprise Performance,SEP)的测量主要参考 Kaplan 和 Norton(1992)、Brentani(1989)的研究,共有 4 个测量问项,对应 SEP1—SEP4。控制变量主要有:行业类型、存续年限、员工数量以及年销售额。

表 3-1　各变量测量问项、因子载荷及 Cronbach's α 系数表

潜变量	测量问项	因子载荷	Cronbach's α 系数
程序惯性(PI)	PI1:企业不会给员工机会去学习新的观念和方法	0.692	0.808
	PI2:企业不善于使用新的方法来解决新问题	0.838	
	PI3:企业不热衷于学习新观念来改变旧的思维和行为	0.835	
	PI4:企业严格的操作规程往往缺乏灵活性和创新性	0.751	
	PI5:企业会使用过去同样的方法来解决实际问题	0.788	
资讯惯性(II)	II1:企业习惯于从以往的知识源中寻求新知识	0.684	0.877
	II2:企业过去的知识源往往能够解决实际问题	0.713	
	II3:企业的规章制度往往限制了员工产生新的创意和想法	0.572	
	II4:企业不太主动去搜寻新知识的来源和渠道	0.759	
	II5:企业比较排斥出现的新知识和新创意	0.780	

潜变量	测量问项	因子载荷	Cronbach's α系数
经验惯性（EI）	EI1:企业在实际经营中会依赖过去的知识或经验	0.649	0.795
	EI2:企业过去的知识和经验常常会阻碍对新知识的接受	0.703	
	EI3:企业经常从过去的经验中进行学习而获益	0.751	
	EI4:企业过去的知识和经验可以提高经营业绩	0.701	
	EI5:企业不太会根据客户的建议和要求来改变自身解决问题的方法	0.617	
利用式学习（EEL）	EEL1:企业重视搜寻并提炼项目合作中的共同方式和创意信息	0.723	0.863
	EEL2:企业重视搜寻能使企业更好实施的市场和服务产品信息	0.793	
	EEL3:企业重视搜寻常规性的以及得到有效验证的解决方案和方法	0.816	
	EEL4:企业重视利用能更好理解和更新现有服务和市场的信息获取方法	0.697	
	EEL5:企业重视与现有服务产品和市场经验相关的知识利用	0.725	
探索式学习（EYL）	EYL1:企业重视搜寻高风险的、有待试验的市场和服务产品信息	0.826	0.895
	EYL2:企业重视获取非常规性及不可识别的市场需求信息和问题解决方案	0.893	
	EYL3:企业重视获取能进入新市场和新服务领域的知识	0.816	
	EYL4:企业不断寻求新的市场和服务产品信息	0.778	
	EYL5:企业重视获取能使企业脱离和超越当前服务产品与市场的信息	0.647	
服务企业绩效（SEP）	SEP1:企业有较好的利润增长率	0.641	0.806
	SEP2:企业的服务有较高的顾客回头率	0.673	
	SEP3:企业的服务市场占有率和竞争力得到了提高	0.761	
	SEP4:企业的团队精神和员工学习热情得到了加强	0.590	

3.3.2　数据分析

本研究采用 SPSS19.0 与 AMOS7.0 统计软件进行数据处理。对数据进行同源偏差检验后,对潜变量进行信度和相关性分析,对测量模型进行验证性因子分析(CFA)。在此基础上,运用结构方程模型进行路径分析,对本研究所提出的假设进行验证。

(1)共同方法偏差分析

问卷调研时所有问项在均由同一个被调查者所填写的情况下,容易出现共同方法偏差(CMV,Common Method Variance),也就是同源方差问题(Sharma et al.,2009)。为了解决共同方法偏差问题,本研究首先通过程序控制方法(答题者匿名作答、设置多重问题等)尽量提高事前预防措施,其次运用 Harman 单因子方法进行检测。全部测量问项放在一起做因子分析,在未旋转时得到的第一个主成分所占有的载荷量是 24.02%,这说明共同方法偏差并不严重。

(2)信度分析

本研究主要采用 Cronbach's α 系数来检验变量的信度,经过计算,各潜变量的 Cronbach's α 系数如下:程序惯性为 0.808,资讯惯性为 0.877,经验惯性为 0.795,利用式学习为 0.863,探索式学习为 0.895,服务企业绩效为 0.806,均大于 0.7,表明使用本量表所收集到的数据是可靠的。变量间的描述性统计结果以及相关系数矩阵见表 3-2。

(3)效度分析

3 个量表的测量问项主要来自国内外学者已经开发并使用的成熟量表,具有较好的内容效度。本研究通过 AMOS7.0 软件对 3 个量表进行验证性因子分析,以此来分析收敛效度:知识惯性使用二阶三因素模型,其验证性因素分析结果如下:$\chi^2/df = 1.427$,RMSEA = 0.058,GFI = 0.881,AGFI = 0.832,NFI = 0.901,CFI = 0.939,TLI = 0.928,IFI = 0.932,PNFI = 0.655,PGFI = 0.649。组织学习使用二阶双因素模型,其验证性因素分析结果如下:$\chi^2/df = 1.342$,RMSEA = 0.049,GFI = 0.879,AGFI = 0.813,NFI = 0.921,CFI = 0.927,TLI = 0.920,IFI = 0.917,PNFI = 0.647,PGFI = 0.638。服务企业绩效使用单因素模型,其验证性因素分析结果如下:$\chi^2/df = 1.681$,RMSEA = 0.044,GFI = 0.862,AGFI = 0.809,NFI = 0.890,CFI = 0.925,TLI = 0.911,IFI = 0.909,PNFI =

表3-2　变量间的描述性统计与相关系数表

变量	1	2	3	4	5	6	7	8	9	10
1. 行业类型	1									
2. 存续年限	0.001	1								
3. 年销售额	−0.148*	0.301***	1							
4. 员工数量	−0.072	0.355***	0.666***	1						
5. 程序惯性	−0.099	−0.049	0.061	0.092	1					
6. 资讯惯性	0.007	−0.057	0.001	0.061	0.549***	1				
7. 经验惯性	−0.091	0.001	0.078	0.042	0.491***	0.566***	1			
8. 利用式学习	0.071	−0.047	0.118	0.133	−0.142*	−0.139*	0.208**	1		
9. 探索式学习	0.035	0.131	0.142*	0.088	−0.216**	−0.095	0.188**	0.557***	1	
10. 服务企业绩效	0.095	0.179**	0.244***	0.210**	−0.313***	−0.180**	0.121*	0.447***	0.447***	1
均　值	2.380	15.240	4.740	2.920	2.483	2.838	3.147	3.800	3.605	3.696
标准差	1.077	13.143	1.927	1.877	0.704	0.629	0.541	0.626	0.617	0.565

注：* 表示显著性水平 P＜0.05，** 表示显著性水平 P＜0.01，*** 表示显著性水平 P＜0.001（双尾检验）。

0.618，PGFI＝0.599。知识惯性标准化因子载荷处于 0.572—0.838 之间，且在 P<0.05 水平下显著，CR 值处于 0.825—0.897 之间，均大于 0.6 的标准，AVE 介于 0.621—0.689 之间，均大于 0.5 的标准。组织学习标准化因子载荷处于 0.647—0.893 之间，且在 P<0.05 水平下显著，CR 值为 0.879、0.920，均大于 0.6 的标准，AVE 为 0.640、0.718，均大于 0.5 的标准。服务企业绩效标准化因子载荷处于 0.590—0.761 之间，且在 P<0.05 水平下显著，CR 值为 0.880，大于 0.6 的标准，AVE 为 0.587，大于 0.5 的标准。因此 3 个测量模型具有较好的收敛效度。

区分效度主要依据 AVE 的算术平方根大于潜变量间相关系数的绝对值。知识惯性测量量表的区分效度结果为，程序惯性变量 AVE 的算术平方根为 0.662，资讯惯性变量 AVE 的算术平方根为 0.689，经验惯性变量 AVE 的算术平方根为 0.621，均大于 3 个变量间的相关系数，这说明知识惯性的 3 个测量变量具有较好的区分效度。组织学习测量表进行区分效度分析后发现，两个变量间的相关系数 $r=0.557$，AVE 的算术平方根分别为 0.640 和 0.718，说明两个变量 AVE 的算术平方根均大于其相关系数绝对值，说明利用式学习和探索式学习对组织学习的测量具有较好的区分效度。

3.4　实证分析结果

3.4.1　知识惯性与服务企业绩效的回归分析

首先运用 SPSS19.0 软件，分别以程序惯性、资讯惯性和经验惯性为自变量，服务企业绩效为因变量，进行回归分析，结果如表 3-3 所示。程序惯性、资讯惯性和经验惯性与服务企业绩效之间的标准化回归系数分别为 -0.319，-0.181 和 0.119，且都通过了显著性检验，说明程序惯性、资讯惯性和经验惯性 3 个自变量与服务企业绩效之间关系显著，H3a，H3b 得到了验证，H3c 尽管通过了显著性检验，但发现其系数为正，实证结果正好与原假设相反。

表 3-3　知识惯性与服务企业绩效的回归分析表

变量	服务企业绩效		
	模型 1	模型 2	模型 3
控制变量			
行业类型	0.099	0.129*	0.121*

续　表

变量	服务企业绩效		
	模型 1	模型 2	模型 3
存续年限	0.072	0.086	0.100
年销售额	0.196*	0.187*	0.205*
员工数量	0.091	0.076	0.051
自变量			
程序惯性(PI)	−0.319***		
资讯惯性(II)		−0.181**	
经验惯性(EI)			0.119*
R^2	0.435	0.349	0.310
F	9.555***	5.692***	4.367**

注1:* 表示显著性水平 $P<0.05$,** 表示显著性水平 $P<0.01$,*** 表示显著性水平 $P<0.001$(双尾检验)。

3.4.2　整体理论模型检验

本研究探讨知识惯性、组织学习和服务企业绩效三者之间的关系,采用结构模型对三者间的路径系数进行分析。本研究使用 AMOS7.0 软件对整体模型进行了检验,具体结果可以从以下三个方面进行分析:①基本适配度:本研究具体测量问项的因子载荷均处于 0.50—0.95 之间,均达到了显著性水平,误差项均大于 0,达到基本的适配标准要求;②整体模型适配度:$\chi^2/df=1.435$,RMSEA $=0.045$,GFI $=0.873$,AGFI $=0.829$,NFI $=0.925$,CFI $=0.946$,TLI $=0.932$,IFI $=0.947$,PNFI $=0.676$,PGFI $=0.652$,可以看出模型的检验指标基本上达到了理想的标准,尽管 GFI $=0.873<0.9$,AGFI $=0.829<0.9$,但都超过了 0.80 的标准,均达到了最低可接受的标准,模型具有良好的整体模型适配度;③内在结构适配度:本研究六个变量的 CR 值为 0.825—0.920,均大于 0.6 的标准,而因素解释量处于 0.65—0.82 之间,均大于 0.5 的标准,达到了最低可接受的水平,模型具有良好的内在结构适配度。据此表明,本研究所构建的理论模型是合适的,可以用于研究假设检验。

3.4.3 研究假设检验

基于本研究所构建的理论模型,使用 AMOS7.0 软件建立初始结构方程模型,尽管从相关评价指标看,拟合度良好,可以用来检验研究假设。然而在初步拟合结果中发现资讯惯性对探索式学习影响、经验惯性对服务企业绩效影响这两条路径不显著,故逐条删除 H1d 和 H3c 假设所对应的路径,同时观察拟合指标的变化情况,逐步进行模型的修正,最终修正后的模型见图 3-2,修正后整体模型适配度指标如下:$\chi^2/df = 1.432$,RMSEA $= 0.044$,GFI $= 0.872$,AGFI $= 0.830$,NFI $= 0.925$,CFI $= 0.946$,TLI $= 0.933$,IFI $= 0.947$,PNFI $= 0.677$,PGFI$=0.652$,表明模型拟合效果较好。本研究修正后理论模型的路径系数和假设检验具体见表 3-4。

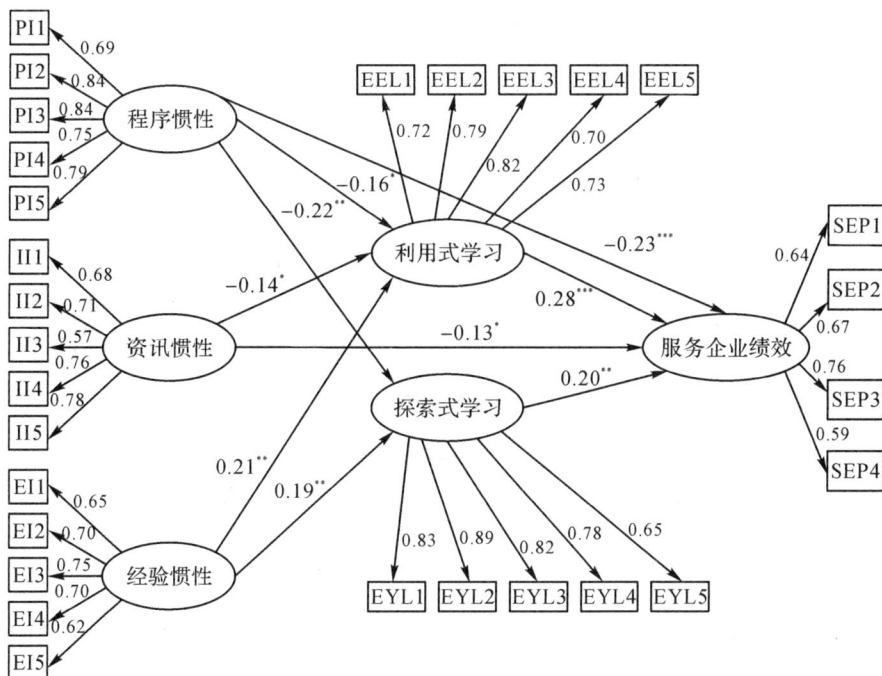

图 3-2　修正后的结构方程模型图

注 1:各条路径旁依次列出了标准化路径系数值;

2:* 表示显著性水平 P<0.05,** 表示显著性水平 P<0.01,*** 表示显著性水平 P<0.001(双尾检验)。

表 3-4　修正后模型的路径系数与假设检验表

变量间关系	标准化路径系数	T 值	P 值	显著性程度	对应假设	检验结果
程序惯性→利用式学习	−0.159	−2.322	0.021	*	H1a	支持
程序惯性→探索式学习	−0.216	−3.182	0.002	**	H1b	支持
资讯惯性→利用式学习	−0.144	−2.314	0.041	*	H1c	支持
资讯惯性→探索式学习	—	—	—	不显著	H1d	不支持
经验惯性→利用式学习	0.207	2.371	0.001	**	H1e	不支持
经验惯性→探索式学习	0.194	2.180	0.008	**	H1f	不支持
程序惯性→服务企业绩效	−0.232	−3.960	0.000	***	H3a	支持
资讯惯性→服务企业绩效	−0.130	−2.163	0.032	*	H3b	支持
经验惯性→服务企业绩效	—	—	—	不显著	H3c	不支持
利用式学习→服务企业绩效	0.275	3.943	0.000	***	H2a	支持
探索式学习→服务企业绩效	0.204	2.908	0.004	**	H2b	支持

注：* 表示显著性水平 $P<0.05$，** 表示显著性水平 $P<0.01$，*** 表示显著性水平 $P<0.001$（双尾检验）。

通过对理论模型的路径系数以及显著性水平分析，本研究的假设 H1a，H1b，H1c，H3a，H3b，H2a 和 H2b 获得了支持；而假设 H1d，H1e，H1f 和 H3c 则没有获得支持，尽管 H1e，H1f 和 H3c 路径显著，但是其标准化路径系数为正值，实证结果与已有假设不符。程序惯性对利用式学习具有显著的负向影响（$P<0.05$）；程序惯性对探索式学习具有显著的负向影响（$P<0.01$）。资讯惯性对利用式学习具有显著的负向影响（$P<0.05$）；资讯惯性对探索式学习没有显著的负向影响（$P>0.05$），说明原假设未获得支持。经验惯性对利用式学习具有显著的正向影响（$P<0.01$），说明结论与原假设相反；经验惯性对探索式学习具有显著的正向影响（$P<0.01$），说明结论与原假设相反。程序惯性对服务企业绩效具有显著的负向影响（$P<0.001$）；资讯惯性对服务企业绩效具有显著的负向影响（$P<0.05$）；经验惯性对服务企业绩效的影响不显著（$P>0.05$），说明原假设未获得支持。利用式学习对服务企业绩效具有显著的正向影响（$P<0.001$）；探索式学习对服务企业绩效具有显著的正向影响（$P<0.01$）。

3.4.4　中介作用与影响效应分析

知识惯性下属三个变量对服务企业绩效的直接影响效应分别为程序惯性－0.23,资讯惯性－0.13,经验惯性0;间接影响效应分别为程序惯性－0.0888(利用式学习为－0.0448,探索式学习为－0.0440),资讯惯性－0.0392(利用式学习为－0.0392,探索式学习为0),经验惯性0.0968(利用式学习为0.0588,探索式学习为0.0380);总效应分别为程序惯性－0.32,资讯惯性－0.17,经验惯性0.10。由此可知,利用式学习在程序惯性和资讯惯性影响服务企业绩效中起到部分负向中介的作用,在经验惯性影响服务企业绩效中起到完全正向中介的作用;探索式学习在程序惯性影响服务企业绩效中起到部分负向中介的作用,在资讯惯性影响服务企业绩效中的中介作用不显著,在经验惯性影响服务企业绩效中起到完全正向中介的作用。

3.5　结论与启示

3.5.1　研究结论

虽然已有研究普遍认为知识惯性对企业绩效具有负向的影响作用,但是由于研究视角、变量选取角度的差异,文献的结论并不完全一致。为了明确知识惯性与服务企业绩效之间的关系,探索知识惯性影响服务企业绩效的内在机理,本研究通过详细梳理文献构建理论模型,选取长三角地区和珠三角地区211家KIBS企业作为实证样本,探讨了知识惯性、组织学习与服务企业绩效之间的关系后,得出以下结论。

首先,程序惯性不但会直接阻碍服务企业绩效的提升,还会通过利用式学习和探索式学习这两种组织学习类型间接阻碍服务企业绩效的提升。资讯惯性可以直接阻碍服务企业绩效的提升,也可以通过利用式学习这一中介变量间接阻碍服务企业绩效的提升,但是通过探索式学习这一中介变量间接阻碍服务企业绩效的提升作用并不显著。

其次,经验惯性对服务企业绩效没有直接的显著影响,但是会通过利用式学习和探索式学习对服务企业绩效产生正向影响,间接地促进服务企业绩效的提升。这一结论与以往的研究结论并不一致,但也进一步证实了周健明等(2014)、

Liao(2008)等学者的研究结论。

最后,组织学习包括利用式学习和探索式学习,均能直接促进服务企业绩效提升。这种提升效果,利用式学习要比探索式学习更加明显,也就是说,利用式学习对服务企业绩效的提升效果比探索式学习要强。利用式学习在程序惯性和资讯惯性阻碍服务企业绩效提升的过程中发挥了部分中介的作用,而探索式学习只在程序惯性阻碍服务企业绩效提升的过程中发挥了部分中介的作用;利用式学习和探索式学习在经验惯性促进服务企业绩效提升的过程中发挥了完全中介的作用。

3.5.2　管理启示

第一,KIBS企业在日常经营过程中往往比较重视对外在智力资本的利用,或者存在过多地"借用"外部思想的不良现象,然而企业为了长远的发展必须充分发挥利用式学习、探索式学习这两种组织学习方式,着重培养自身的核心竞争力。我国的KIBS企业在实际经营活动过程中比较注重利用类似于产学研合作、企业间联合开发等外部智力资本,由于这类外部智力资本往往能产生相对短期的运营绩效,所以企业往往会采用利用式学习方式对现有知识采取深度开发或重复使用,以此来完善现有产品知识、流程等,提升现有服务能力,拓展现有市场,进而提高服务企业绩效。当然,这也从侧面说明,我国的KIBS企业在实际经营过程中,可能存在"复制"已有产品,"借用"外部思想或创意等不良现象。KIBS企业不能忽视企业的探索式学习这种组织学习方式。探索式学习尽管是试验性的、冒险性的,具有一定的风险存在,但是这种学习方式只要与企业的战略绩效密切结合,就能使企业跨越组织边界,吸收更多的新知识或新创意,开拓更为宽阔的市场,赢取更多的发展空间,进而提升企业的长远竞争力,增加未来的企业收益。

第二,KIBS企业在日常经营活动过程中,应极力避免诸如惯例处理问题的程序、条条框框的制度程序、一些潜在的办事规则和审批程序等程序惯性的破坏作用,同时在服务创新过程中,必须加强企业内外的团队协作,拓展知识源的来源渠道,以及新知识的获取途径,防止资讯惯性所产生的破坏作用。程序惯性对服务企业绩效的总影响效应值为 -0.32,由此可见,程序惯性阻碍服务企业绩效提升的影响作用远远高于资讯惯性对服务企业绩效的阻碍作用,企业在组织创新、市场拓展、日常经营等过程中,必须首先打破陈规条框的束缚,建立一套紧密围绕市场动态变化的服务开发流程和管理机制。资讯惯性对服务企业绩效的总影响效应值为 -0.17,比程序惯性对服务企业绩效的阻碍作用要小,而且不会通过探索式学习对服务企业绩效产生阻碍作用,只会通过利用式学习间接阻碍服务企业绩效,但是这种间接影响效应所占的比重为23.53%,也不容忽视。主要因为探索式学习活动特征与资讯惯性之间具有一定程度上的冲突性,因此资讯惯性并不能通过探索式学习来间接阻碍服务企业绩效的提升,实证所得出的这个结论与管理实践活动中所积累的经验是相一致的。

第三,KIBS在经营过程中,以往成功业务的经验或具有丰富经验的项目负责人对KIBS企业绩效的提升能发挥关键性的作用。实证研究发现,经验惯性不但不会阻碍服务企业绩效的提升,反而会通过利用式学习和探索式学习促进服务企业绩效的提升,这与原先假设正好相反。这表明KIBS企业在经营过程和服务创新过程中,还是比较依赖以往的经验惯性。尽管严格来讲KIBS企业的产品或服务往往具有独特性、定制化的特点,但是其所属行业和客户企业的要求会呈现出一定的共性,这就导致KIBS企业为了节省研发费用,开始借用类似于制造业中批量化生产的思想,为某一大类客户企业提供相似的产品或服务,于是KIBS企业以往的成功经验就可以"复制"到新的市场和业务中去。随着成功实践经验的不断积累,KIBS企业能够"复制"和使用的经验资本也就越来越丰富,最终促进了自身绩效的提升。

第四,KIBS企业必须建立动态管理机制和学习机制,不仅要消除诸如条条框框、逐层审批等潜在程序惯性的束缚,同时还要积极培育研发人员和研发团队,或是积极引进高层次人才,努力拓展企业研发所需的资讯来源。KIBS企业在组织学习的过程中,必须高度重视程序惯性和资讯惯性的破坏作用,建立相应的动态管理机制以应对企业内部所产生的这两类知识惯性,尽量减少程序惯性和资讯惯性给企业带来的负面影响,切实保障企业自身绩效的稳步提升。与此同时,KIBS企业还需要建立和完善内部的利用式学习和探索式学习机制,通过对组织机构的优化来制定适合这两种机制发挥作用的组织规则,正确处理是对现有技术和业务领域知识的获取、传播、整合和应用的学习,还是对新技术和未来业务领域知识的探索、试验、尝试和创新的学习。同时,企业还要构建有效的新旧知识管理机制,明确是对现有知识的重复利用和深度开发,还是对新知识的积极尝试和勇敢试验,切实推进企业的组织学习活动,从而提升企业绩效。并且在此基础上,重视对企业经验惯性的保护和开发,通过企业内部的组织规则和知识管理机制,将企业在以往成功业务上所积累的经验惯性进行深度挖掘或勇敢试验,充分发挥其对服务企业绩效提升的促进作用。

3.5.3　研究局限

本研究也存在一些不足之处:一是本研究所选取的样本企业来自长三角地区和珠三角地区,导致调研所获得的数据可能存在一定的局限性。今后的研究如有可能应该尝试在更广范围内进行调研,以进一步验证本研究所构建理论模型的合理性。二是本研究选取了包括信息服务业、金融服务业、科技服务业和商务服务业所组成的 KIBS 企业展开研究,尽管这四类服务业都属于 KIBS 范畴,但是互相之间势必存在着一定的差异,然而本研究并没有把这种差异性因素考虑在内,在今后的研究中,有必要进一步细化行业,分别以此四类服务业为研究对象考察本研究所构建的理论模型,剖析四大类 KIBS 企业之间是否存在差异性,以进一步验证本研究的结论。

4 顾客—企业在线互动与新服务开发绩效研究

本书第 3 章的研究工作,凸显了开放式创新特别是顾客在线创新和知识共创的重要价值。本章则是本书研究内容的主体部分,将在第 2 章文献综述及第 3 章知识惯性与知识密集型服务企业绩效研究的基础上,通过模型构建、假设提出、大样本问卷调查和统计分析等方法,对顾客—企业在线互动、知识共创与新服务创新绩效的具体作用关系进行理论和实证分析。

4.1 研究背景与文献回顾

4.1.1 研究背景

新服务开发是影响企业生存发展的关键环节和竞争优势的重要因素。随着企业创新活动逐渐从封闭走向开放,共同创造(Co-creation)作为一种汇聚各方力量的创新模式,开始应用于企业新服务开发实践;而顾客无疑是企业重要的"合作创造者"之一,其与企业的合作主要通过互动来体现(Prahalad and Ramaswamy,2000;Ramaswamy,2004)。Muller 和 Zenker(2001)指出,企业与顾客间蕴含着一种"共生关系","顾客—企业互动"的界面也已成为企业与顾客共创价值的新场所。从价值共同创造的创新层面来看,创新过程也是参与主体知识增加的过程,是知识的共同创造(Kohlbacher,2008)。因此,与顾客建立和维系适当的互动关系,并通过整合双方知识、资源和潜能来促进知识的共同创造,是提升企业新服务开发绩效的重要途径。

互联网和信息技术的高速发展,进一步突破了在传统实体环境下,顾客—企业互动在顾客数量、时间和空间等方面的局限,使企业与庞大顾客群体的在线实时互动成为可能和现实。在新服务开发过程中,企业可通过电子邮件、论坛、微博、在线社区、即时通信工具等途径和方式,实现与顾客的大规模零距离互动,顾客—企业互动的广度、深度和频率大大提高。越来越多的企业开始尝试通过虚拟创新社区等顾客—企业在线互动方式,来进行新服务开发(Flavian and Guinaliu,2005);如耐克的篮球鞋社区、星巴克的顾客创意论坛、微软的虚拟实验室,及华为花粉俱乐部、联想开发者平台、魅族社区、海尔社区等。与此同时,出于不满足现有选择等原因,顾客也希望通过各种便利的在线工具与企业进行互动并共创价值(Prahalad and Ramaswamy,2000)。在线顾客群体拥有大量与服务相关的消费知识、市场信息和技术诀窍(Fuller et al,2006);企业与顾客的在线互动,可充分利用顾客群体的异质性知识和创造力,在思维碰撞中引发创造性"风暴"(王莉和任浩,2013)。

企业顾客合作创新涉及服务管理、服务营销、创新管理等多个学科,已有相关研究主要从顾客合作生产、市场导向、价值共创、顾客参与、开放式创新、服务主导逻辑、关系营销等角度展开。"顾客创新工具箱""虚拟顾客环境""基于社区的创新"等顾客—企业在线互动的途径与方法,也开始引起学术界关注(Hippel,2001;Nambisan,2002;Fuller et al. ,2006)。但总体而言,网络虚拟环境下的顾客—企业在线互动研究目前尚处于起步阶段,其与企业新服务开发绩效的作用机制仍有待进一步研究。据此,本研究将从知识共创角度,就顾客—企业在线互动与企业新服务开发绩效的具体作用关系做较深入的理论和实证研究,以进一步深化企业与顾客合作创新的理论研究,并为企业如何有效利用网络虚拟环境下的顾客—企业在线互动来实现知识共创并提升新服务开发绩效提供思路借鉴。

4.1.2　文献回顾

顾客—企业在线互动贯穿于顾客在线参与企业新服务开发活动的整个过程,顾客—企业合作创新的本质就是互动(Prahalad and Ramaswamy,2000)。已有的对顾客在线参与新服务开发的概念界定、维度划分、实现方式等相关研究中,对顾客—企业在线互动的理念和内容已有了一定的体现。如在 Ennew 和 Binks(1999)、Skaggs 和 Youndt(2004)、Fang(2008)、姚山季和王永贵(2011)、范钧(2013,2014)等学者对顾客在线参与新服务开发的维度划分中,就出现了信息共享、人际互动、顾客接触、共同开发、合作生产等与顾客—企业在线互动密切相关的变量和概念。但总体而言,目前针对顾客在线参与新服务开发情境下顾客—企业在线互动的专门研究则并不多见。

(1)新服务开发的概念和内涵

新服务开发(New Service Development,NSD)概念是从传统的新产品开发(NPD)概念中分离出来的。Edvardssonh 和 Olsson(1996)将新服务开发界定为对服务概念、服务系统和服务过程进行开发的系列活动。Menor 和 Roth(2007)、Bettencourt(2010)、刘顺忠(2009,2011)、李雷等(2012)学者们将新服务开发界定为:服务企业通过对服务概念、服务递交系统、服务递交界面或服务支撑技术的创新,向顾客提供全新或改进服务的正式或非正式开发活动。

在新服务开发的类型和特性方面,Johne 和 Storey(1998)把新服务开发分为服务开发、服务扩充开发、服务过程开发和服务市场开发四类;Johnson et al.(2000)把新服务开发分为突破性创新和渐进性创新两类;Lynn et al.(1999)、Bonner(2004,2010)、Carbonell et al.(2009)、徐延庆和薛有志(2010)、姚山季和王永贵(2011)等分析了新产品(服务)开发面临的技术、市场等不确定性风险。在新服务开发的阶段划分方面,基于不同研究视角、分类标准和行业差异等因素,同时存在着两阶段、三阶段、四阶段、六阶段、八阶段、十阶段等多种划分模式,并对应了不同的新服务开发过程模型,以及各阶段的主要活动和关键环节(Zeithaml and Bitner,2000;Johnson,2000;Alam,2002,2006,2013;Froehle and Roth,2007;蔺雷和吴贵生,2005;魏江等,2007,2009)。

在新服务开发绩效的维度和测量方面,Storey 和 Kelly(2001)、Tatikonda(2001)等把时间、质量、成本作为新服务开发绩效的核心测量指标;Hagedoorn 和 Cloodt(2003)将新服务开发绩效定义为从概念生成到将发明创造引入市场整个过程所取得的绩效。Hipp 和 Grupp(2005)使用服务质量改善、符合环境标准和安全要求、公司内部改进和客户绩效改善等维度来测量新服务开发绩效;Carbonell et al.(2009,2011)从运营绩效和市场绩效两个方面,对新服务开发绩效进行测量;Jaw et al.(2010)采用目标达成度、市场份额、利润率、销售量和超越竞争者五个指标对新服务开发绩效进行评价;范钧等(2013,2014)用新服务达到预期目标程度、新服务相对创新性、新服务相对市场占有率、新服务投入回报率和新服务顾客满意度五个指标来测量知识密集型服务业的新服务开发绩效。

在新服务开发绩效的影响因素方面,Alam(2002,2006,2013)强调了金融服务业外部知识获取对新服务开发绩效的重要性;Syson 和 Perks(2004)强调了外部网络成员知识对新服务开发绩效的重要作用;Joseph(2004)从顾客的关系嵌入和知识异质性两个方面验证了顾客特性对新服务开发绩效的影响;Froehle 和 Roth(2007)提出了基于资源和流程导向的新服务开发整合框架及影响因素;Bonner(2010)、徐延庆和薛有志(2010)分析了新服务特性对新服务开发绩效的影响；Carbonell 等（2011）分析了顾客的领先顾客性和关系亲密性对新服务开发绩效的影响；魏江等（2007，2009）分析了新服务开发不同阶段，顾客互动对新服务开发绩效的影响；杨雪等（2009）、刘顺忠（2009，2011）分析了新服务开发绩效的影响因素；汪涛和郭锐（2010）、荆宁宁和胡汉辉（2010）分析了顾客知识异性和知识差距对新服务开发绩效的影响；王永贵等（2011）分析了领先顾客对服务创新绩效的影响。

（2）顾客—企业在线互动的概念和内涵

顾客—企业互动的概念最初起源于服务管理和服务营销领域，是顾客在服务生产各个环节中，与服务提供商发生的合作活动。Kaulio（1998）直接将顾客参与定义为顾客与设计过程的互动。Lundkvist 和 Yakhlef（2004）指出，顾客—企业互动不仅仅是信息、想法、意图和知识的转移，同时也为企业提供了共同构建信息、想法和知识的机会，从而导致了集体创新行动。Matthing et al.（2004）认为，顾客—企业互动是服务企业与当前或潜在的顾客合作，从而学习市场并改变企业行为的过程、事件和互动。Lundkvist 和 Yakhlef（2004）认为，隐性、黏性的知识和洞察力很难从产生它的社会背景中分离出来，需要更深入的双向互动和沟通过程，顾客—企业互动过程充分体现了顾客与企业的合作创新理念，实现了从企业单向利用顾客知识到顾客与企业共同创造知识的根本性转变。Bonner（2010）将顾客互动定义为潜在顾客和项目开发团队成员之间互动的程度。并将其分为双向沟通、顾客参与和联合解决问题三个维度。Sigala（2012）指出，顾客的创意并非预先存在，而是在其与企业的互动、对话过程中产生的。Van Dolen et al.（2007）、Kohler et al.（2011）、闫幸和常亚平（2013）等学者将顾客—企业互动分为社会导向型和任务导向型两个维度。

（3）顾客—企业在线互动对新服务开发绩效的影响

已有相关研究已初步验证了顾客—企业在线互动对新服务开发绩效的积极促进作用。Gruner 和 Homburg（2000）指出，在新产品（服务）开发的特定阶段，顾客互动对新产品（服务）开发绩效有显著正向影响。Alam（2002，2006，2013）强调了顾客与企业在新服务开发早期阶段的重要性，因为顾客—企业互动有助于消除新服务开发模糊前端的"模糊性"的重要性，特别在新服务开发创意产生和筛选阶段，顾客与企业的互动强度应高于其他阶段。Bonner（2010）以顾客信息质量为中介变量，验证了顾客互动对新产品（服务）开发绩效的积极影响。Sigala（2012）认为，基于 Web2.0 的顾客互动有助于实现从"为顾客而设计"向"与顾客共同设计"和"由顾客设计"的新服务开发理念转变；利用社会化媒体等工具实现顾客与企业及其他顾客的在线互动和沟通,能使顾客通过对他人服务体验的反思,从而产生能有效满足顾客真正需求的新服务创意。王琳和魏江(2009)研究了顾客互动程度与新服务开发绩效的关系,以及顾客互动程度在参与新服务开发过程中体现出的阶段性差异;王琳(2012)以顾客知识整合为中介,考察了顾客—企业互动对服务创新绩效的影响机制。

4.2 顾客—企业知识共创的过程分析

本研究主题聚焦于顾客在线参与企业新服务开发活动情境下的顾客—企业知识共创问题。顾客—企业知识共创是顾客在线参与新服务开发问题研究中,一个极其重要的概念和变量,有必要对其做进一步的深入研究。但已有针对知识共创的相关研究并不多见,特别是传统研究较少涉及的顾客—企业外向型知识共创。因此,仍有许多问题值得进一步思考,如顾客与企业之间如何实现知识共创?其具体的过程如何?哪些因素会影响知识共创?它们又是如何影响的?等等。研究顾客—企业知识共创问题,不仅要关注企业对顾客知识的获取、整合和利用进而促进企业的知识创造(即内向型知识共创),同时还要强调顾客对企业知识的融合和创新(即内向型知识共创),突出顾客的主观能动性和创造潜力。因此,本节主要从企业逻辑、顾客逻辑以及两者关系三个层面出发,来分析顾客在线参与企业新服务开发情境下的顾客—企业内向型和外向型知识共创的主要过程、阶段,以及两类知识共创过程之间的区别和联系。

4.2.1 内向型知识共创的过程分析

顾客—企业内向型知识共创问题在过往研究中已有较多的涉及,从企业获取顾客知识视角开展的顾客参与创新问题研究,大多与内向型知识共创在逻辑上基本一致。顾客—企业内向型知识共创主要基于企业逻辑,以企业为关键创新主体,围绕某特定的创新任务,着眼于企业如何获取和吸收顾客的知识,并在企业内部经过共享、整合、利用,进而创造出新的知识。借助 Crossan(1999)、Holsapple 和 Singh(2001)、芮明杰等(2004)、范钧(2013,2014)等的研究,本研究将顾客—企业内向型知识共创划分为知识共享、知识获取、知识融合和知识创造四个围绕特定创新任务(新服务开发项目),基于顾客—企业在线互动和知识流动转化的动态循环阶段(参见图 4-1)。

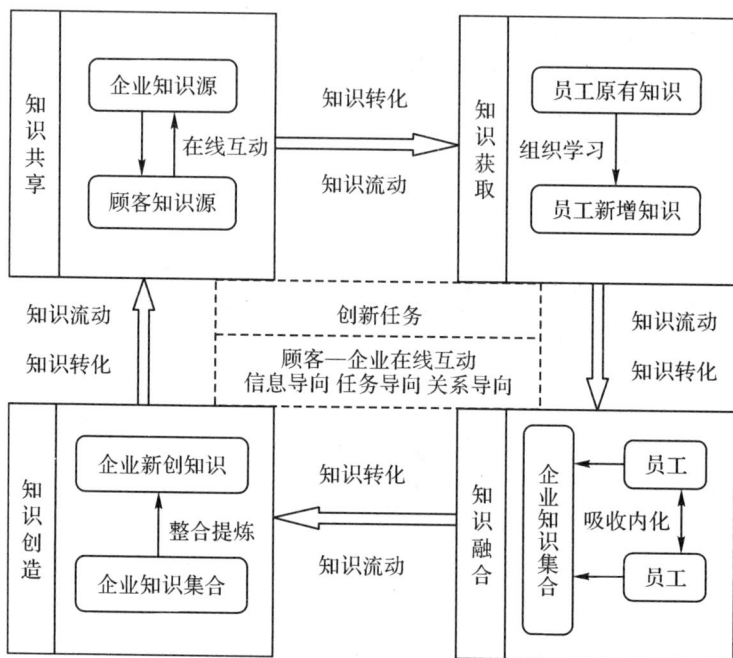

图 4-1　顾客—企业内向型知识共创的过程图

（1）第一阶段：知识共享阶段

这一阶段是顾客—企业内向型知识共创得以有效实现的根本前提，一般主要基于网络虚拟品牌（创新）社区、社会化媒体等顾客在线参与平台和载体。企业边界人员（社区管理者、在线客服人员、服务设计开发人员等与顾客打交道的企业员工）通过与顾客进行信息导向、任务导向和关系导向在线互动，实现隐性知识的显性化，以及企业知识源与顾客知识源之间的双向开放和实时共享。但不同顾客之间自身拥有创新相关知识的存量及其共享意愿、能力的差异性较大。因此，对内向型知识共创而言，这一阶段的关注重点是如何促进顾客对企业边界人员的知识共享。

（2）第二阶段：知识获取阶段

这一阶段是企业边界人员根据特定创新任务对知识的需求从顾客知识源中有选择地获取顾客知识的过程，同样需要以顾客—企业在线互动为基础，并伴随着企业边界人员的组织学习和顾客知识的转化、流动过程。对于已编码的显性顾客知识，企业边界人员可以直接在线获取。对于难以编码的隐性顾客知识，则需要较为复杂的互动和转化过程。比如，将顾客的服务相关知识、消费使用知识和自我知识等转化为与创新任务直接相关的概念知识、需求知识和技术知识等。知识获取阶段的最终结果,就是顾客知识成为企业边界人员的新增知识。

(3)第三阶段:知识融合阶段

这一阶段主要发生在企业内部,体现为企业边界人员的新增知识通过筛选、分享、消化、吸收等知识流动和转化过程,最终融入企业知识集合的一系列复杂的知识管理过程。网络环境中存在海量的顾客知识,顾客的需求也是千差万别,因此企业边界人员获取的顾客知识很可能存在较大的冗余,需要企业根据自身特定的创新任务需求和接受能力范围对顾客知识进行筛选和重新编码。经过筛选后的顾客知识,在一定的知识管理制度安排下,通过员工与员工、员工与组织(团队)的传播共享、交流启发、人际互动等方式,在企业组织内部实现扩散、消化和吸收,最终完成与企业原有知识的融合,并组合内化为企业知识集合的有效组成部分。

(4)第四阶段:知识创造阶段

这一阶段是顾客—企业内向型知识共创最终得以实现的关键环节。随着顾客的创新知识和其他来源的创新知识不断融入企业知识集合,企业的创新知识存量持续增加,组织和员工对特定创新任务的了解和认识也不断深入。企业原有知识与顾客知识等新汇集的知识不断整合、碰撞、相互启发,并通过对企业知识集合的系统化分析提炼,逐渐实现知识从量变到质变的过程,最终发展出符合特定创新任务需求的新知识。

完成既定的创新任务目标(新服务开发项目)后,企业又将会针对下一个创新任务目标,开始新一轮的顾客—企业内向型知识共创。上一个创新任务所新创的知识,便成为企业知识源中的共享知识,而顾客知识源中的共享知识存量也在上一个知识共创(包括内向型和外向型知识共创)任务中有所增加。因此,内向型知识共创是一个周而复始、螺旋上升的动态循环过程。

4.2.2　外向型知识共创的过程分析

顾客—企业外向型知识共创问题研究目前尚处于起步阶段,与内向型知识共创相比,已有研究相对较少。顾客—企业外向型知识主要基于顾客逻辑,以顾客为关键创新主体,围绕特定的创新任务,着眼于顾客如何利用企业提供的知识和资源,与自身拥有的知识与技能融合,进而创造出新的知识。当然,这里的顾客既可以是个人顾客,也可以是群体顾客或组织顾客,此处不做明确的区分,而是将顾客看作一个整体。外向型知识共创与内向型知识共创的过程有一定的相同之处,但也存在着本质上的差别。借鉴 Kodama(2001)、Chesbrough 和 Crowther (2006)、张永成和郝冬冬(2011)、武文珍和陈启杰(2012)等学者的研究,本研究将顾客—企业外向型知识共创划分为与内向型知识共创同样的四个阶段,即知识共享、知识获取、知识融合和知识创造(参见图 4-2)。虽然这四个阶段也是围绕特定创新任务(新服务开发项目)的动态循环阶段,但知识共创的关键主体已从企业转向顾客,四个阶段内的知识流动和转化等方式也随之发生了较大的改变。

(1)第一阶段:知识共享阶段

这一阶段与顾客—企业内向型知识共创是基本一致的,在此不再赘述。需要特别强调的一点是,与几乎是海量的顾客知识源不同,企业知识源的存量是有限而专业化的,因而具有相对较高的知识共享效率。与顾客共享的企业知识一般具有较强的针对性,企业主要围绕特定的创新任务需要,而有选择、有控制、有范围地与顾客适度共享与创新任务密切相关的创新知识,且这些知识大多为显性知识。

(2)第二阶段:知识获取阶段

在这一阶段,顾客通过与社区管理者、在线客服人员等企业边界人员的在线交流和双向互动,从中获取与特定创新任务相关的各类知识,并转化为自身的新增知识。与内向型知识共创中的企业获取顾客知识阶段不同,顾客获取企业知识的方式较为被动。一方面,不同顾客之间存在较大的差异,虽然少数的领先顾客、专业顾客或组织顾客可能具有较强的学习意愿和能力,但大部分普通顾客则普遍缺乏学习意愿和能力,他们获取企业知识的主动性并不强,需要企业采取额外的激励和引导措施;另一方面,在大部分时候,顾客对知识获取的主动选择性较弱,而只能被动地获取企业希望或愿意让他们获取的知识,即企业通过顾客在线培训、论坛发帖、官方微博、微信服务号、在线咨询等公开发布方式提供给顾客的创新任务相关知识。因此,虽然企业公开发布的共享知识对所有顾客是基本一致的,但新增知识在不同顾客之间则很可能存在较大差异。

(3)第三阶段:知识融合阶段

这一阶段主要发生在顾客群体内部,体现在顾客群体通过交流、分享、消化、吸收、内化等知识流动和转化过程,将新增的知识与自身原有的知识相融合,成为整个顾客知识集合中的有机组成部分。对某个特定虚拟品牌社区或特定创新任务而言,涉及的企业可能只有一个,企业内部的员工数量也是有限的,但顾客

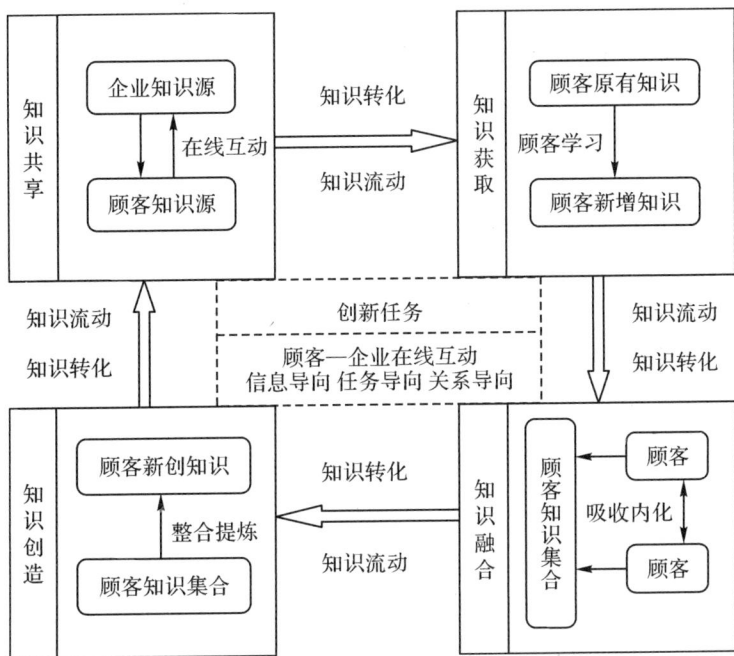

图 4-2   顾客—企业外向型知识共创的过程图

却是大批量和差异化的。因此,外向型知识共创的知识融合阶段,与内向型知识共创存在较大的不同。一是不同的顾客之间对新增知识的消化、吸收能力存在较大差异,且原有顾客个体的知识基础也千差万别;二是通过某些在线平台,不同顾客之间可以通过多方交流互动而实现较为充分的新知识分享和扩散;三是企业的知识集合主要聚焦于自身业务及创新任务所需,具有较强的系统性,而顾客知识集合则大多是海量顾客个体知识的随机性集合,较为发散且缺乏系统性。

(4)第四阶段:知识创造阶段

这一阶段同样是顾客—企业外向型知识共创最终得以实现的关键环节。随着新知识的不断融合,顾客的知识存量和对特定创新任务的认知持续深入,顾客的新旧知识不断碰撞、互相启发,并通过整合提炼,最终发展出针对某特定创新任务的新知识。但与内向型知识共创的知识创造阶段不同的是,内向型知识共创对顾客知识集合的利用能力相对较弱。在内向型知识共创中,企业可以充分利用自身的整体知识集合,来有组织地实现知识创造,其知识创造水平是由企业整体创新能力所决定的;而在外向型知识共创中,虽然整个顾客群体的知识集合是十分庞大的,但由于顾客的创新活动相对缺少组织性,单个顾客往往只能利用自身的个体知识集合,顾客的知识创造水平基本上依赖于其自身的创造力。

完成既定的创新任务目标(新服务开发项目)后,顾客又将会在企业的引导和激励下,围绕下一个特定的创新任务,开始新一轮的顾客—企业外向型知识共创。与内向型知识共创一样,外向型知识共创也是一个周而复始、螺旋上升的动态循环过程。

4.2.3   内向型与外向型知识共创过程的比较分析

通过前文的分析可知,顾客—企业内向型和外向型知识共创过程之间,事实上存在着一定的区别和较大的联系。因此,有必要对两类不同逻辑下的知识共创过程进行一定的比较分析。

(1)内向型和外向型知识共创过程的区别

总体而言,顾客—企业内向型和外向型知识共创是分别基于企业逻辑和顾客逻辑的,两类知识共创的关键创新主体也分别为企业和顾客。正是因为上述客观存在的本质性差异,使得虽然两类知识共创过程在本研究中都被划分为名称完全相同的四个阶段,但在每一个阶段,两类知识共创之间均存在一定的区别,具体如表 4-1 所示。由此可见,与内向型知识共创相比,外向型知识共创过程虽然在创新顾客的数量和顾客知识集合的容量等方面占有较大的优势,但在顾客知识创造意愿、能力、效率等方面均处于明显弱势,因为数量并不意味着质量,容量也并不能得到充分利用。如顾客的内部人身份认知、知识心理所有权、创造性自我效能、参与中的情绪体验、领先顾客特性、与企业的知识势差等因素,都会影响其创造力和外向型知识共创水平。当然这也在情理之中,毕竟在大多数情况下,顾客只是企业的"兼职"员工,与企业并没有正式的雇佣关系,他们可以在外向型知识共创过程中随时抽身离去而不必付出任何代价,特定的创新任务最终还是主要由企业内部员工负责并完成的(众包可能是一个例外)。因此,虽然外向型知识共创是基于顾客逻辑的,但仍离不开企业的支持、引导、激励和帮助,如良好创新氛围的营造、工具性和情感性社会支持等。可以说,在提升外向型知识共创的水平方面,企业是大有可为的。

表 4-1   内向型和外向型知识创造过程的区别表

共创阶段	内向型知识共创	外向型知识共创
知识共享阶段	海量而冗余的顾客知识源 不同顾客的共享意愿不同 共享效率较低	有限而专业化的企业知识源 有选择性地适度共享 共享效率较高

共创阶段	内向型知识共创	外向型知识共创
知识获取阶段	企业边界人员起重要作用 知识获取的主动选择性较强 组织学习能力决定企业新增知识	大部分顾客缺乏学习意愿和能力 知识获取的主动选择性较弱 不同顾客间新增知识差异较大
知识融合阶段	企业较为单一、员工较为有限 企业组织内部扩散、消化和吸收 企业知识集合较为集中	顾客是大批量和差异性的 顾客个体消化吸收和顾客间交流扩散 顾客知识集合较为发散
知识创造阶段	知识创造活动的组织化程度较高 基于整个企业的知识集合 依赖于企业组织的整体创新能力	知识创造活动的组织化程度较低 基于单个顾客的知识集合 依赖于单个顾客的创造力

资料来源:作者自行整理。

(2)内向型和外向型知识共创过程的联系

虽然顾客—企业内向型和外向型知识共创的过程存在一定的区别,但两者之间同样存在较大的关联性,其总体思路也是基本一致的。具体而言,两类知识共创过程的联系主要体现在共创目标、共创载体、共创进程、共创基础和共创途径等方面的一致性上。

一是共创目标方面的一致性。无论是基于企业逻辑还是基于顾客逻辑,无论是以企业还是以顾客为关键创新主体,内向型和外向型知识共创过程都是围绕着同一个创新目标进行的,是"双轮驱动"的,即为了有效提升某特定的创新任务(新服务开发项目)绩效而开展的一系列基于在线互动的顾客—企业知识共创活动,并不断从中创造创新任务所需的新知识。

二是共创载体方面的一致性。内向型和外向型知识共创过程都是在同一个"知识创造场"(竹内弘高和野中郁次郎,2006)中实现的。特定的知识往往被特定的人群或组织创造出来,并在特定的社会空间中传播,形成一个个特定情境下的知识创造场,且这些知识创造场都不是封闭和孤立的,而是与外界紧密关联、相互交汇、相互强化,并受到所处社会知识创造场的影响。在当前的信息化和网络化时代,两类知识共创过程就是以网络虚拟社区、社会化媒体等跨时空、跨媒介、跨边界的开放性在线虚拟知识创造场为载体的。

三是共创进程方面的一致性。内向型和外向型知识共创过程是同步进行、相互融合、彼此推动、循环发展的。本研究为了便于说明问题,将两类知识共创过程都划分为看似独立的四个阶段。实际上,每个阶段并非独立而是连续的,不同阶段之间是一种反复迭代、互相融合的关系,整个知识共创过程(内向型和外向型)是螺旋上升、循环发展。

四是共创基础方面的一致性。内向型和外向型知识共创过程都是在顾客在线参与企业新服务开发活动情境下,以顾客—企业信息导向、任务导向和关系导向等在线互动为基础的。不同形式的在线互动在两类知识共创过程的各个阶段同时存在,以各自不同的方式和机制,持续不断地为知识共创注入动力和活力,共同发挥着积极的基础性作用。

五是共创途径方面的一致性。内向型和外向型知识共创的过程都是以知识的流动和转化为主要途径的。在两类知识共创的各个阶段,与特定创新任务紧密相关的各类创新知识,在顾客与企业边界人员、顾客与顾客、企业员工与员工等知识主体之间进行频繁对流、相互碰撞。与此同时,流动知识的属性(显性和隐性)也会通过编码和解码等方式,在两类知识共创的各个阶段交互进行,实现不断升华。

4.3　顾客—企业在线互动与新服务 开发绩效的理论分析

4.3.1　顾客—企业在线互动对知识共创的影响

Kahn 和 McDonough(1997)认为,互动是个体或组织间的相互活动,如信息会议、交流等正式或非正式的沟通。组织通过促进不同个体间沟通、共享和转移知识,并通过鼓励群体和网络中的互动来吸收、整合和创造知识(Subramaniam and Youndt,2005)。因此,新的思想和创新是个体或组织间互动的结果,共同形成一个动态的过程,不断自我更新。Sigala(2012)的研究发现,新服务的创意并非预先存在,而是顾客通过对话和交互形成、共同创造和提高的,顾客间丰富的交互能创造产品(服务)突破,且顾客的种类和角色的多样性会促使更多创新性创意的产生和改进。异质性顾客的存在推动了在线顾客的互动和讨论,因为顾客们经历过许多各不相同的体验、场景和角色。企业将各种各样的顾客卷入新服务开发过程是尤为重要的,因为顾客情境和角色的多样性会促进更多各种潜在需求的识别,而不只是代表某一顾客群体;也会促进在线讨论和评论的发生,这有助于改进和提高最初由单一顾客提出的服务创意。

(1)顾客—企业信息导向互动对知识共创的影响

信息交换与分享是知识共创的前提和基础。新的知识一旦被共享和表达出来,便会产生更新的知识(Cohen,1998)。显性知识可以方便地通过现实或虚拟环境进行传播;而隐性知识的转移还会受到多种内外部因素的影响和制约,隐性知识的分享难度相对较大,需要通过更为复杂的互动和沟通过程来实现(Lundkvist and Yakhlef,2004)。随着信息技术的普遍应用,依靠信息技术进行虚拟对话的交流方式已成为支持隐性知识交流、传播和共享的有效手段(郭强和施琴芬,2004)。

国内外学者普遍提倡利用 IT 技术建立虚拟对话平台,以促进企业隐性知识的交流与共享(Dahan and Hauser,2002;Blazevic and Lievens,2008;林筠和杨雪,2006;王莉,2013)。林筠等(2008)指出,虚拟对话技术的恰当应用能有效跨越面对面交流中难以避免的时间、空间和心理等方面的交流障碍,加速隐性知识的流动和转移;虚拟对话交流有利于企业开展员工隐性知识的综合化和系统化管理,实现对隐性知识的积累和整合,进而间接影响企业的创新绩效。王莉(2013)指出,在线互动过程中,顾客可以随时随地向企业展示自己的创意并对他人的创意进行评估,企业则获得消费者关于新产品(服务)的创意,并综合内部团队与外部顾客的创意,从中选择最具发展前景的部分加以完善。虚拟创新社区使消费者和企业的关系发生了根本性转变,消费者由被动接收者变为主动参与者。在参与企业新服务开发过程中,消费者拥有服务使用经验和潜在需求,甚至拥有服务设计所需的重要资源和信息,更有可能产生创造力。Sigala(2012)指出,虚拟实验室等技术的运用,使顾客可以在服务虚拟体验中产生和改进新服务创意,触发特定的情感和认知,从而使顾客更清楚自己潜在的需求,从而开始讨论新服务和解决方案以满足这些需求。

因此,通过与以顾客信息为导向的在线互动,企业能获取顾客关于市场需求、竞争对手、服务产品使用经验等海量的异质性信息。在线互动的匿名性、虚拟性、体验性、间接性等诸多特性还会带给人们特殊的心理体验。虚拟环境中的人们可以隐藏真实身份,从而摆脱现实社会的道德、规制及群体行为的约束,可随心所欲地表达观点,扮演在现实社会中难以或不能扮演的角色。作为新产品(服务)创意来源与创意评估者的顾客,可以为企业提供新颖的想法、创造性的概念,并通过顾客与新产品(服务)开发团队、顾客与顾客间的互动交流帮助企业辨识市场机会。这些信息与企业原有知识相结合,经过提炼、整合和升华,能进一步发展出新的知识。与此同时,为有效贡献自己的知识,顾客需要获得企业的专门知识并理解其含义。信息导向互动为企业创造了辅导顾客知识和技能的便利机会,从而有利于顾客与企业进行知识共创(孙洪庆,2010)。创新灵感的产生需要自由、活跃、开放的思维空间,很多灵感是在不同思想的碰撞和启发下产生的。通过以信息为导向的在线互动,企业可以充分利用顾客群体的异质性知识和创

造力,在思维碰撞中引发创造性"风暴"。因此,本研究提出如下假设:

假设 H1a:顾客—企业信息导向互动对内向型知识共创有显著正向影响。

假设 H1b:顾客—企业信息导向互动对外向型知识共创有显著正向影响。

(2)顾客—企业关系导向互动对知识共创的影响

顾客与企业进行关系导向的在线互动,有利于培养顾客信任并促进其分享高质量的知识。Szulanski(2000)通过对知识接收方与知识发送方的关系进行研究后指出,若知识接收方对接收共享知识持不积极态度,则知识发送方的知识共享态度和意愿便会减弱,不利于双方之间的知识交流和沟通;反之,若双方建立信任关系,则知识共享意愿会增强。强烈的知识共享意愿可以增强隐性知识转移的动机和主动性,降低成员对参与隐性知识分享的风险顾虑、代价、预期收益等主观感受,增强隐性知识交流与分享的意愿(Leonard,1998;Nonaka,1998)。Erden(2008)同时指出,强知识转移意愿能促进知识发送方和知识接受方之间的信任,使彼此间保持高度一致性的利益,减弱知识发送方的防范意识和保护意识。因此,信任是知识管理和创造的关键变量,是刺激知识分享、促进知识共创的重要因素之一(Lee and Cole,2003;Abbasa,2013)。

Farrell(2001)指出,建立亲密关系的成员间以信任、无拘束的思想交流和相互支持为特征,因而新思想更有可能涌现。Uzzi 和 Lancaster(2003)的研究也表明,亲密联结促进私有知识的转移。与新服务开发组织的亲密联结,能促进顾客与企业分享感性的、细腻的和专有的市场研究知识。由于对信任和互惠主义的期望,亲密关系是获取和转移有价值的个人知识的有力途径。Carbonell(2011)认为,与企业建立亲密关系的顾客,更有可能与企业进行独特、专有和丰富的知识交换。这种交换可能会促进企业更深入地理解顾客问题和需求,并最终有利于更具优势开发的产品(Bonner and Walker,2004)。

在网络虚拟环境下,企业与顾客通过在线互动建立起友善、信任的合作关系,能有效促进企业与顾客的信息交换与相互沟通,进而提升顾客群体的创造力,并诱发更多新知识的创造活动(Ridings et al.,2002;Saadia and Pahlavanib,2013)。信任的氛围有助于知识的自由交流,因为决策主体会认为他们不需要保护自己免受机会主义的危害。企业告知社区成员的知识被实现、创意被执行或意见被采纳会支持信任水平的提升,因为成员感觉到自己被认可,是企业的一部分(Sheng and Hartono,2015)。当关系亲密时,社区成员有更强烈的意愿去支持和鼓励创新思想,因为参与的个体成员感到足够自信将创新思想转变为成功的项目。如通过网络开展对顾客创意的奖励活动,既有助于企业建立起与顾客的情感联系,又激励和引导了顾客创造力。Payne et al.(2008)指出,企业与顾客在互动过程中彼此影响、相互学习,尤其当顾客的意见、建议被企业聆听或采纳时,会让其体验到愉悦和满足,并进一步激发创造热情。因此,本研究提出如下假设:

假设 H2a:顾客—企业关系导向互动对内向型知识共创有显著正向影响。

假设 H2b:顾客—企业关系导向互动对外向型知识共创有显著正向影响。

(3)顾客—企业任务导向互动对知识共创的影响

Mohaghar et al.(2012)认为,顾客对自身的产品(服务)相关知识和信息是无意识的,企业应为他们提供一个场景来提取所需知识。王莉和任浩(2013)指出,顾客拥有新产品(服务)开发所需的重要信息和资源,但受专业能力所限无法准确表达;开展创新任务导向的在线互动,有利于企业引导并获得顾客的知识贡献。Kristensson et al.(2004)指出,通过与企业的互动,普通顾客能产生更具原始性和价值的创意,专业开发者和高级顾客能产生更可行的创意。顾客—企业任务导向的在线互动,使顾客自身无法思考和表达的知识在与企业的交流、沟通过程中迸发,并创造出新的思想(卫海英和杨国亮,2011)。如企业在网络创新社区发布创意征集帖子后,顾客可跟帖回复提交自己的创意,或对他人的创意发表评论。通过社区成员之间的互相评论和思想启迪,有价值的创意和想法就会源源不断地产生。

顾客拥有产品(服务)使用经验和潜在需求,甚至拥有产品(服务)设计所需的重要资源、知识和信息,更有可能产生创造力。但由于专业知识的限制,他们可能无法清晰准确地表达需求,甚至对有些能给他们带来惊喜和额外价值的需求都常常无法清楚表达。如果企业善于引导顾客,利用网络开放平台,提供简单易用的创新工具箱,让顾客通过网络功能模块主动参与设计,就能使企业轻松获取顾客的设计思想和潜在需求(李海舰和王松,2009)。顾客经常拥有非常具有创造力的想法和见解,与企业内部存在的思想会有很大的不同,通过任务导向的互动,企业与顾客反复交换关于需求和解决方案要求的知识,双方以富于想象的方式重组互补的知识并试验出新的解决方案(Mahr et al.,2014)。如企业将创新工具箱提供给顾客以试验新产品(服务),在给定的解决空间内,顾客能开发与他们需求相匹配的新产品(服务)创意(Franke and Piller,2004)。企业给顾客关于这些创意的反馈,同时获得他们先前从未想到过的解决方案(Kristensson et al.,2002)。

通过加强与顾客在虚拟创新社区中进行设计上的沟通交流和互动,解答创新过程中的问题,就有可能引导顾客在表达某一方面想法需求时,经历着由粗到细、由浅入深的转变过程,驱动顾客充分、清晰地表达潜在需求,使得顾客个体无法表达甚至无法思考到的需求在和企业互动中得以显现（Hargadon and Bechky,2006），最终创造出新知识。赵夫增（2009）指出，在线社区生产模式在激励和开发大众创造性方面具有优势，因为这是一种群体智慧或大众智慧，可以从多个角度看问题，进行多学科多领域的交叉融合。通过相互之间的沟通和启发，他们可能实现特定专业内部所无法实现的创新效果，这在知识创新加速和知识交叉融合的时代特别重要。因此，本研究提出如下假设：

假设 H3a：顾客—企业任务导向互动对内向型知识共创有显著正向影响。

假设 H3b：顾客—企业任务导向互动对外向型知识共创有显著正向影响。

4.3.2 顾客—企业知识共创对新服务开发绩效的影响

(1)内向型知识共创对新服务开发绩效的影响

顾客—企业内向型知识共创是基于企业逻辑并以企业为关键创新主体的，即企业通过吸收顾客的知识，并在企业内部经过共享、整合和利用进而创造出新知识的过程。传统对顾客参与创新问题的研究，主要关注内向型知识共创。Mohr 和 Nevin(1990)指出，频繁的知识共创将增加产品（服务）成功的可能性。在共同创造背景下，频繁指的是企业与顾客持续反馈的数量，它也涉及共同体验的数量或在一个特定版本的开发期间与顾客发生的迭代（Cooper,1996；Thomke,2003）；频繁也意味着对顾客需求的学习过程的发生程度，并导致项目开发过程中新思想的产生（Day,1994；Matthing et al.,2004）。企业将从外部获取的顾客知识进行内部共享和创造，有利于研发团队针对性地对目标市场进行新服务开发，这也决定了新服务开发是否能取得成功。Syson 和 Perks(2004)、Presutti et al.(2007)、Andreassen 和 Streukens(2009)、Malte 和 Nina(2011)、卢俊义和王永贵(2009,2010)、张红琪和鲁若愚(2012)等学者，从顾客—企业内向型知识共创角度，分析并验证了在新服务开发的各个阶段对顾客知识的获取、吸收和再创能有效提升企业新服务开发绩效。因此，本研究提出如下假设：

假设 H4a：顾客—企业内向型知识共创对新服务开发绩效有显著正向影响。

(2)外向型知识共创对新服务开发绩效的影响

顾客—企业外向型知识共创是基于顾客逻辑并以顾客为关键创新主体的，即顾客利用企业提供的各类知识和资源，并与自身拥有的知识与技能相融合，进而发展出新的知识。Sawhney 和 Prandelli(2000)指出，更大的创新潜能、更好的市场需求契合度、更高的顾客满意度、更短的学习错误反馈环和更低的信息模糊性,是顾客与企业跨边界知识共创的最有意义的结果。Gibbert et al.(2002)的研究发现,与顾客共同创造知识能有效提升企业新产品(服务)开发能力。Sawhney et al.(2005)提出了知识经济时代顾客作为知识共创者的重要角色,与顾客共创知识既有利于企业新服务开发,又对顾客满意和顾客忠诚有积极作用;知识共创的良性循环,还能增加企业知识的独特性和不可模仿性,并成为企业潜在的自我更新源泉。Mohaghar et al.(2012)指出,与顾客共创知识是企业确保新产品(服务)开发成功的现实需要。Sheng 和 Hartono(2015)通过对 3 家企业在线社区的案例研究后表明,在线顾客社区中共同创造和分享知识的过程给企业带来诸多收益,包括加快新产品(服务)开发的进程、增进与合作伙伴的关系、提高社区参与水平、创造顾客认同及强化产品(服务)创新。Pitta 和 Fowler(2005)、Horn 和 Salvend(2006)、Lan(2007)、Fuller(2007、2011)、Kohler et al.(2009)、王莉等(2011)、张辉等(2013)、曹花蕊等(2014)学者们,从外向型知识共创角度,指出以顾客为关键创新主体与企业共同创造的知识,对新服务开发绩效有积极促进作用。因此,本研究提出如下假设:

假设 H4b:顾客—企业外向型知识共创对新服务开发绩效有显著正向影响。

4.3.3 顾客—企业在线互动对新服务开发绩效的影响

顾客与企业之间蕴含着一种"共生关系",两者之间的互动已成为价值创造和价值萃取的源泉(Prahalad and Ramaswamy,2004)。通过合作互动,能促使顾客与企业双方的知识互补和能力重构(Hertog,2000;Bettencourt et al.,2002)。Gupta 和 Souder(1998)指出,顾客的早期参与已被证明是新产品(服务)成功的一个重要贡献因素,当顾客主动参与产品(服务)开发的整个过程时,平均开发时间和花费就会更短。Campbell 和 Cooper(1999)认为,与顾客的互动首先可以有效收集市场信息,同时也能为企业提供内部所缺少的能力和资源,进一步地缩短开发时间和降低开发成本。企业与顾客间的互动能够提升对顾客需求及其变化的理解,并促进对现有产品(服务)的修正,或开发出更加满足这些需求的产品(服务)。Gustafsson et al.(2012)的研究表明,无论是渐进性创新还是突破性创新,频繁互动对企业新服务开发成功都有积极作用。而在线环境可以让顾客与企业的互动合作更为便利、高效和频繁。互联网可以让企业建立起与顾客群体的持续对话,挖掘出有共享兴趣的顾客群体中的共享知识,并将顾客互动的范围延伸至竞争对手或潜在顾客(Sawhney et al.,2005)。网络虚拟世界中的社会化互动,能强化企业与顾客的联结,并获得各类信息、体验和顾客资源投入(Tikkanen et al.,2009)。

(1)顾客—企业信息导向互动对新服务开发绩效的影响

知识和信息是服务创新的源泉。创新通常源自于创造,而创造本身是个体智慧的结果。当组织成员积极地沟通,交流思想和信息,组织中创新的可能性就会增加(O'Reilly et al. ,1989)。影响企业创新绩效的一个重要因素,就是顾客参与过程中的信息提供活动(姚山季和王永贵,2011)。服务营销、创新管理等领域的大多数研究认为,顾客拥有关于他们偏好的独特信息和知识(Prahalad and Ramaswamy,2004;Poetz and Schreier,2012),因此他们的参与会增加新服务与顾客需求匹配成功的概率(Alam,2002,2006),并增加企业利润和市场份额(Lau et al. ,2010)。特别是那些具有超前需求的领先顾客参与,会使创新的和有利可图的新产品和服务形成(Franke et al. ,2006)。顾客在与企业互动过程中能提供新产品(服务)开发相关的大量信息,这些信息能帮助企业有效评估和满足顾客需求,从而降低开发风险(Ogawa and Piller,2006)。Prabhu et al. (2005)认为,与顾客之间的信息导向互动能扩大企业的知识面,并由此提升企业创新能力。当顾客为企业提供黏性信息时(Von Hippel,1994),极具创造力的创新结果就容易产生。关系营销理论认为,来自顾客的信息可以帮助产品(服务)开发小组识别市场需求与市场机会(Fang,2008)。Milliken 和 Martins(1996)指出,经常的信息提供有助于企业和顾客不断地交流产品(服务)开发程序与规则进而提升创新性。通过分享意见和想法,顾客能积极地参与企业创新过程,这样形成的创新具有更好的绩效和价值创造;这对顾客也是如此,因为产品和服务是以响应顾客需求为目的而开发的(Della Corte et al. ,2015)。

在网络虚拟环境下,顾客与企业可以进行高效的双向交流和互动,顾客能通过文字、图片、视频等载体方便快捷地与企业分享知识和信息。通过以信息为导向的在线互动,企业能及时更新和深化顾客信息,获取顾客分享的创意和知识,从而使产品需求映射更加精准(孔鹏举和周水银,2013)。Filieri(2013)指出,在创意产生和筛选阶段,通过与顾客在线互动获取顾客的原始、新颖和可行的想法,对企业开发出更满足顾客需求的新产品(服务)十分关键。企业与以顾客信息为导向的在线互动,还有利于顾客增加知识存量,加深其对产品的理解和认识,从而能为新产品(服务)开发提出更切实可行的想法和建议。因此,本研究提出如下假设:

假设 H5:顾客—企业信息导向互动对新服务开发绩效有显著正向影响。

(2)顾客—企业关系导向互动对新服务开发绩效的影响

合作创新是一个资源整合过程,以合作各方的彼此信任为基础。许多研究表明,与顾客建立有目的、及时的关系沟通体系,会对顾客参与意愿产生积极影响(Ritter and Walter,2003)。当企业对顾客关系的投资水平提高时,可以建立双方的关系秩序、规则及减少可能的非法行为(Wright and Lockett,2003)。换言之,通过关系投资,有利于形成并执行顾客与企业双方合作共赢的理念,从而实现顾客与企业之间的相互依赖状态(姚山季,2010)。顾客与企业间开展关系导向的在线互动,有利于双方通过社会交往和情感交流构建起亲密关系,激发顾客对品牌的情感和共鸣,满足顾客被关怀、认同和尊重的心理需求,增强顾客感知价值和对企业的认同度,从而进一步提高顾客参与企业新服务开发的积极性。

亲密关系会促进知识的获取和利用(Rindfleisch and Moorman,2001),使有效的沟通成为可能(Madhavan and Grover,1998),并能避免误会和冲突(Sivadas and Dwyer,2000)。拥有亲密关系的企业和顾客,也更易于将他们互补的知识"捆绑"在一起,以实现无法单独实现的目标(Rindfleisch and Moorman,2001)。与顾客建立亲密的关系,能为企业提供获取新服务开发所需信息和知识的渠道(Alam,2006,2013)。Souder et al.(1998)和 Sherman et al.(2000)强调,研发团队应该在产品(服务)开发期间与顾客直接互动并与他们建立关系,这将大大有利于新产品(服务)开发。Uzzi 和 Lancaster(2003)认为,亲密联结会提供服务创新实践的原材料和一种能减少新服务开发风险的治理结构。Rindfleisch 和 Moorman(2001)的研究显示,关系嵌入和产品(服务)创造性正相关。

Carbonell(2011)的研究发现,企业与顾客建立亲密关系可能对新服务的上市速度有正向影响。首先,建立亲密关系的顾客通过注意关键信息能加速新服务开发的进程。如 Uzzi 和 Lancaster(2003)的研究显示,亲密顾客能匹配和筛选对适合于企业的知识,让亲密顾客参与新产品(服务)开发能减少企业获取知识的时间并降低成本,从而加速开发进程。其次,亲密联结意味着知识能被快速获得(Fang,2008)。最后,相比于在突发的精神愉悦中发现彼此的偶然状态,当参与的顾客和开发者之间有一种亲密关系时,产品(服务)开发过程倾向于更加平稳(Leonard-Barton and Sinha,1993)。Rindfleisch 和 Moorman(2001)为顾客关系嵌入和上市速度的正向关系提供了实证支持;Bonner 和 Walker(2004)的研究也发现,有亲密关系的顾客参与创新与新产品(服务)的优势正相关。

互动不仅使企业了解了顾客,也让顾客熟悉了企业。随着时间的推移,企业与顾客逐渐熟悉对方的意图,并发展出了相互理解的模式,他们逐渐互相信任、分享资源、分担责任,并逐渐发展出了社会联系(Mahr et al.,2004)。企业与顾客间以关系为导向的在线互动,是双方建立信任关系的有效途径。通过互动可以消除彼此的陌生感和潜在的感知风险,尤其让顾客感觉到企业在顾客导向上所做的行动和努力,体验到在互动中存在的被尊重和被满足的价值(卫海英和杨国亮,2011)。根据人际交往理论,双方的信任是关系继续发展的基础。企业与顾客间的相互信任,能丰富顾客对企业和品牌的情感,降低交易成本和机会主义行为风险,从而提高合作创新和新服务开发绩效。通过以关系为导向的互动,企业和顾客逐渐建立了对彼此需求的理解,并有了共同语言,这使得知识转移成为可能(Hansen,1999)。亲密的关系意味着信任,这种信任削弱了正式规制或监督机制的需要,顾客更加积极地分享和合作,顾客与企业能够积极解决困难和冲突,能以较低的成本共创知识,并使所创造的知识更加契合企业新服务开发项目的需求。特别地,顾客在线参与新服务开发情境中,企业与顾客信任关系的建立,可以使得共享与整合双方的市场信息变得更加容易(Ghoshal and Tsai,1998)。这种信息共享和整合会进一步产生新的市场观点与见解,显然,这有助于提升企业的新服务开发绩效。因此,本研究提出如下假设:

假设 H6:顾客—企业关系导向互动对新服务开发绩效有显著正向影响。

(3)顾客—企业任务导向互动对新服务开发绩效的影响

顾客—企业任务导向的在线互动,是一种积极的市场导向的新服务开发策略。在任务导向互动过程中,由于顾客深入地参与服务创新活动,必然使得企业与顾客要进行深层次的信息与知识共享,共同完成新服务开发任务。Lengnick-Hall(1996)指出,与顾客共同开发是一种有利于企业价值创造的活动,不仅突出了顾客的重要性,还能提升企业的技术创新能力。当企业与顾客进行任务导向的互动时,新产品(服务)开发活动就会变成一个联合解决问题的过程,这可以促进企业与顾客相互协调,并共同解决合作中所遇到的问题,从而提升新产品(服务)创新程度(Gerwin,2004)。Fuller et al.(2006)的案例研究表明,顾客在网络虚拟社区中提供问题解决方案的详细程度和质量是显而易见的,这些方案在市场潜力、新颖程度和技术可行性等方面均有较大价值,部分顾客的思路和建议对企业研发和销售部门来说甚至是全新的。企业与顾客共同开发的程度越深,顾客贡献自己独特信息和知识的意愿也就越强,这使得企业创新绩效提升的可能性大大增加(Fang,2008)。Jeppesen(2005)指出,企业将特定开发任务交给顾客,允许他们创造自己期望的特征,能提高顾客满意度和新产品(服务)开发绩效。与顾客开展问题解决等在线互动合作,鼓励顾客提出、评价、讨论、票选创意和新产品(服务)改进思路,能帮助企业及时发现、理解和满足顾客潜在需求,获取更广泛的顾客知识和新产品(服务)开发创意。任务导向的在线互动使顾客能有效参与创新相关任务,获得更大的自由空间去探索、发现和创新,为企业提供更多满足顾客潜在需求的创新性解决方案,从而有利于提高新服务开发的成功率(Witell et al.,2009)。

Gruner 和 Homburg(2000)认为,共同开发可以体现在产品(服务)创新的各个阶段。企业与顾客可以进行各种各样的共享、合作活动,从而提升新服务开发的绩效水平。互联网也使得企业与顾客互动合作的可能性大大增加。比如在新服务设计阶段,在线参与顾客的角色为共同创造者。企业可在互联网上建设虚拟实验室或者开发虚拟现实系统,在 3D 模拟软件、多媒体技术、虚拟控件等技术的支持下,实时展现可供选择的服务选项、技术条件约束及成本限制、价格限制等要素,顾客可以根据自己的需求和偏好,在线设计自己理想的服务组合。此时,顾客不再只是被动地接受服务设计方案,而是主动地贡献自己的知识、智慧和技能。顾客还可以帮助企业检验新服务开发创意或概念,帮助企业了解消费者对各种可选服务方案的偏好和评价。这将有助于企业开发符合市场需求的服务,降低新服务开发的失败风险。企业也可以将新服务展示在虚拟现实环境中,顾客从购买者的角度对新服务进行全方位的虚拟观察和体验,并将体验后的感受反馈给企业。这样,可以使企业在新服务开发的早期阶段及时发现设计缺陷,降低开发成本,还可以根据顾客反馈确定价格范围或调整成本预算。因此,本研究提出如下假设:

假设 H7:顾客—企业任务导向互动对新服务开发绩效有显著正向影响。

4.3.4 顾客—企业在线互动与新服务开发绩效的关系模型

在本章前三节的理论分析和研究假设的基础上,本研究构建了顾客在线参与企业新服务开发情境下,顾客—企业在线互动、知识共创与新服务开发绩效关系的概念模型(如图 4-3 所示)。其中顾客—企业在线互动由信息导向互动、任务导向互动和关系导向互动三个维度构成,知识共创包括外向型知识共创和内向型知识共创两个维度。顾客—企业在线互动各维度既对新服务开发绩效有直

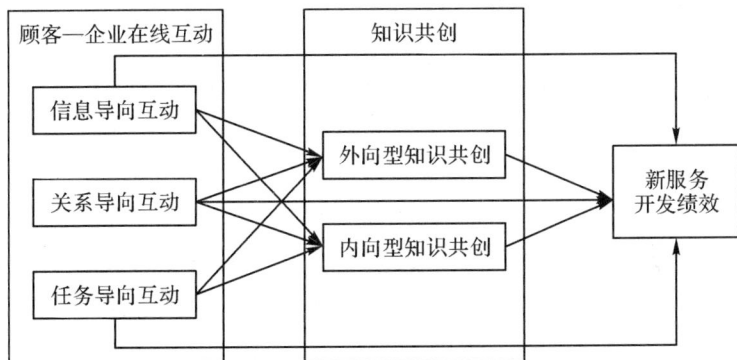

图 4-3 顾客—企业在线互动、知识共创与新服务开发绩效的关系模型图

接的正向影响；又以外向型知识共创和内向型知识共创为中介，而对新服务开发绩效施加间接正向影响。

4.4　顾客—企业在线互动与新服务开发绩效的实证分析

　　基于本章第三节提出的顾客—企业在线互动、知识共创与新服务开发绩效的关系模型及相应的研究假设，本章将通过问卷调查方法获取大样本研究数据，并通过探索性和验证性因子分析、结构方程模型（SEM）分析等统计方法，对模型和假设进行实证检验。

4.4.1　研究设计

(1)问卷设计

　　由于本研究中涉及的顾客—企业在线互动、知识共创、新服务开发绩效等数据，很难从公开数据资料中获得，因而与其他同类研究类似，也采用问卷调查方式进行数据收集。调查问卷主要涵盖了以下几部分内容：①企业基本信息，包括企业名称、企业总部所在地、企业性质、行业领域、设立年限、员工总数等，这些数据主要用于分析样本企业的整体概况；②问卷填写者的个人信息，包括所在部门、职位、在该企业工作的时间等；③顾客—企业在线互动情况，由信息导向互动、关系导向互动和任务导向互动三个维度构成；④知识共创情况，由顾客—企业外向型知识共创和内向型知识共创两个维度构成；⑤新服务开发绩效情况，包括开发成本、顾客满意度、项目利润等。

　　我们首先对顾客—企业在线互动、知识共创和新服务开发绩效等已有国内外文献进行阅读分析，根据本研究对各变量的操作性定义，借鉴经典文献的理论构思及量表，并结合深度访谈和实地调研所得结果，形成问卷大纲和初稿；其次，通过本研究团队内部讨论，以及与相关领域专家学者、企业中高层管理人员的交流，对问卷题项进行修改，形成问卷第二稿；最后，将问卷发给曾主持或参与过新服务开发项目的企业人士进行预测试，根据他们的反馈意见，对问卷做进一步的修改和完善，形成调查问卷终稿。

　　通过问卷调查获得的数据主要建立在应答者主观评价之上，可能会出现一定的偏差。本研究采取了以下防范措施：①针对应答者不了解问题答案的情况，选择曾参与新服务开发项目、并对项目整体运作情况较为熟悉的项目经理或核心成员来填写问卷;②针对问题所涉及信息应答者无法回忆的情况,问卷所涉及的问题尽可能针对企业最近的新服务开发项目(近三年内);③针对应答者不愿回答的情况,在卷首即交代了本研究内容不涉及企业商业机密,并承诺对问卷所获的信息予以保密,以及研究成果可与感兴趣的答卷者分享;④针对应答者不能理解所问问题的情况,本问卷在设计过程中广泛听取企业界和学术界的意见和建议,对问卷表述和措辞进行反复修改,以防出现难以理解或表意含糊不清等情况。

(2)变量测量

本研究采用主观评价法对变量进行测度。在量表刻度的选择上,采用李克特 7 级量表形式对各变量进行测量。数字 1 至 7 依次表示应答者对某个问题的反映强度或态度从完全不同意逐渐向完全同意过渡,或者认同度从很低逐渐过渡到很高,其中 4 表示中立态度或中间状态。

①新服务开发绩效的测量。新服务开发是一个范围广、跨学科的研究领域,新服务开发绩效也是一个被不同学术领域的研究者广泛关注的重要变量。由于研究者关注的焦点不同,以及新服务开发过程与产出的复杂性和多样性,对新服务开发绩效的测量目前尚未形成一个公认的测量体系。如 Cooper 和 Kleinschmidt (1987)从财务绩效、市场影响和机会窗口三个指标,来测量新产品(服务)开发绩效;Storey 和 Kelly(2001)、Tatikonda(2001)将开发时间、开发质量和开发成本作为新服务开发绩效的核心测量指标;Hipp 和 Grupp(2005)使用服务质量改善、符合环境标准和安全要求、公司内部改进和客户绩效改善等指标来测量新服务开发绩效;Rauniar(2008)使用顾客满意、产品开发时间和产品成本三个指标测量新产品(服务)开发绩效;Carbonell et al. (2009,2011)从运营绩效和市场绩效两个维度对新服务开发绩效进行测量;Bonner(2010)根据质量、特点、技术绩效和满足顾客需求程度四个指标来度量新产品(服务)开发绩效;Jaw et al. (2010)采用目标达成度、市场份额、利润率、销售量和超越竞争者五个指标对新服务开发绩效进行测量;范钧等(2013,2014)采用了新服务达到预期目标程度、相对创新性、相对市场占有率、投入回报率和顾客满意度五个指标,来测量知识密集型服务业的新服务开发绩效。由此可见,不同领域的研究者选择新服务开发绩效的测量维度和指标存在一定的差异,但有一点是基本一致的,即新服务开发绩效应从多维度视角来测量,而不是局限于最终的财务结果。参考上述学者的观点,考虑到本研究的实际情况,并结合有关专家意见,本研究主要从技术绩效、顾客绩效以及财务绩效三个方面,使用三个测量问项对新服务开发绩效进行测量,具体测量问项见表 4-2。

表 4-2 新服务开发绩效的测量表

构思变量	测量问项
新服务开发绩效	1. 新服务开发符合预期的成本要求 2. 开发的新服务达到了预期的顾客满意度 3. 开发的新服务达到了预期的利润目标
问项来源	Storey 和 Kelly(2001)，Hipp 和 Grupp(2005)，Carbonell et al.(2009,2011)，Jaw et al.(2010)，范钧等(2013,2014)

②顾客—企业在线互动的测量。对顾客在线参与企业新服务开发情境下的顾客—企业在线互动的实证研究仍较少见，因此在其测量方面也鲜有可以直接借鉴的量表，但现有关于顾客—企业互动或顾客参与新服务开发相关的研究，也具有重要的借鉴意义和参考价值。本研究将在借鉴已有成熟量表的基础上，根据本研究需要和企业新服务开发实际进行适当修改。本研究主要从信息导向互动、关系导向互动和任务导向互动三个维度，对顾客—企业在线互动进行测量。

信息导向互动是顾客与企业在线分享和交换创新信息和知识的活动。Lin 和 Germain(2004)采用李克特 7 级量表对顾客参与程度进行测度，共使用三个问项："与顾客共同设计产品(服务)""从顾客处获得关于产品(服务)质量水平的信息""从顾客处获得了他们如何使用产品(服务)的信息"。Fang(2008)将顾客参与新产品(服务)开发划分为信息提供和共同开发两个维度，并使用四个问项来测量顾客作为信息提供者参与新产品(服务)开发的重要性程度。Bonner(2010)将顾客—企业互动分为双向交流、顾客参与、联合解决问题三个维度，并指出顾客与企业间的信息流动是双向的，双向互动意味着交互式的交流，顾客与企业一起交流分析计划和问题，提供反馈信息，并使用"很多反馈信息被提供给顾客""顾客与企业间频繁地进行双向沟通""顾客与企业间开放地进行信息交流"三个问项对"双向交流"进行测量。卫海英和杨国亮(2011)认为，互动就是两个为了实现既定价值目标的信息主体通过信息分享和交流，试图影响对方的认知结构并使其行为方式发生改变的过程，他们在实证研究中沿用了 Bonner(2010)的测量量表。姚山季和王永贵(2011)借鉴 Fang(2008)的研究，使用三个问项对信息导向互动进行测量。基于上述已有研究的测量方法，结合本研究的主要内容，本研究对顾客—企业信息导向互动的测量主要关注于顾客与企业在线分享和交换创新信息的行为和活动，使用四个问项进行测量，具体测量问项见表 4-3。

关系导向互动是以建立双方持久关系和满足情感需求为目标的在线互动。Van Dolen et al.(2007)、Kohler et al.(2011)、卫海英和杨国亮(2011)认为顾客与企业的互动可以促进相互了解,消除彼此的陌生感和潜在的感知风险;并从让顾客感觉到企业在顾客导向上所做的行动和努力,在互动中体验到被尊重和被满足的价值等方面测量顾客—企业关系导向互动。闫幸和常亚平(2013)等学者将顾客—企业互动分为社会导向型和任务导向型两个维度。其中社会导向型互动注重满足对方的社会和情感需求,提升双方的社会关系;而任务导向型互动目的在于完成特定的任务或义务。其中社会导向型互动包含情感沟通、节日和日常的问候、解答粉丝的问题、表达对粉丝的感谢和祝福等。戴智华等(2014)将顾客参与划分为工作认知、信息提供、共同开发和人际互动四个维度,并使用以下三个问项测度人际互动:"客户与我们沟通轻松灵活""客户与我们保持相互信任""客户与我们保持相互配合与支持"。根据人际交往理论,双方的信任是关系继续发展的基础,而信任会加深顾客对企业和品牌的情感。借鉴上述研究,结合本研究的主要内容,本研究使用四个问项对顾客—企业关系导向互动进行测量,具体测量问项见表4-3。

任务导向互动是顾客与企业围绕特定创新任务开展的在线合作。Auh et al. (2007)采用李克特7级量表测度了顾客的合作行为,共使用了三个问项:"我尽力地与我的顾问合作""我会为了使我的顾问更容易开展工作付出努力""我会在接触顾问前准备好我的问题"。Fang(2008)使用"开发过程中顾客的开发努力对完成开发任务至关重要""开发过程中顾客的工作是整体开发努力的重要组成部分""顾客以合作开发者身份的融入非常重要"三个问项,测量顾客作为合作开发者的重要性程度。Ramani 和 Kumar(2008)使用顾客理念、互动响应能力、顾客授权和顾客价值管理四个维度,对企业的顾客互动导向进行测量,共有13个问项。Bonner(2010)对顾客—企业互动的联合解决问题维度进行测量时,使用了顾客可能会想出项目团队未曾想到的解决方案,他们会在与项目团队真诚的合作中建构知识以开发创新性的解决方案,因此设计了顾客与项目成员一起解决问题、讨论问题和开发解决方案三个测量问项。Foss et al. (2011)从顾客参与的紧密合作程度、与顾客频繁沟通的程度、与顾客紧密合作战略三个方面,来衡量顾客—企业的互动程度。张若勇等(2010)从合作生产、顾客接触和服务定制三个维度对顾客—企业交互进行测量。姚山季和王永贵(2011)从参与程度视角出发,将顾客参与分为信息提供、共同开发和顾客创新三个维度,其中共同开发维度借鉴了 Fang(2008)的研究,使用三个问项进行测量。借鉴上述研究,结合本研究的主要内容,本研究使用四个问项对顾客—企业任务导向互动进行测量,具体测量问项见表4-3。

表 4-3 顾客—企业在线互动的测量表

构思变量	测量问项
顾客—企业信息导向互动	1. 顾客会通过网络与我们分享对新服务的需求和建议 2. 顾客会通过网络与我们分享新服务开发所需的其他信息 3. 我们会通过在线服务调研等方式获取顾客信息 4. 我们会通过网络向顾客提供服务相关的知识
顾客—企业关系导向互动	1. 我们会通过网络向顾客表达问候与感谢 2. 当顾客提供的创意被采纳时,我们会对顾客进行奖励或经济补偿 3. 顾客会通过网络向企业表达他们的品牌情感和对企业的认同 4. 顾客在网上与企业工作人员进行良好的沟通
顾客—企业任务导向互动	1. 顾客会在网上提交关于新服务的想法并对他人的想法发表评论 2. 我们在网上与顾客一起讨论新服务开发相关的问题 3. 我们通过网络与顾客一起开展服务设计或开发活动 4. 顾客付出额外资源(时间、精力等)协助我们完成新服务开发工作
问项来源	Fang(2008),Bonner(2010),Kohler et al.(2011),Foss et al.(2011),姚山季和王永贵(2011),闫幸和常亚平(2013),戴智华等(2014)

③顾客—企业知识共创的测量。如前文所述,顾客在线参与企业新服务开发活动情境下的顾客—企业知识共创可分为内向型知识共创和外向型知识共创。其中内向型知识共创以企业为关键创新主体,强调企业通过对顾客知识的吸收、共享、整合和利用来创造新知识;外向型知识共创则以顾客为关键创新主体,强调顾客通过融合企业提供的知识与自身拥有的知识来创造新知识。已有研究对顾客—企业知识共创的测量有所涉及,但并不多见。Mohaghar et al.(2012)从企业与顾客、竞争者、合作伙伴、供应商等相互协作以创造知识角度,对知识共创进行测量。Chesbrough et al.(2006)等指出,开放式创新包括由外而内和由内而外两种基本知识流程,即知识的外部获取和外向转移,并设计了相应的测量量表。张永成和郝冬冬(2011)在 Chesbrough et al.(2006)的研究基础上,将开放式创新下的知识共创分为嵌入性知识共创和外部联合创造两种方式。王莉和任浩(2013)研究了虚拟创新社区中的消费者互动和群体创造力,其中也涉及了对知识共创的测量。借鉴上述学者的研究和测量方法,结合本研究的情境和内容,本研究从内向型和外向型两个维度,对顾客—企业知识共创进行测量,共六个问项,具体测量问项见表 4-4。

表 4-4　顾客—企业知识共创的测量表

构思变量	测量问项
内向型知识共创	1. 我们能挖掘出顾客的潜在需求或顾客自己无法清楚表达的需求 2. 我们将各种不同信息和知识融合,提出新概念或产生新知识 3. 我们将各种不同信息和知识融合,产生新的服务开发解决方案
外向型知识共创	1. 顾客会提出各种新点子 2. 顾客会提出富有原创性而又实用的解决方法 3. 顾客会创造性地解决新服务开发相关问题
问项来源	Mohaghar et al. (2012),Chesbrough et al. (2006),王莉和任浩(2013)

(3)数据获取

本研究选择具有顾客在线参与经历的新服务开发项目作为实证研究的样本,这些新服务项目在开发过程中一般不同程度的存在顾客—企业在线互动现象。本研究主要以浙江省内的服务业企业为调查对象,通过对相关企业中高层管理者,以及参与过新服务开发项目的研发设计部门、营销部门、客户服务部门人员的问卷调查来获取研究数据。

调查问卷的发放途径和方式主要包括以下几种:①广泛动员家人、朋友、已经毕业的学生、同事等社会关系代为发放,如杭州市温州商会秘书长、杭州经济技术开发区管委会的朋友、有合作关系的企业等,主要通过 QQ 在线传送或电子邮件的方式收发问卷,并附上填写目的、要求等详细说明,以提高问卷的有效性。也有部分纸质调查问卷采用委托朋友实地发放,或直接上门拜访等方式发放。另外,也通过查找已毕业学生的工作单位,选择其中与研究主题较为契合的企业,由学生代为发放。对委托发放的问卷,为确保问卷发放对象的准确性,在问卷发放之前对发放者反复强调调研对象(新服务开发项目)应具有顾客在线参与经历;②选择本校 MBA 班的学员作为问卷调查对象,在征得授课老师同意后,将纸质问卷带入 MBA 课堂,请被调查者现场填写并回收问卷;③通过网络搜索,寻找运营顾客在线参与新服务开发项目较为成功的典型企业,通过给相关企业的微博、企业论坛版主等留言,请他们帮忙填写问卷,或加入企业 QQ 群,请群主、管理员或其他相关人员填写问卷,此法虽效率不高,但能收集到典型企业的研究数据。

问卷调查共进行了 2 次,前后历时 3 个多月。共发放调查问卷 403 份,回收问卷 264 份,回收率 65.5%;其中有效问卷 221 份(剔除了问卷中有残缺值较多、答题选项单一重复、与研究主题不符等情况的问卷),有效率 83.7%。样本服务业企业中,在产权性质方面,大部分为民营企业(占 72.9%);在行业结构方面,软件和信息技术服务业占 19.9%,金融服务业占 18.1%,旅游休闲娱乐服务业占 9.5%,教育服务业(在线教育)占 17.2%,电子商务服务业占 12.2%,其他服务业占 23.1%。在上述服务业企业中,顾客在线参与企业新服务开发的情况较为普遍,顾客—企业在线互动也相对较为频繁。样本企业的具体分布情况如表 4-5 所示。

表 4-5　样本企业的基本特征分布表

企业属性	分类	样本数	百分比(%)
所属行业	软件和信息技术服务业	44	19.9
	金融服务业	40	18.1
	旅游与休闲娱乐服务业	21	9.5
	教育服务业	38	17.2
	电子商务服务业	27	12.2
	其他服务业	51	23.1
产权性质	国有企业	31	14.0
	民营企业	161	72.9
	三资企业	29	13.1
企业规模	50 人以下	76	34.4
	50—100 人	57	25.8
	101—500 人	52	23.5
	500 人以上	36	16.3
企业年龄	2 年以下	49	22.2
	2—5 年(不含)	65	29.4
	5—10 年(不含)	33	14.9
	10 年以上	74	33.5

4.4.2　统计分析

为了验证本章第 3 节所提出的关系模型和相关研究假设,有必要对所获的样本数据,进行多角度的统计分析,以验证研究结果的科学性和有效性。考虑到本研究涉及的变量相对较多,各变量之间的因果关系十分复杂;且通过问卷调查获取的研究数据也带有一定的主观性,测量误差相对较大。本研究采用了结构方程模型分析方法(SEM)来较为系统地分析各变量之间的具体作用关系,并对关系模型和相关研究假设进行检验和修正。具体而言,本研究对于回收的有效样本数据,先进行描述性统计、探索性因子分析(EFA,Exploratory Factor Analysis)和验证性因子分析(CFA,Confirmatory Factor Analysis),以检验各变量测量量表的信度和效度;再进行结构方程模型分析等统计分析,以检验关系模型和相关研究假设。一般而言,探索性因子分析与验证性因子分析应采用不同的样本。考虑到本研究所获取的样本数据容量较为有限,因而将221个有效样本数据随机拆分为两组,其中第一组包含120个样本数据。探索性因子分析使用第一组共120个样本数据,验证性因子分析和结构方程模型分析则使用全部221个样本数据,以降低由单纯的数据原因所引致的模型检验"虚假"通过的可能性。

(1)信度与效度分析

本研究主要使用SPSS17.0与AMOS20.0软件,对所有样本数据进行信度与效度检验。通过KMO样本测度和巴莱特(Bartlett)球体检验后,对第一组120个样本数据进行探索性因子分析(EFA)以检验测量量表的效度。探索性因子分析结果显示,顾客—企业在线互动三维度(信息导向互动、关系导向互动、任务导向互动)、知识共创两维度(外向型和内向型知识共创)和新服务开发绩效各变量具有较好的构思效度和区分效度;信度分析结果同时显示,各研究变量的Cronbach's α系数均大于0.8(见表4-6),说明测量量表具有较好的内部一致性。为进一步检验测量量表的收敛效度和区别效度,采用全部样本数据,对本研究所使用的测量模型进行验证性因子分析(CFA)。分析结果显示(见表4-6),所有测量问项在其所属变量上的标准化载荷系数均大于0.6,t值均大于2.0,组合信度CR值均大于0.8,平均提取方差AVE均大于0.5;测量模型的各拟合指数也均基本达到要求,显示测量模型拟合度较为良好。由此可见,本研究使用的测量量表具有较好的信度和效度,关系模型和研究假设具有一定的合理性,可以对各变量之间的作用关系做进一步统计分析。

表4-6 各变量的验证性因子分析结果表

变量	测量问项	因子载荷	T值	CR值	AVE
信息导向互动 (α=0.903)	顾客会通过网络与我们分享对新服务的需求和建议	0.837	13.485	0.90	0.70
	顾客会通过网络与我们分享新服务开发所需的其他信息	0.878	13.873		
	我们会通过在线调研等方式获取顾客信息	0.858	13.546		
	我们会通过网络向顾客提供服务相关的知识	0.775	—		

续　表

变量	测量问项	因子载荷	T 值	CR 值	AVE
关系导向互动 (α=0.917)	我们会通过网络向顾客表达问候与感谢	0.866	16.442	0.92	0.74
	当顾客提供的创意被采纳时,我们会对顾客进行奖励或经济补偿	0.892	17.191		
	顾客会通过网络向企业表达他们的品牌情感和对企业的认同	0.819	14.989		
	顾客在网上与企业工作人员进行良好的沟通	0.855	—		
任务导向互动 (α=0.873)	顾客会在网上提交关于新服务的想法并对他人的想法发表评论	0.749	11.928	0.88	0.64
	我们在网上与顾客一起讨论服务开发相关的问题	0.783	12.477		
	我们通过网络与顾客一起开展服务设计或开发活动	0.843	14.506		
	顾客付出额外资源(时间、精力等)协助我们完成新服务开发工作	0.816	—		
外向型知识共创 (α=0.865)	顾客会提出各种新点子	0.779	13.450	0.88	0.71
	顾客会提出富有原创性而又实用的解决方法	0.843	16.776		
	顾客会创造性地解决新服务开发相关问题	0.893	—		
内向型知识共创 (α=0.893)	我们能挖掘出顾客的潜在需求或顾客自己无法清楚表达的需求	0.865	15.965	0.89	0.74
	我们将各种不同信息和知识融合,提出新概念或产生新知识	0.874	16.223		
	我们将各种不同信息和知识融合,产生新的服务开发解决方案	0.838	—		
新服务开发绩效 (α=0.877)	新服务开发符合预期的成本要求	0.897	15.058	0.88	0.71
	开发的新服务达到了预期的顾客满意度	0.843	13.918		
	开发的新服务达到了预期的利润目标	0.783	—		

拟合指数:$\chi^2 = 435.275(p = 0.000)$,$\chi^2/df = 2.502$,RMSEA $= 0.083$,NFI $= 0.893$,CFI $= 0.932$,GFI $= 0.849$。

(2)结构方程初始模型

使用 AMOS20.0 软件,对全部 221 个样本数据进行结构方程模型分析,以对相关研究假设进行检验。导入样本数据进行拟合运算后,结构方程的初始模型及分析结果如图 4-4、表 4-7 所示。

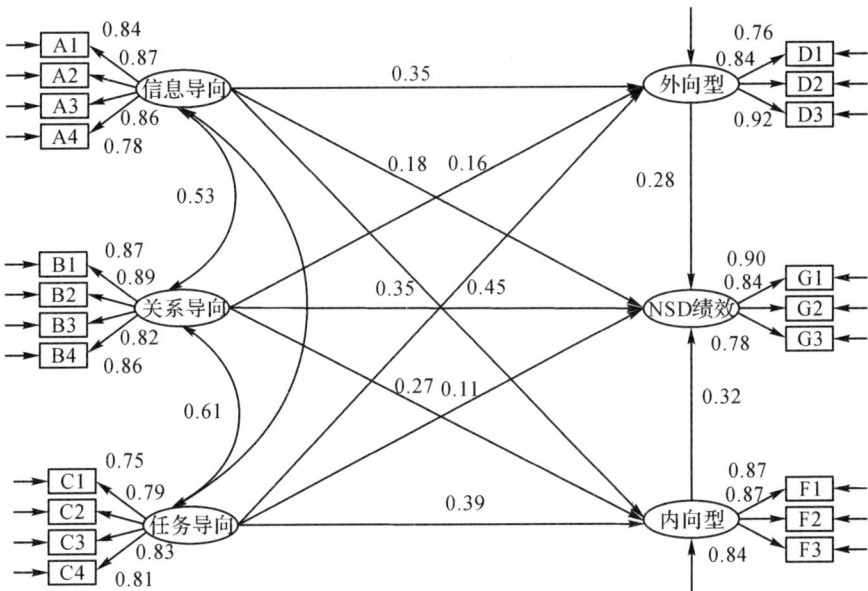

图 4-4　结构方程初始模型图

表 4-7　结构方程初始模型的拟合结果表

假设路径		标准化路径系数	CR 值	P 值
H1a	内向型知识共创←信息导向互动	0.459	6.030	***
H1b	外向型知识共创←信息导向互动	0.351	4.113	***
H2a	内向型知识共创←关系导向互动	0.113	1.750	0.080
H2b	外向型知识共创←关系导向互动	0.181	2.425	0.015
H3a	内向型知识共创←任务导向互动	0.394	4.730	***
H3b	外向型知识共创←任务导向互动	0.353	3.688	***
H4a	新服务开发绩效←内向型知识共创	0.325	3.730	***
H4b	新服务开发绩效←外向型知识共创	0.281	4.154	***
H5	新服务开发绩效←信息导向互动	0.163	2.470	0.014
H6	新服务开发绩效←关系导向互动	0.055	1.097	0.273
H7	新服务开发绩效←任务导向互动	0.270	3.797	***

拟合指标	χ^2	df	P	χ^2/df	RMSEA	AGFI	GFI	CFI	NFI
具体数值	474.372	175	0.000	2.711	0.088	0.793	0.843	0.923	0.884

结构方程初始模型的拟合结果显示(见表 4-7),χ^2/df 值为 2.711<3,RMSEA 为 0.088,说明模型的拟合程度基本尚可。从表 4-7 可以进一步看出,"内向型知识共创←关系导向互动""新服务开发绩效←关系导向互动"两条假设路径的 CR 值分别为 1.750 和 1.097,小于 1.96 的临界值,且 P 值均大于 0.05 的最低标准,未能达到结构方程模型的拟合要求。因此,有必要对结构方程初始模型做进一步的修正。

(3)结构方程模型的拟合与修正

初始模型中,"内向型知识共创←关系导向互动""新服务开发绩效←关系导向互动"两条假设路径未达到拟合要求,需要对模型进行修正。依次删除上述两条路径后,所获得的结构方程修正模型及分析结果如图 4-5、表 4-8 所示。结构方程修正模型的拟合指标显示,虽然 P=0.000<0.05,但 χ^2/df 的值为 2.336<3,因此可对 χ^2 不显著的要求忽略不计;RMSEA 为 0.078,小于 0.08 的参考值;NFI 为 0.899,CFI 为 0.939,均大于或接近 0.9;AGFI 为 0.809,GFI 为 0.854,均比较接近 0.9;所有显变量和潜变量间的标准化路径系数均大于 0.5,对应的 CR 值均大于 1.96 的临界值,至少在 P=0.05 水平上具有统计显著性;所有内生潜变量和外生潜变量间的路径 CR 值均大于 1.96 的临界值,至少在 P=0.05 水平上具有统计显著性。由此可见,修正模型拟合良好且比初始模型有所改善,已无进一步修正必要。结构方程模型分析结果显示,除假设 H2a 和 H6 没有通过验证外,其余假设均得到了有效验证。

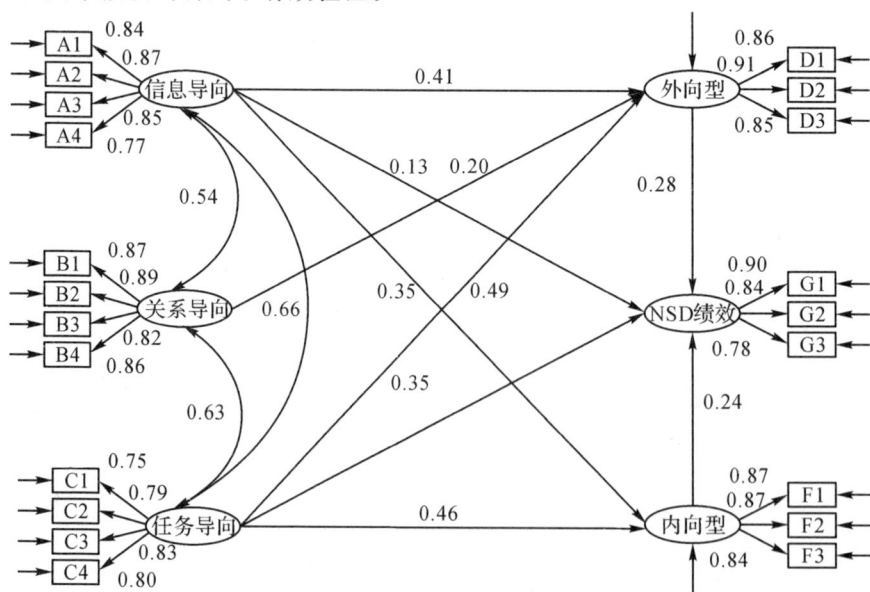

图 4-5　结构方程修正模型图

表 4-8 结构方程修正模型分析结果表

假设路径	标准化路径系数	CR 值	P 值
H1a 内向型知识共创←信息导向互动	0.486	6.295	***
H1b 外向型知识共创←信息导向互动	0.406	5.445	***
H2b 外向型知识共创←关系导向互动	0.132	2.081	0.037
H3a 内向型知识共创←任务导向互动	0.462	5.873	***
H3b 外向型知识共创←任务导向互动	0.352	4.192	***
H4a 新服务开发绩效←内向型知识共创	0.243	2.623	0.009
H4b 新服务开发绩效←外向型知识共创	0.276	4.133	***
H5 新服务开发绩效←信息导向互动	0.201	2.934	0.003
H7 新服务开发绩效←任务导向互动	0.352	4.800	***

拟合指标	χ^2	df	P	χ^2/df	RMSEA	AGFI	GFI	CFI	NFI
具体数值	411.149	176	0.000	2.336	0.078	0.809	0.854	0.939	0.899

4.4.3 分析结果

本研究通过对浙江省内服务企业顾客在线参与新服务开发项目的大样本调查和统计分析,对本章第 3 节所提出的顾客在线参与企业新服务开发活动情境下,顾客—企业在线互动、知识共创与新服务开发绩效的关系模型和研究假设进行了检验和修正。实证研究结果表明,除假设 H2a,H6 之外,其余研究假设均得到了有效验证,各研究假设的具体验证情况汇总如表 4-9 所示。通过实证研究,可以基本确立顾客—企业在线互动与新服务开发绩效的关系模型(见图 4-5),具体分析结果主要如下:

表 4-9 研究假设的检验结果汇总表

假设序号	假设内容	验证情况
H1a	顾客—企业信息导向互动对内向型知识共创有显著正向影响	通过
H1b	顾客—企业信息导向互动对外向型知识共创有显著正向影响	通过
H2a	顾客—企业关系导向互动对内向型知识共创有显著正向影响	未通过
H2b	顾客—企业关系导向互动对外向型知识共创有显著正向影响	通过
H3a	顾客—企业任务导向互动对内向型知识共创有显著正向影响	通过

续　表

假设序号	假设内容	验证情况
H3b	顾客—企业任务导向互动对外向型知识共创有显著正向影响	通过
H4a	顾客—企业内向型知识共创对新服务开发绩效有显著正向影响	通过
H4b	顾客—企业外向型知识共创对新服务开发绩效有显著正向影响	通过
H5	顾客—企业信息导向互动对新服务开发绩效有显著正向影响	通过
H6	顾客—企业关系导向互动对新服务开发绩效有显著正向影响	未通过
H7	顾客—企业任务导向互动对新服务开发绩效有显著正向影响	通过

(1)明确顾客—企业在线互动、知识共创的维度结构和测量量表

实证分析结果显示,本研究提出的顾客—企业在线互动、顾客—企业知识共创的维度结构和测量量表,具有较强的科学性和可行性。考虑到顾客—企业在线互动和顾客—企业知识共创这两个研究变量在已有研究中相对涉及较少,目前学术界尚无较为公认的概念界定、维度划分和测量量表。因此,在本书前文通过文献梳理和理论分析提出的概念界定和维度结构的基础上,本研究设计了相应的变量测量量表,并进一步采用探索性和验证性因子分析方法,对两个变量的维度结构和测量量表进行信度和效度检验。检验结果表明,将顾客—企业在线互动分为信息导向、关系导向和任务导向三维度,将顾客—企业知识共创分为内向型和外向型两个维度,是较为科学合理的。

(2)顾客—企业在线互动各维度对知识共创各维度的影响存在差异

实证分析结果显示,顾客—企业在线互动的信息导向、关系导向和任务导向互动三维度,对顾客—企业外向型知识共创均有显著的正向影响,其中关系导向互动对外向型知识共创的正向影响相对较小;信息导向和任务导向互动两维度对内向型知识共创有显著的正向影响;关系导向互动对内向型知识共创的正向影响则并不显著,假设 H2a 未得到有效验证。究其原因,很可能是因为以信息分享和交换为主要内容的信息导向互动,以及围绕特定创新任务开展的任务导向互动,是促进外向型和内向型知识共创的主要途径。而关系导向的在线互动,虽能通过激发顾客的知识创造热情来促进外向型知识共创,但其积极作用更多地体现在维系双方信任合作关系及满足顾客情感需求等方面,因而对以企业为关键创新主体的内向型知识共创没有显著的正向影响。

(3)顾客—企业知识共创各维度对新服务开发绩效均有显著正向影响

实证分析结果显示,顾客—企业外向型和内向型知识共创,均对企业新服务开发绩效产生显著的正向影响。由此可见,顾客无疑是企业最重要的外部创新合作主体之一;且在顾客在线参与企业新服务开发活动过程中,外向型知识共创与内向型知识共创具有同等重要的作用和地位。但已有顾客参与创新相关研究往往偏重于基于企业逻辑的内向型知识共创,将顾客定位于单一的知识提供者角色,而忽视了基于顾客逻辑的外向型知识共创。因此,充分利用网络虚拟环境,通过与顾客的各种在线互动来促进创新知识的互补和融合,以同时实现顾客—企业外向型和内向型知识共创,是企业提升新服务开发绩效的重要战略选择。

(4)顾客—企业在线互动各维度对新服务开发绩效的影响路径存在差异

实证分析结果显示,顾客—企业在线互动的信息导向和任务导向互动,对企业新服务开发绩效既有显著的直接正向影响;又以外向型和内向型知识共创为部分中介,而对新服务开发绩效关系产生显著的间接正向影响,这些正向影响的直接效应、间接效应和总效应分别为 0.201,0.230,0.431 和 0.352,0.209,0.561。关系导向互动对新服务开发绩效的直接正向影响(假设 H6)未得到有效验证,究其原因,可能是两者之间的正向影响关系可被外向型知识共创完全中介。当模型中存在外向型知识共创变量时,关系导向互动对新服务开发绩效就仅表现为显著的间接正向影响,间接效应为 0.036。由此可见,顾客—企业在线互动对新服务开发绩效的积极作用,在较大程度上是通过促进外向型和内向型知识共创来实现的,且信息导向和任务导向互动的积极作用要明显大于关系导向互动。

4.5　结论和启示

4.5.1　研究结论

新服务开发是企业生存发展的关键环节和竞争优势的重要来源。而企业内外部知识资源的整合利用,已被证实为新服务成功的重要因素之一。企业创新活动已逐渐从封闭走向开放,"共同创造"作为一种汇聚各方力量的创新模式,开始应用于新服务开发实践,而顾客无疑是重要的"合作创造者"之一。顾客参与新服务开发的积极作用也获得了越来越多企业的重视,并已被证实为新服务成功的重要因素之一。但传统的线下环境难免使顾客的参与活动受到较大限制,企业很难真正挖掘顾客作为"合作创造者"的潜力。互联网和信息技术的高速发展,进一步打破了传统实体环境下,顾客—企业互动在顾客数量及时间、空间等方面的局限,使企业与庞大顾客群体的在线实时互动成为可能,顾客—企业互动的广度、深度和频度大大增强。越来越多的企业开始尝试通过网络虚拟社区等顾客—企业在线互动方式,来进行新服务开发(Flavian and Guinaliu,2005;Casalo et al.,2007)。与此同时,出于不满足现有选择等原因,顾客也希望通过各种便利的在线平台,与企业进行互动并共创价值(Ramaswamy,2004)。因此,在新服务开发实践中,通过构建和维系恰当的顾客—企业在线互动模式,来整合双方知识和潜能并实现知识共创,是提升企业新服务开发绩效的重要途径。

本研究以顾客在线参与企业新服务开发活动为情境,围绕"顾客—企业在线互动如何提升企业新服务开发绩效"这一基本命题,运用文献研究和理论研究方法,构建了顾客—企业在线互动、知识共创与新服务开发绩效的关系模型,提出了各变量维度之间作用关系的研究假设;并运用大样本问卷调查和统计分析等研究方法,以及 SPSS17.0、AMOS20.0 等统计分析工具,对关系模型和研究假设进行分析和检验。通过深入剖析顾客—企业在线互动、知识共创与新服务开发绩效之间的作用关系,探明顾客在线参与企业新服务开发活动的客观规律,形成了以下主要研究结论。

(1)顾客—企业内向型和外向型知识共创过程都可分为知识共享、获取、融合和创造四个阶段,两者既有区别又有联系

在文献梳理和理论分析的基础上,本研究将顾客—企业内向型和外向型知识共创过程都分为知识共享、知识获取、知识融合和知识创造四个围绕特定创新任务(新服务开发项目),基于顾客—企业在线互动和知识流动转化的,周而复始、螺旋上升的动态循环阶段。当然,内向型和外向型知识共创在创新逻辑和关键创新主体(分别为企业和顾客)上的根本不同也导致了两者在四个阶段内的知识流动和转化等方式存在较大的差异。

具体而言,知识共享阶段主要体现为企业知识源与顾客知识源之间的知识流动,由于企业知识源比顾客知识源更为专门化,且顾客之间的共享意愿差异较大,内向型知识共创的知识共享效率低于外向型知识共创;知识获取阶段主要体现为顾客(员工)通过顾客(组织)学习将共享知识转化为新增知识,由于员工(企业边界人员)的学习意愿、能力、选择性强于大多数顾客,内向型知识共创的知识

获取效率高于外向型知识共创;知识融合阶段主要体现为顾客(员工)新增知识通过吸收内化融入顾客(企业)知识集合,内向型知识共创的企业知识集合比外向型知识共创的顾客知识集合更为聚焦和系统,但容量相对较小;知识创造阶段主要体现为顾客(企业)通过对顾客(企业)知识集合的整合提炼发展出创新任务所需的新知识,内向型知识共创的知识创造活动组织化程度高于外向型知识共创。与此同时,内向型和外向型知识共创在共创目标、共创载体、共创进程、共创基础和共创途径等方面,还表现出较大的一致性和关联性。

(2)顾客—企业在线互动和顾客—企业知识共创的内涵界定、维度结构及测量量表

技术进步和市场演化已使顾客参与企业新服务开发活动的方式,实现了从以知识提供者为角色的线下单向参与,到以知识共创者为角色的在线双向互动的根本性转化。学术界虽已对此高度关注并开展持续研究,但与顾客在线参与、新服务开发绩效等概念不同,顾客—企业在线互动和顾客—企业知识共创仍是两个新兴的概念,已有相关研究鲜有提及或语焉不详。顾客—企业在线互动是顾客在线参与企业新服务开发活动的主要形式和根本基础,顾客—企业知识共创则是研究顾客在线参与新服务开发的重要视角和关键环节。因此,明确上述两个变量的内涵界定、维度结构及测量量表,是本书研究的基础性问题。

本研究首先在文献回顾的基础上,结合顾客在线参与新服务开发情境,对两个变量进行了内涵界定和维度划分。从信息导向、关系导向和任务导向三个维度来解释顾客—企业在线互动的内涵;从内向型和外向型知识共创两个维度来解释顾客—企业知识共创的内涵。其次,通过专家学者、实务人员访谈和理论分析,开发出相应的测量量表。最后,通过大样本问卷调查和探索性、验证性因子分析,检验测量量表的信度和效度,并最终验证了顾客—企业在线互动和顾客—企业知识共创的内涵界定、维度结构及测量量表的科学性和合理性,从而为本研究及后续相关研究的持续进行奠定了一定的理论基础。

(3)顾客—企业在线互动能有效提升企业新服务开发绩效,特别是信息导向和任务导向互动

通过文献研究、理论分析及大样本问卷调查和统计分析,本研究有效验证了顾客在线参与企业新服务开发活动情境下,顾客—企业在线互动对提升企业新服务开发绩效具有积极的促进作用。具体到顾客—企业在线互动的三个维度,信息导向互动、关系导向互动和任务导向互动对企业新服务开发绩效均有显著的正向影响。但这三类不同导向的顾客—企业在线互动(即三个维度)在互动方

式、互动内容和互动目标等方面的区别,也导致了这种正向影响的路径和程度在三个维度之间存在一定的差异性。

具体而言,以顾客与企业在线分享和交换创新知识和信息活动为主要表现形式的信息导向互动,以及以顾客与企业围绕特定创新任务(新服务开发项目)而开展在线互动与合作为主要表现形式的任务导向互动,既对企业新服务开发绩效有直接的正向影响,又以顾客—企业内向型和外向型知识共创为中介而对企业新服务开发绩效施加间接的正向影响。而顾客与企业以建立双方持久关系和满足情感需求为目标的关系导向互动,则仅以顾客—企业外向型知识共创为中介对企业新服务开发绩效施加间接的正向影响。进一步对比顾客—企业在线互动三个维度对企业新服务开发绩效正向影响的作用程度,信息导向互动的直接效应、间接效应和总效应分别为 0.201,0.230 和 0.431;任务导向互动分别为 0.352,0.209 和 0.561;关系导向分别为 0,0.036,0.036。由此可见,顾客—企业信息导向互动和任务导向互动对提升企业新服务开发绩效发挥了重要作用,且其作用方式较为多元;而关系导向互动对企业新服务开发绩效的促进作用则相对较弱,其作用方式也相对较为单一。

(4)顾客—企业内向型和外向型知识共创都是顾客在线参与企业新服务开发活动的关键环节

通过一系列理论和实证分析工作,本研究有效验证了顾客在线参与企业新服务开发活动情境下,顾客—企业知识共创在顾客—企业在线互动对企业新服务开发绩效的正向影响关系中具有重要的中介作用。由此可见,顾客—企业在线互动对提升企业新服务开发绩效的积极促进作用在较大程度上是通过强化顾客—企业知识共创才得以有效实现的。因此,顾客—企业知识共创是顾客在线参与企业新服务开发活动的关键环节。

深入顾客—企业在线互动和顾客—企业知识共创的各个维度,研究发现,无论是内向型还是外向型知识共创,均对新服务开发绩效具有显著的正向影响。且两类知识共创的中介作用在顾客—企业在线互动三维度对企业新服务开发绩效正向影响的关系路径中普遍存在。具体而言,在信息导向互动、任务导向互动与新服务开发绩效的正向影响关系中,内向型和外向型知识共创均起部分中介作用;在关系导向互动与新服务开发绩效的正向影响关系中,外向型知识共创起完全中介作用。从中可以看出,外向型知识共创在顾客在线参与企业新服务开发活动中,发挥着与内向型知识共创同样重要的关键性作用,而这往往是已有研究所忽视的。因此,学术界和企业界应对以顾客为关键创新主体的顾客—企业外向型知识共创,给予更多的关注和重视。最后还应说明的是,顾客—企业知识共创的中介作用并非是完全的。也就是说,很可能还有其他变量或因素中介了信息导向互动和任务导向互动对企业新服务开发绩效的正向影响,顾客—企业知识共创的作用虽然关键,但也并非唯一的,对此我们也应有正确认识。

4.5.2 理论贡献

理论研究必须紧跟甚至超前于时代发展、技术进步和企业实践。近年来,信息技术的快速发展和互联网(特别是移动互联网)的大规模普及应用,使顾客在企业开放式创新中的主体性地位迅速凸显,顾客在线参与企业新服务开发活动逐渐成为一种新常态,虚拟品牌社区也随之成为顾客—企业在线互动和知识共创的主要平台和载体。但相关理论研究却存在一定程度上的滞后,对企业创新实践的现实指导意义,以及对未来发展趋势的前瞻性思考相对欠缺。据此,本章以顾客(通过虚拟品牌社区)在线参与企业新服务开发活动为基本研究情境,通过文献回顾和梳理、归纳演绎和逻辑推理等理论分析,形成主要理论观点、研究假设和关系模型;在此基础上,通过多次大样本问卷调查和多角度数理统计分析,对研究假设和关系模型的科学性和有效性进行了检验和修正,并最终确立了知识共创视角下顾客在线参与新服务开发的基本理论模型和分析框架。本研究进一步深化和拓展了顾客在线参与新服务开发的理论研究,在研究情境、研究视角和研究内容等方面具有一定的创新性和理论贡献,对后续相关研究的持续推进也有一定的借鉴意义。具体而言,本研究的理论贡献主要体现在以下两个方面。

(1)以顾客—企业在线互动为突破口,探明其作为顾客在线参与新服务开发主要形式的基础性作用

顾客在线参与企业新服务开发及其对提升新服务开发绩效的积极作用已经得到理论界和实践界的广泛关注和基本认可。已有学者从顾客投入、参与过程、参与程度、顾企互动等角度对顾客在线参与进行了维度划分(Ennew and Binks,1999;Skaggs and Youndt,2004;Fang,2008;姚山季和王永贵,2011);并就顾客在线参与对新服务开发绩效的影响问题开展研究(Alam,2002,2006,2013;Hoyer et al.,2010;Sigala,2012,Greer and Lei,2012)。其中也涉及与顾客—企业在线互动相关的理念和内容,但大多直接沿用了顾客线下实体性参与的分析思路,而忽视了互联网环境下顾客与企业跨越时空的双向互动,因而对现实的解释力相对有限,针对性研究也相对偏少。

本研究改变了以往直接将顾客在线参与(新服务开发)作为自变量的传统做法,而是将顾客在线参与企业新服务开发活动转化为基本的研究情境,创新性地

以顾客—企业在线互动为突破口和自变量,来剖析其对新服务开发绩效的具体影响。因为互联网的便捷性和超时空等特性,已使顾客—企业在线互动贯穿并融入于顾客在线参与新服务开发的全过程,成为这一过程的主要表现形式、根本基础和本质所在。甚至可以说,顾客在线参与新服务开发过程在某种程度上就是顾客—企业在线互动过程。且随着研究的逐步深入,问题的重点也已从顾客在线参与对新服务开发绩效的影响,转化为顾客在线参与新服务开发情境下,影响新服务开发绩效的关键要素是什么?它们以何种方式影响?已有研究并未对此做出系统回答。本研究正是以顾客—企业在线互动为突破口来试图回答这些问题,因而是对已有研究的进一步深化和推进。

本研究同时通过文献梳理和理论分析,提炼出顾客—企业在线互动的概念内涵和维度结构(信息导向、关系导向和任务导向),并以顾客—企业知识共创为中介,构建了顾客—企业在线互动与新服务开发绩效的关系模型,提出了相应的研究假设。通过大样本问卷调查和探索性、验证性因子分析及结构方程模型分析,顾客—企业在线互动的维度结构、测量量表的科学性和可行性,以及大部分研究假设均得到了有效验证;顾客—企业在线互动与新服务开发绩效的关系模型得到了修正和确立。从而打开了顾客在线参与对新服务开发绩效具体作用机制的部分"黑箱",初步探明了顾客—企业在线互动对提升企业新服务开发绩效的基础性作用及其具体作用路径和方式。

(2)从顾客—企业知识共创视角切入,揭示出提升新服务开发绩效的关键环节,并解释其过程机制

顾客—企业知识共创与顾客—企业在线互动类似,也是一个较为新兴的概念和研究变量。已有学者从过程、能力等视角出发,对顾客—企业知识共创进行了界定和分类(Prahalad and Ramaswamy,2000;Ramaswamy,2004;Chesbrough et al.,2006;Kohlbacher,2008;Sofianti et al.,2010;Mohaghar,2012);并从需求契合、顾客响应、顾客满意、知识独特性等方面,提出其对新服务开发绩效的正向影响(Gibbert et al.,2002;Sawhney and Prandelli,2005;Mohaghar,2012)。虽然也有学者提出顾客在线参与是实现知识共创的有效方式(Kohler,2009,2011;Belkahla and Triki,2011),但针对顾客在线参与企业新服务开发活动情境的相关研究,确实并不多见。且该情境下的已有相关研究,大多将顾客视为知识的提供者,关注企业如何通过获取和利用顾客知识来创造新知识并提升新服务开发绩效,而忽视了顾客的知识创造主体属性,也就是仅考虑了本研究提出的顾客—企业内向型知识共创问题。

与已有研究不同,本研究高度关注顾客在线参与企业新服务开发活动中的

顾客—企业知识共创问题,直接从该视角切入研究主题,并将其视为提升新服务开发绩效的关键环节。本研究同时还突出了顾客在知识共创中的主体性地位,强调顾客—企业知识共创是顾客与企业互相启发、诱导,共同构建和发展新知识的过程,它不仅仅是内向型知识共创,同时还应包括外向型知识共创。在具体研究中,我们将顾客—企业内向型和外向型知识共创同时纳入顾客—企业在线互动与新服务开发绩效的关系模型,将它们作为重要的中介变量。因为新服务开发的本质就是要创造新的知识,提升顾客在线参与情境下的新服务开发绩效更离不开顾客—企业知识共创,而知识共创又离不开顾客—企业在线互动。通过一系列理论和实证分析,本研究明确了顾客—企业知识共创的概念内涵、维度结构和测量量表,验证了其在顾客—企业在线互动与新服务开发绩效关系中的中介作用,并明确其在提升新服务开发绩效中的关键性作用。

本研究还进一步对顾客—企业知识共创的过程机制进行了理论分析,这是已有研究基本没有涉及的领域,因而是对顾客在线参与新服务开发和顾客—企业知识共创理论的有益补充和完善。具体而言,本研究从知识共享、知识获取、知识融合、知识创造四个围绕特定新服务开发项目,基于顾客—企业在线互动,以创新知识的流动和转化为表现的动态循环阶段,分别解释了顾客—企业内向型和外向型知识共创的主要过程。并分析了在上述四个阶段中,内向型和外向型知识共创在知识源的专门化程度、知识共享和获取的效率、顾客学习和组织学习的意愿和能力、知识集合的容量和系统性、知识创造活动组织化程度等方面的主要区别;以及在共创目标、共创载体、共创进程、共创基础和共创途径等方面的一致性和关联性。本研究对顾客—企业知识共创过程的规律性阐述,为相关研究的进一步深入提供了一定的借鉴和参考。

4.5.3　管理启示

本章关于知识共创视角下顾客在线参与新服务开发的理论和实证研究,能为企业如何在顾客在线参与新服务开发过程中,通过科学高效的顾客—企业在线互动,来强化顾客—企业知识共创并提升企业新服务开发绩效,提供一定的思路借鉴和实践指导。本研究的主要管理启示具体如下。

(1)高度重视顾客在线参与企业新服务开发,积极采取多种有效的顾客—企业在线互动内容和方式

企业应深刻认识到顾客在线参与企业新服务开发,是知识经济和网络经济时代的大势所趋,也是开放式创新背景下提升企业新服务开发绩效的重要途径。

与此同时,顾客—企业在线互动作为顾客在线参与企业新服务开发活动的主要形式和本质所在,其对提升企业新服务开发绩效的基础性作用应引起企业的高度重视。企业应充分利用互联网和信息技术的飞速发展所创造的便利条件,尽快实现从顾客线下实体性参与到顾客在线参与,以及从顾客单向参与到顾客—企业双向互动等合作创新理念和实现方式的转变。与此同时,顾客在线参与新服务开发和顾客—企业在线互动的有效实施,必须以企业的网络软硬件设施为基础。企业应紧跟时代潮流和科技发展步伐,加强互联网(含移动互联)渠道建设,通过企业网站、创新工具箱、虚拟实验室、虚拟品牌社区、网络创新论坛,以及微信公众号(服务号)、微博、QQ等即时通信工具和社会化媒体,尽快搭建起顾客—企业在线互动的基础性网络平台和载体,并提高其有用性、易用性和交互性,不断优化顾客的使用体验和价值感知,以吸引顾客持续在线参与和交流互动。

企业还应积极采取多种有效的顾客—企业在线互动内容和方式,以充分发挥其对提升新服务开发绩效的积极促进作用。具体而言,企业一是要充分利用各类互联网平台、载体跨越时空的便利条件,如通过论坛发帖、社区公开发布、在线调查、在线客服、官方微博、微信公众号等方式,采取文字、图片、声音、视频等多种信息载体,广泛开展以创新知识、信息等资源的交流和共享为导向的顾客—企业在线互动。二是要围绕特定创新任务(新服务开发项目),积极主动地与顾客开展深入交流与合作创新,如通过服务讨论、技术交流、创意征集、网络投票、新服务测试、众筹众包等顾客在线参与创新活动,实现以具体创新为任务导向的顾客—企业在线互动。有条件的企业还可以利用虚拟现实技术、3D技术等新兴技术,开发顾客创新工具箱、建立虚拟创新实验室,进一步提高顾客在线参与的便利性和涉入度,实现顾客知识和企业知识的深度融合。三是高度重视并积极开展以满足顾客情感需求、维系双方信任合作关系为导向的顾客—企业在线互动,以不断强化顾客对企业的认同感和信任度,提高顾客在参与和互动过程中的体验价值、情感价值和关系价值,持续激发顾客的在线互动意愿和热情。

(2)不断强化顾客知识创造能力和意愿,努力提升企业顾客知识管理水平,高效实现顾客—企业外向型和内向型知识共创

顾客在线参与企业新服务开发活动过程中,企业应及时转变以往那种以顾客—企业内向型知识共创为主,仅将顾客作为创新知识提供者单一角色的传统思维。并且要充分认识到顾客的知识创造潜力,重视顾客在知识共创中的关键创新主体地位,同步实施顾客—企业外向型和内向型知识共创,通过"双轮驱动"和"双向促进",最大限度地发挥知识共创对提升企业新服务开发绩效的积极促

进效应。与此同时,企业还应清醒地认识到外向型知识共创也有其局限性,主要体现在知识共创过程中,部分顾客的知识学习和知识创造的能力、意愿相对不足,顾客群体的知识创造活动组织化程度相对偏低等方面。因此,企业要善于通过顾客—企业在线互动等途径和手段,来不断强化顾客群体的知识创造能力和意愿,以有效推进顾客—企业外向型知识共创。

具体而言,在顾客—企业外向型知识共创过程中,企业一是要主动搜寻和及时发现具有较强知识创造能力和意愿的重点顾客群体,如那些具有较高期望收益和超前服务需求的领先顾客,或具有较强特定创新任务(新服务开发项目)相关知识储备和专业能力的顾客,就是企业应该加以重点关注的外向型知识共创关键创新主体;二是要积极通过与顾客共享服务和开发知识、创新资源投入、顾客在线培训、创新过程引导、创新活动组织等顾客—企业信息和任务导向互动方式,不断提升顾客的创新知识容量和知识创造能力;三是要努力通过倡导知识共创文化、安排物质或精神奖励、优化顾客情感和价值体验、培育顾客对企业的信任感和认同感等顾客—企业关系导向互动方式,不断增强顾客实施外向型知识创造的积极性、主动性和持续性。

与此同时,在顾客—企业内向型知识共创过程中,企业一方面要有意识地通过与不同类型顾客的知识共享、任务协作等交流互动活动从中高效获取多元化、异质性的顾客隐性知识(如概念知识、需求知识、技术知识等),以不断增加企业创新知识集合的容量和广度,为内向型知识共创奠定坚实的知识基础;另一方面,企业还要不断强化组织和员工(特别是与顾客频繁互动的客服、研发等企业边界人员)的学习能力,完善内部的知识管理流程和创新活动组织方式,如建立专门的知识管理机构、成立虚拟创新组织或创新网络等,以不断提升企业组织内部对顾客知识的吸收、内化、整合和利用能力,有效实现顾客—企业内向型知识共创,并将其充分应用于企业新服务开发实践。

4.5.4　研究局限

本研究虽然就顾客在线参与企业新服务开发活动情境下,顾客—企业在线互动对新服务开发绩效的影响机制,以及顾客—企业知识共创的过程和影响机制问题,进行了较深入的理论和实证研究,并取得了一定的研究成果。但鉴于研究对象和研究问题的复杂性、实证研究的条件限制及作者的研究能力有限等因素,导致本研究也不可避免地存在一定的局限性,需要在未来研究中进一步完善和深化。具体而言,本书研究的局限性主要表现在以下方面:一是样本数据主要来源于浙江省内的服务业企业,从而在一定程度上影响了研究结论的普适性;二是未充分考虑其他可能的影响因素或变量,如行业特征、企业规模、企业年龄、研发投入、新服务开发具体项目特征、企业吸收能力等;三是顾客—企业在线互动各维度之间可能存在一定的协同或交互效应,本研究未对此做深入剖析。在未来研究中,应充分考虑上述问题,就顾客—企业在线互动对新服务开发绩效的影响机制做更为深入和系统的研究。

5　创新氛围与顾客—企业外向型
　　知识共创研究

　　本书第 4 章的研究已经验证了顾客在线参与企业新服务开发情境下,知识共创在顾客—企业在线互动与新服务开发绩效关系中的中介作用。第 4 章的研究同时揭示了顾客—企业内向型和外向型知识共创的主要过程,以及两类知识共创过程之间的区别和联系。与内向型知识共创相比,外向型知识共创还会受到诸多环境及顾客自身因素的影响,因而在顾客知识创造意愿、能力、效率等方面均处于明显的弱势,需要企业加以支持、引导、激励和帮助。与此同时,顾客—企业内向型知识共创问题相关研究已较为丰富,已有的从顾客知识获取视角开展的顾客参与创新问题研究,事实上已经基本体现了内向型知识共创的主要逻辑。而针对基于顾客逻辑的顾客—企业外向型知识共创问题研究则尚处于起步阶段,已有研究相对偏少。且在现实中,虚拟品牌(创新)社区已逐渐成为顾客开展在线创新活动的重要平台和载体。

　　据此,本章在前文及已有研究的基础上,将创新氛围概念从企业组织内部延伸至虚拟品牌社区这一企业主导下的顾客—企业在线互动与合作创新平台,并以顾客内部人身份认知为中介变量,就顾客通过虚拟品牌社区在线参与企业创新活动情境下,社区创新氛围对顾客—企业外向型知识共创的具体作用机制,进行较深入的理论和实证分析。同时考虑不同知识共创主体(顾客与企业)之间的知识水平差异,进一步分析知识势差在内部人身份认知与顾客—企业外向型知识共创关系中的调节作用。本章进一步深化和拓展了顾客在线创新、顾客—企业知识共创、创新氛围、内部人身份认知等领域的理论研究;同时为企业如何通过虚拟品牌社区创新氛围营造,来强化顾客内部人身份认知并高效实现顾客—企业外向型知识共创,提供实践指导。

5.1 研究背景与研究对象

5.1.1 现实与理论背景

(1)现实背景

在动态性和竞争性日益增强的市场环境中,与合作伙伴甚至竞争对手进行"共同创造",已逐渐成为企业获取并保持竞争优势的重要途径(Sawhney et al.,2005)。与此同时,知识作为关键性的战略资源和竞争要素,其创造难度和风险也在不断增大,单个企业往往很难继续胜任独自进行知识创造的角色(张永成和郝冬冬,2011)。充分利用互联网(含移动互联网)和信息技术,与虚拟品牌社区中的顾客进行外向型知识共创,也已开始引起诸多企业的高度重视。这种顾客在线创新方式能够有效提升企业的开放式创新绩效,并为企业和顾客同时创造出更多的价值。

同时,顾客—企业外向型知识共创也是顾客个体与情境因素强烈互动的产物,它具有高度可变性,且深受顾客所处创新氛围或环境的影响(Burroughs et al.,2008;曹花蕊等,2014)。因此,为顾客营造良好的虚拟品牌社区创新氛围,是促进顾客—企业外向型知识共创的重要途径。虚拟品牌社区主导企业可以通过向顾客传递新产品(服务)开发相关的知识和工具,赋予顾客一定的选择权、评论权和决策权,采取任务导向的顾客在线创新方式,设置各种激励措施等方式,来弥补顾客在知识、技能等方面的不足,从而不断强化顾客实施与企业外向型知识共创行为的意愿和能力。

此外,随着以人为本的柔性管理理念在现代企业中的普及,企业管理者开始认识到员工内部人身份认知的重要性,特别是内部人身份认知对员工创新行为的积极作用(俞明传等,2014)。虚拟品牌社区中的顾客虽然不是企业的正式员工,但拥有大量关于新产品(服务)开发的异质性知识。如果企业能在虚拟品牌社区中营造良好的创新氛围,从而使在线参与企业新产品(服务)开发活动的顾客产生对企业较强的内部人身份认知,就可以充分利用顾客的知识资源和创造力,使他们在思维碰撞中引发创新"风暴"(王莉和任浩,2013)。

(2)理论背景

已有创新氛围相关研究起源于 20 世纪 90 年代的组织氛围研究,目前主要集中于组织行为学领域,并重点关注创新氛围对组织或团队中个体认知和行为的影响。Amabile 和 Gryskiewicz(1989)、Aarons 和 Sommerfeld(2012)强调了环境对个体创新行为的影响作用,并分析了创新氛围与个体创新行为的作用关系。Maruping 和 Magni(2012)、Turnipseed(2013)认为,良好的创新氛围能激发个体的创造性及其对创造活动的认知,并验证了组织内部创新氛围对组织中个体创新行为的显著正向影响。

与此同时,已有研究显示,即使在企业组织或团队内部,员工的创新行为还受到其对自身内部人身份认知的影响。俞明传等(2014)、Marjorie 和 Francine(2011)、Wang 和 Kim(2013)、赵红丹和汤先萍(2015)等学者的研究结果显示,企业内部员工会对自身形成"内部人"或"外部人"的身份认知,且这种认知会直接影响员工的工作态度、工作满意度、任务绩效和创新行为。近年来,作为企业开放式创新的重要组成部分,知识共创也逐渐成为创新领域的新兴研究热点。Kohler et al.(2011)、Lichtenthaler(2011)、Mohaghar et al.(2012)、范钧等(2016)学者们对顾客与企业的知识共创问题进行了针对性研究,分析了顾客—企业知识共创的主体差异、流程载体、影响因素及实现机制,并验证了其对新产品(服务)开发绩效的积极促进作用。

总体而言,已有创新氛围和内部人身份认知的相关研究主要针对组织和团队两个层面。其中创新氛围被视为组织内部氛围的一种特定类型,属于员工创新工作环境的范畴;内部人身份认知则被视为员工与组织关系的一个方面,属于组织内员工自我认知的重要维度。创新氛围和内部人身份认知对组织内部员工创新态度、行为和绩效的积极作用已被相关研究所证实。但上述研究结论主要适用于企业组织内部,在虚拟品牌社区这样一个松散型的互联网非正式组织中,结合顾客在线参与企业新产品(服务)开发活动这一开放式创新任务情境下的顾客—企业知识共创问题,对非企业组织内部员工、与企业存在一定程度知识水平差异的顾客而言,创新氛围、内部人身份认知与顾客在线创新行为的关系尚有待进一步研究。此外,即使在组织内部层面,已有研究对组织创新氛围与员工内部人身份认知的关系问题也较少涉及,以通过虚拟品牌社区在线参与企业新产品(服务)开发活动的顾客为对象的相关研究则更不多见。

5.1.2 文献回顾与概念界定

本研究主要涉及虚拟品牌社区创新氛围、顾客内部人身份认知、顾客与企业的知识势差、顾客—企业外向型知识共创等研究对象和变量。其中变量外向型知识共创在本书前几章中已有系统论述,本章不再赘述,而主要对创新氛围、内部人身份认知和知识势差三个研究变量进行文献回顾与概念界定。

(1)创新氛围的概念和内涵

在创新氛围(Creative Environment)的概念界定方面,已有对创新氛围的相关研究和概念界定主要集中在组织行为学研究领域,包含了组织和团队两个层面的创新氛围;West(1987)首次提出了创新氛围的概念,并将其定义为:组织成员对影响其创新能力发挥的工作环境的认知;Amabile et al. (1989,1996,2005)认为,组织创新氛围是组织成员描述组织是否具有创新环境的主观体验;Anderson和 West(1998)认为,团队创新氛围是团队成员对团队创新工作环境的描述性的共享认知,且这种认知具有较大的行为导向性;Zhou 和 Shalley(2008)、顾远东和彭纪生(2010)、连欣等(2013)、王艳平等(2014)、孙锐(2014)也分别给出了类似的概念界定。

在创新氛围的维度划分和测量方面,Amabile et al. (1989,1996,2005)将创新氛围分为鼓励创新、自由自治、资源、压力、创新障碍五个维度,并开发了相应的测量量表;West et al. (1998)根据四因素理论,将创新氛围划分为组织价值观、参与安全、任务导向和创新支持四个维度,并设计了具有较好信度和效度的相关测量量表;Anderson 和 West(1998)编制了包括了愿景目标、参与安全感、任务自主性、创新支持、社会称许性五个维度的创新氛围测量量表。Ekvall 和 Ryhammar(1999)开发了创造性氛围量表,以评价组织中支持创造性和革新性的各类情境因素,作为诊断和建立组织创造性的管理工具。氛围主要包括心理氛围和组织氛围两种类型,其中心理氛围主要指个体对环境属性(行为活动的意义、价值等)的认知评价;组织氛围主要指组织中每个个体对组织评价的聚合,包括组织中个体共享的意义感和价值观等。高鹏等(2009)、顾远东和彭纪生(2010)、王艳平等(2014)、孙锐(2014)等分别根据各自的具体研究情境,对创新氛围进行了维度划分和变量测量。

结合已有研究,本研究将虚拟品牌社区创新氛围界定为:通过虚拟品牌社区在线参与社区主导企业新产品(服务)开发活动的顾客,基于对社区中各类创新相关元素的主观认知将其划分为任务导向、组织支持和顾客赋权三个维度。其中任务导向是指虚拟品牌社区中顾客感知到的社区主导企业让其参与完成各种创新任务的程度;社区支持是指顾客感知到的社区主导企业对其创新活动的关注、引导和帮助程度;顾客赋权是指顾客感知到的社区主导企业赋予其创新权力的一系列行为集合,即顾客能够得到的影响企业创新过程和结果的机会。

(2)创新氛围的影响机制

在创新氛围的影响机制方面,Hucker(1988)、Hausmann(1990)指出,个体创新行为的产生依赖于外部环境的影响,良好的创新氛围能激发个体的创新行为,并有助于培养个体的创造力;Amabile et al.(1989,1996,2005)指出,环境因素对个体创造性具有刺激和驱动作用,良好的创新氛围能促进更具创造性成果的产生;Cummings 和 Oldham(1997)、Saksen et al.(1999)、Maruping 和 Magni(2012)、Turnipseed(2013)、Yu(2013)均认为,创新氛围能培养个体对创造活动的认识,激发他们的创造性;Bowen 和 Schneider(2014)分析了服务创新氛围对新产品(服务)开发绩效的影响;顾远东和彭纪生(2010)的研究验证了创新自我效能感在组织创新氛围与员工创新行为关系间的中介作用;连欣等(2013)指出组织创新氛围对个体创新行为有直接和间接的正向影响;刘海鑫和刘人境(2014)的研究验证了在线激励等因素对顾客知识贡献行为的积极影响;孙锐(2014)指出组织创新氛围对研发人员创新有积极推动作用。

(3)内部人身份认知

Stamper 和 Masterson(2002)提出了内部人身份认知概念,并将其界定为:员工作为某特定组织的内部成员,对自身所获得的个人空间与接受程度的认知。汪林等(2010)将内部人身份认知归结为组织成员感知衡量中的归属感维度,即员工感知到的自身被组织所接受的程度;并通过实证研究,验证了内部人身份认知在经理人与高层领导关系和其"谏言"行为之间的完全中介作用。Marjorie 和 Francine(2011)、Wang 和 Kim(2013)、赵红丹和汤先萍(2015)等学者,也从组织关系视角出发,分析了员工内部人身份认知的定义、测量和前因后果。顾客在参与虚拟品牌社区创新活动时,也会与组织中的员工类似,产生自身是社区主导企业"群体内成员"的认知,这种认知超越了其原有的顾客角色。参考已有研究并结合顾客在线参与虚拟品牌社区新产品(服务)开发活动这一特定情境,本研究将顾客内部人身份认知界定为:顾客在线参与虚拟品牌社区新产品(服务)开发活动过程中,所感知到的自身被社区主导企业所接受的程度。

(4)知识势差

在物理学中,物质或非物质因其所处位置不同而具有相应的位势,物质或非物质间的传导、扩散均由高位势向低位势进行,知识扩散也具有类似属性。Ryu et al.(2005)指出,组织在某专业领域的知识位势是该领域中知识广度和深度的函数,并据此构建了关于三种知识获取方式的路径模型。陈伟等(2013)把造成组织成员间知识势差的因素,分为知识的数量和质量两个方面。其中知识的数量表征是主体拥有的知识面宽度,即知识的广度;知识的质量表征是主体在某单一知识面所处的位置,即知识的深度。本研究同样采用上述两个维度来界定知识位势和知识势差概念,其中知识位势即知识因在各知识主体(如顾客与企业)中的广度和深度差异而处于不同的能量状态;知识势差就是不同知识主体在知识位势上的差距程度。

5.2 创新氛围与顾客—企业外向型知识共创的理论分析

在背景论述和变量概念界定的基础上,本研究将通过理论分析,提出虚拟品牌社区创新氛围各维度、顾客内部人身份认知与顾客—企业外向型知识共创的关系假设,并构建相应的关系模型。

5.2.1 创新氛围对顾客内部人身份认知的影响

(1)任务导向对顾客内部人身份认知的影响

Midgley et al.(2001)将目标导向分为任务导向和表现导向两个维度,并指出任务导向更强调任务的调控作用和导向性。Seijts 和 Latham(2006)的研究发现,以任务为导向的员工会花费更多的时间去收集额外信息,更主动地学习如何提高决策的效率和效果,并具有更强的工作责任心。胡欣悦和汤勇力等(2007)分析了虚拟企业组织的交互过程,并指出如果缺乏任务导向,不同的企业之间将无法达到有效的结盟合作状态。对通过虚拟品牌社区在线参与企业新产品(服务)开发活动的顾客而言,如果社区主导企业能够为顾客营造一种指向明确的、以任务为导向的社区创新氛围,即给予顾客参与企业各种创新任务的机会,让顾客付出更多的时间和精力,与企业一起集中力量共同解决问题、完成任务。就能有效提升顾客对自身被企业所重视、所接受的感知,并在任务完成过程中逐步忘却原有的顾客角色,强化自己是企业内部人的身份认知。

基于上述理论分析,提出如下研究假设:

H1a:任务导向对顾客内部人身份认知有显著正向影响。

（2）社区支持对顾客内部人身份认知的影响

Ridings et al.（2006）认为，社区支持能够有效减少在线参与顾客的"潜水"等行为，促进顾客对虚拟品牌社区及社区主导企业的满意度、认同度和归属感，并使其愿意向企业提供更多的产品或服务相关知识，发表更多的关于自身满意度、需求、个体特征等有用信息。宗文等（2010）提出了一个三维度的层次模型，并通过实证研究，验证了组织支持会通过影响组织成员的感知而影响其创新行为。王永贵和马双（2013）的研究表明，虚拟品牌社区主导企业能通过各种社区支持措施，来促进社区中顾客的人际互动，并使顾客对社区和企业产生更高的满意度和归属感。顾客通过虚拟品牌社区在线参与企业新产品（服务）开发活动时，来自社区主导企业的各种人际关注、服务引导、具体帮助等情感性和工具性支持，能有效提升顾客对社区主导企业的归属感和认同感，消除"看客"和"游离"心态，强化自己是企业内部人的身份认知。

基于上述理论分析，提出如下研究假设：

H1b：社区支持对顾客内部人身份认知有显著正向影响。

（3）顾客赋权对顾客内部人身份认知的影响

Steffen 和 Christopher（2010）的研究结果显示，在企业组织中，鼓励员工参与决策制定的授权型领导，能够使员工产生自己被组织认可和接受的认知。曹花蕊等（2014）指出，顾客创造活动是由顾客自己的意志所决定的，企业不能像对待组织内部员工那样，使用规章制度去强行保证创造行为的实施。因此，顾客通过虚拟品牌社区在线参与企业新产品（服务）开发活动过程中，顾客赋权是社区创新氛围营造的重要方面。赋予顾客一定的对新产品（服务）开发过程和结果施加影响的权力，如对新产品（服务）开发的选择权、评论权和决策权等，不仅有利于构建更为和谐的关系，还能使顾客充分感知到自己被社区主导企业的重视和信任，从而强化其对企业的归属感和内部人身份认知。

基于上述理论分析，提出如下研究假设：

H1c：顾客赋权对顾客内部人身份认知有显著正向影响。

5.2.2 创新氛围对顾客—企业外向型知识共创的影响

Eisenbeiss et al.（2008）提出了一个整合模型，并通过对33个研发团队的实证研究，验证了创新氛围对团队创新绩效的显著正向影响；Maruping 和 Magni（2012）、Turnipseed（2013）强调了组织创新氛围对个体创新行为的积极影响作用。隋杨等(2012)将社会认知理论应用到团队层面,并验证了团队创新氛围能通过影响集体创新效能感,而对团队创新绩效产生积极作用;方来坛等(2012)从个体创新能力角度出发,验证了良好的创新氛围能激发个体创新行为,并有助于培养个体的创造力。顾客通过虚拟品牌社区在线参与企业新产品(服务)开发活动时,也同样会受到社区创新氛围的直接影响。营造以具体创新任务为导向、为顾客提供各种创新活动支持,并赋予顾客一定创新权力的社区创新氛围,有助于顾客充分发挥自身的主观能动性,积极利用社区主导企业提供的各类新产品(服务)开发所需的创新知识和创新资源,并将其与自身已有的知识、技能等进行深度融合,从而高效实现顾客—企业外向型知识共创。

基于上述理论分析,提出如下研究假设:

H2a:任务导向对顾客—企业外向型知识共创有显著正向影响。

H2b:社区支持对顾客—企业外向型知识共创有显著正向影响。

H2c:顾客赋权对顾客—企业外向型知识共创有显著正向影响。

5.2.3　内部人身份认知对顾客—企业外向型知识共创的影响

Stets(2006)指出,角色认同会促使角色主体做出与其认知一致的行为;Marjorie 和 Francine(2011)、Wang 和 Kim(2013)均强调了企业员工内部人身份认知对其创新行为的影响。Guerrero et al.(2013)的研究表明,当员工认识到自己是组织的内部人时,就会更倾向于以"内部人身份"行事,从而更全局性地看待自己与组织的关系,并主动参与超出自身工作职责范围的活动。俞明传等(2014)、王雁飞等(2014)的实证研究,也验证了内部人身份认知对员工创新行为的显著正向影响。如果顾客在通过虚拟品牌社区在线参与企业新产品(服务)开发活动的过程中,逐步形成了对社区主导企业的内部人身份认知,他们对自己是企业"兼职员工"的角色认同也会随之不断强化。此时,顾客就会更积极主动地从事顾客—企业外向型知识共创活动,并投入更多的资源,付出更多的努力。他们还会同时从顾客和企业两个角度出发,来更全面、更客观地思考和解决问题,这对高效实现顾客—企业外向型知识共创是十分有利的。

基于上述理论分析,提出如下研究假设:

H3:内部人身份认知对顾客—企业外向型知识共创有显著的正向影响。

此外,基于假设 H1a、H1b、H1c 和假设 H3,可以提出如下研究假设:

H4:内部人身份认知在任务导向、社区支持、顾客赋权与顾客—企业外向型知识共创关系中起中介作用。

5.2.4　知识势差的调节作用

知识势差客观存在于不同的知识主体之间。Leonard-Barton(1995)指出，正是由于知识势差的存在，不同知识主体之间才能够实现知识扩散和知识共创。Caniëls 和 Verspagen(2001)的实证研究表明，在知识转移过程中，知识转移主体之间过大的知识势差，会导致因知识接收方难以有效消化吸收新知识而削弱知识扩散效果。王红丽等(2011)对开放式创新模式下知识治理绩效的实证研究也得出了类似结论，即当创新源(如顾客、合作企业等)与创新主导企业间的知识距离较大时，知识转移对开放式创新的促进作用就会相对较弱。

通过虚拟品牌社区在线参与企业新产品(服务)开发活动的顾客与社区主导企业之间，在新产品(服务)开发相关知识的广度和深度方面，不可避免地存在着一定的势差。同时，基于顾客逻辑，以顾客为关键创新主体的顾客—企业外向型知识共创活动，又对顾客自身拥有知识的广度和深度提出了较高的要求。当顾客与企业之间存在较大的知识势差时，就很可能出现"心有余而知识不足"的尴尬局面。即顾客虽然对企业具有较强的内部人身份认知，并对社区主导企业的新产品(服务)开发活动投入大量努力，却往往因无法充分利用和深度融合企业提供的知识，而难以有效实现外向型知识共创。因此，知识势差越大，内部人身份认知对顾客—企业外向型知识共创的正向影响就会越弱。

基于上述理论分析，提出如下研究假设：

H5：知识势差在内部人身份认知与顾客—企业外向型知识共创关系中起负向调节作用。

5.2.5　创新氛围与顾客—企业外向型知识共创的关系模型

基于上述理论分析和研究假设，本研究构建了顾客通过虚拟品牌社区在线参与企业新产品(服务)开发活动情境下，社区创新氛围、内部人身份认知与顾客—企业外向型知识共创的关系模型(如图 5-1 所示)。在关系模型中，社区创新氛围由任务导向、社区支持和顾客赋权三个维度构成，社区创新氛围各维度既对顾客—企业外向型知识共创施加直接的正向影响；又以顾客内部人身份认知为中介，而对顾客—企业外向型知识共创施加间接的正向影响。与此同时，顾客与企业之间的知识势差则在顾客内部人身份认知对顾客—企业外向型知识共创的正向影响关系中起负向调节作用。

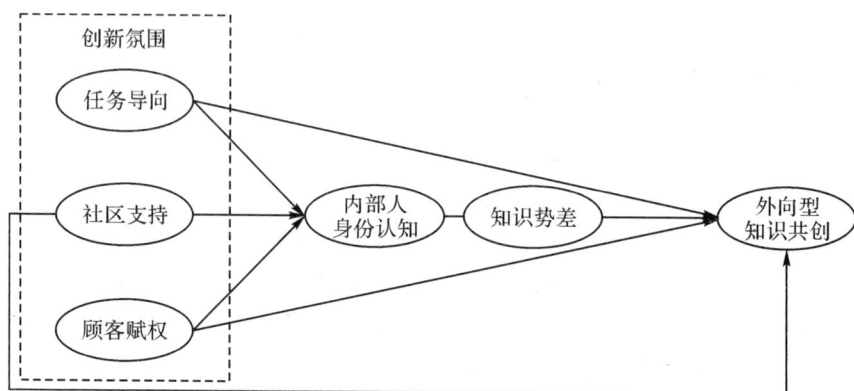

图 5-1 创新氛围与顾客—企业外向型知识共创的关系模型图

5.3 创新氛围与顾客—企业外向型知识共创的实证分析

5.3.1 数据收集与变量测量

(1)数据收集

本研究主要通过网络问卷调查方式进行数据收集。在智能手机类虚拟品牌社区中,存在较多的顾客在线参与社区主导企业新产品(服务)开发活动现象,如操作系统、手游(手机游戏)、APP 等应用软件及各类增值服务开发等。因此,本研究以智能手机部落中的 iPhone 部落、努比亚部落、小米部落、Vivo 部落、三星部落、华为部落、联想手机部落、金立手机部落、米莱手机部落、锤子手机部落等 10 个虚拟品牌社区为实证分析对象。

本研究向具有通过上述智能手机类虚拟品牌社区在线参与企业新产品(服务)开发活动经历的样本顾客发送问卷调查请求,共计发放网络调查问卷 1200 份,回收 261 份,其中有效问卷 230 份,有效问卷回收率 19.17%,与 Nambisan 和 Baron(2009)在虚拟社区研究中的网络问卷回收率基本一致。性别结构方面,有效样本顾客的男女性比例约为 6∶4,符合智能手机类虚拟品牌社区的特征;年龄结构方面,18—24 岁的群体占比高达 60.0%,其次是 25—30 岁,占 14.8%,36—40 岁及 40 岁以上的群体,分别占 2.2% 和 5.2%;教育程度方面,大专或本科及以上学历的群体占比较大。

(2)变量测量

本研究主要采用自述方式,以 5 点式李克特量表形式对各变量进行测量。任务导向的测量主要参考了 Button et al.(1996)、王辉等(2006)的测量方法,共 4 个问项;社区支持的测量主要参考了凌文铨等(2006)、宝贡敏和刘枭(2011)的测量方法,共 5 个问项;顾客赋权的测量主要参考了 Konczak et al.(2000)、韩晓芸和黎耀奇(2012)的测量方法,共 3 个问项;内部人身份认知的测量主要参考了 Stamper 和 Masterson(2002)的测量方法,共 3 个问项;外向型知识共创的测量主要参考了 Mohaghar et al.(2012)、王莉和任浩(2013)、范钧和聂津君(2016)的测量方法,共 3 个测量问项;知识势差的测量主要参考了 Moorman 和 Miner(1997)、Prabhu et al.(2005)的测量方法,共 2 个问项。根据上述测量量表,形成本研究的调查问卷。

5.3.2 数据质量分析

(1)同源方差分析

考虑到以问卷调查为单一来源的被调查者自述型样本数据,有可能会出现共同方法偏差(Common Method Bias)现象,即同源方差问题。为避免该问题的出现,本研究主要采取被调查者匿名回答问卷、在问卷中设置多重问项等方法,对样本数据的质量进行预防性流程控制。与此同时,本研究进一步采用 Harman 的单因子分析方法,对样本数据进行共同方法偏差检验。对全部测量问项的探索性因子分析结果显示,在未旋转时得到的第一个主成分所占有的载荷量为 27.18%,低于 40% 的通行标准。由此可见,样本数据的同源方差问题在本研究中并不是很严重。

(2)信度和效度分析

本研究主要使用 SPSS20.0 和 AMOS20.0 软件,通过验证性因子分析(EFA)等统计分析方法,对样本数据进行信度和效度检验,分析结果显示(见表 5-1):各变量的 Cronbach's α 系数均大于 0.8,说明测量量表具有较好的内部一致性;所有问项在其所属变量上的标准化载荷系数均大于 0.6,t 值均大于 2.0,组合信度 CR 值均大于 0.8,平均提取方差 AVE 均大于 0.6;测量模型的各拟合指数也均基本符合要求,显示模型拟合良好。由此可见,本研究使用的测量量表具有较好的信度和效度,关系模型和研究假设具有一定的合理性,可以对各变量之间的作用关系做进一步分析。

表 5-1　各变量的验证性因子分析和信度、效度检验结果表

潜变量	测量问项	因子载荷	CR 值	AVE
任务导向 (α=0.858)	企业鼓励我向社区提交对新产品(服务)开发的想法和评论	0.777	0.86	0.61
	企业鼓励我与社区其他顾客一起讨论新产品(服务)开发相关问题	0.786		
	我能通过社区与企业一起开展新产品(服务)开发等活动	0.750		
	我付出额外资源(时间、精力等)协助企业进行新产品(服务)开发	0.773		
社区支持 (α=0.876)	我觉得企业会注意到在社区中做得出色的顾客	0.822	0.88	0.60
	在社区中遇到创新相关问题时,企业会给予各种帮助	0.695		
	企业使我们在社区交流互动过程中充满了兴趣	0.768		
	参与社区新产品(服务)开发活动时,企业会引导我们发挥潜能	0.758		
	企业会关注我们在社区中的状态	0.754		
顾客赋权 (α=0.874)	企业在社区中提出备选创新方案时,我能对方案进行公开评论	0.819	0.87	0.71
	企业会通过社区投票等方式,让我们在备选创新方案中做出选择	0.850		
	在社区中,企业有时会让我们去决定如何解决具体的创新问题	0.839		
内部人 身份认知 (α=0.832)	参与社区新产品(服务)开发活动时,我觉得自己是企业的一员	0.722	0.83	0.64
	参与社区新产品(服务)开发活动时,我觉得自己好像是局外人	0.892		
	参与社区新产品(服务)开发活动时,我觉得自己被企业所忽略	0.745		
外向型 知识共创 (α=0.882)	我会提出各种新点子	0.843	0.88	0.72
	我会提出富有原创性而又实用的解决方法	0.841		
	我会创造性地解决新产品(服务)开发相关问题	0.851		
知识势差 (α=0.900)	对该品牌的服务、设计、营销等多个方面,我都有一定的了解	0.905	0.91	0.82
	对该品牌的服务、设计、营销中某些方面,我有深入的了解	0.905		

　　拟合指数:$\chi^2 = 264.758$($p = 0.000$),$\chi^2/df = 2.068$,RMSEA $= 0.068$,NFI $= 0.840$,CFI $= 0.909$,GFI$=0.885$。

5.3.3 结构方程模型分析

使用 AMOS20.0 软件对样本数据进行结构方程模型分析,以验证前文提出的各个研究假设从而对概念模型进行修正。在结构方程初始模型中,假设路径"外向型知识共创←任务导向"(对应研究假设 H2a)未完全达到拟合要求。因此,有必要对初始模型做进一步的修正。删除该路径后的结构方程修正模型及分析结果如表 5-2、图 5-2 所示。

表 5-2 结构方程修正模型分析结果

假设路径		标准化路径系数	CR 值		P 值
H1a 内部人身份认知←任务导向		0.194	2.534		0.012
H1b 内部人身份认知←社区支持		0.167	2.704		0.007
H1c 内部人身份认知←顾客赋权		0.238	3.601		0.000
H2b 外向型知识共创←社区支持		0.174	2.212		0.028
H2c 外向型知识共创←顾客赋权		0.273	3.325		0.001
H3 外向型知识共创←内部人身份认知		0.339	4.430		0.000

拟合指标	χ^2	df	P	χ^2/df	RMSEA	GFI	NFI	CFI
具体数值	190.601	126	0.000	1.513	0.047	0.915	0.884	0.957

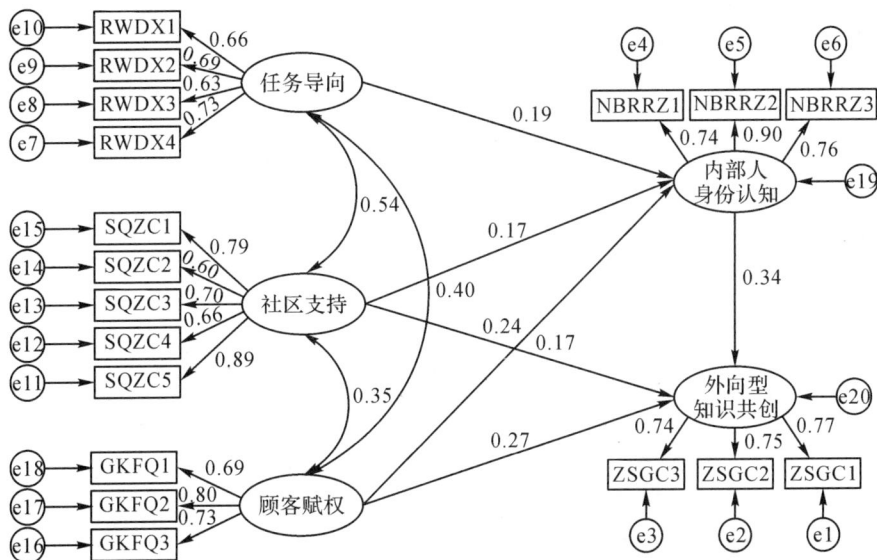

图 5-2 结构方程修正模型图

　　修正模型的拟合指标显示,虽然 P=0.000<0.05,但 χ2/df 的值为 1.513<2,因此可以对 χ2 不显著的要求忽略不计;RMSEA 为 0.047,小于 0.08 的参考值;CFI 为 0.957,NFI 为 0.884,GFI 为 0.915,均接近或大于 0.9;所有显变量和潜变量之间的标准化路径系数均大于 0.5,对应的 CR 值均大于 1.96 的临界值,至少在 P=0.05 水平上具有统计显著性;除了假设 H2a,其他的内生潜变量和外生潜变量间的路径 CR 值均大于 1.96,至少在 P=0.05 水平上具有统计显著性。由此可见,结构方程修正模型拟合较为良好且比初始模型有所改善,已无再做进一步修正必要。结构方程模型分析结果显示,除研究假设 H2a 外,其余相关研究假设均得到了有效验证。

5.3.4　调节作用分析

　　根据 Nambisan 和 Baron(2009)、温忠麟等(2005)建议的方法,使用 SPSS20.0 软件对样本数据进行分层回归分析,来检验知识势差的调节作用。将样本数据进行中心化处理后,以顾客—企业外向型知识共创为因变量,以顾客内部人身份认知、调节变量知识势差及两个变量的交互项为自变量,逐次进入回归方程,形成 3 个回归模型(见表 5-3)。

表 5-3　知识势差的调节作用检验表

	模型 1		模型 2		模型 3	
	β	P 值	β	P 值	β	P 值
常量	1.951	0.000	2.232	0.000	2.433	0.000
性别	0.048	0.681	0.035	0.761	0.019	0.870
年龄	−0.093	0.056	−0.087	0.075	−0.085	0.073
教育程度	0.033	0.745	0.052	0.611	0.037	0.713
从事行业	−0.005	0.851	−0.006	0.818	0.004	0.884
内部人身份认知	0.408	0.000	0.413	0.000	0.372	0.000
知识势差			−0.095	0.097	−0.095	0.091
内部人身份认知					−0.157	0.002
F 值	10.406***		9.202***		9.682***	
调整	0.188		0.198		0.234	
R^2			0.010		0.036	

注:"***"表示 p<0.001,"**"表示 p<0.01,"*"表示 p<0.05。

回归分析结果显示(见表5-3):交互项对外向型知识共创的回归系数显著($\beta=-0.157$,$P=0.002<0.01$);F值和R^2均较为显著,3个回归模型的拟合程度均较为良好;对比模型2和模型3,加入调节变量知识势差后,R^2有了明显的提升,由此产生的F值也变化显著($p<0.001$)。可见,知识势差调节了顾客内部人身份认知与顾客—企业外向型知识共创之间的作用关系,假设H5得到初步验证。进一步的知识势差调节作用分析图示结果显示(见图5-3),知识势差越大,顾客内部人身份认知对顾客—企业外向型知识共创的正向影响就越弱。由此,假设H5得到了有效验证。

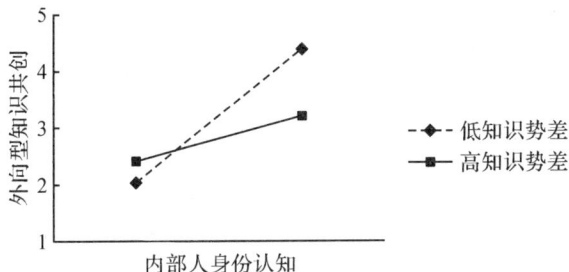

图5-3　知识势差的调节作用示意图

5.3.5　实证分析结果

本研究通过对iPhone部落、华为部落等10个智能手机类虚拟品牌社区中,具有在线参与社区主导企业新产品(服务)开发活动经历顾客的大样本调查和统计分析,就社区创新氛围、顾客内部人身份认知与顾客—企业外向型知识共创的关系模型和研究假设进行了检验和修正。实证分析结果表明,除假设H2a之外,其余假设均得到了有效验证,具体研究假设的检验结果如表5-4所示。通过实证分析,可以基本确立顾客通过虚拟品牌社区在线参与企业新产品(服务)开发活动情境下,社区创新氛围、顾客内部人身份认知与顾客—企业外向型知识共创的关系模型(见图5-2)。

表5-4　本研究的假设检验结果汇总表

研究假设	验证结果
H1a:任务导向对顾客内部人身份认知有显著正向影响	通过
H1b:社区支持对顾客内部人身份认知有显著正向影响	通过
H1c:顾客赋权对顾客内部人身份认知有显著正向影响	通过

续　表

研究假设	验证结果
H2a:任务导向对顾客—企业外向型知识共创有显著正向影响	未通过
H2b:社区支持对顾客—企业外向型知识共创有显著正向影响	通过
H2c:顾客赋权对顾客—企业外向型知识共创有显著正向影响	通过
H3:内部人身份认知对顾客—企业外向型知识共创有显著正向影响	通过
H4:内部人身份认知在任务导向、社区支持、顾客赋权与顾客—企业外向型知识共创关系中起中介作用	通过
H5:知识势差在内部人身份认知与顾客—企业外向型知识共创关系中起负向调节作用	通过

5.4　结论与启示

5.4.1　研究结论

本研究将研究对象聚焦于以往研究相对较为忽视却又十分重要的顾客—企业外向型知识共创,并以顾客通过虚拟品牌社区在线参与社区主导企业新产品(服务)开发活动为具体研究情境,以顾客内部人身份认知为中介,就社区创新氛围对顾客—企业外向型知识共创的影响机制进行理论和实证分析。研究发现,虚拟品牌社区创新氛围能通过强化顾客内部人身份认知,而促进顾客—企业外向型知识共创。主要研究结论具体如下。

(1)社区创新氛围各维度对顾客内部人身份认知有显著正向影响

实证分析结果表明,顾客通过虚拟品牌社区在线参与社区主导企业新产品(服务)开发活动情境下,虚拟品牌社区创新氛围的三个维度(任务导向、社区支持、顾客赋权)对顾客内部人身份认知均有显著的正向影响,即社区创新氛围的任务导向维度(标准化路径系数 0.194,P 值 0.012)、社区支持维度(标准化路径系数 0.167,P 值 0.007)和顾客赋权维度(标准化路径系数 0.238,P 值 0.000),均有助于强化顾客对社区主导企业的内部人身份认知。

(2)社区创新氛围各维度对顾客—企业外向型知识共创的影响存在差异

实证分析结果表明,社区创新氛围对顾客—企业外向型知识共创有积极的促进作用,内部人身份认知在虚拟品牌社区创新氛围三个维度与顾客—企业外向型知识共创关系中起不同的中介作用。其中创新氛围的任务导向维度以内部人身份认知为完全中介而对外向型知识共创有显著的间接正向影响(间接效应0.066),即任务导向对外向型知识共创的促进作用,主要就是通过强化顾客对企业的内部人身份认知来实现的。因此,当模型中存在中介变量顾客内部人身份认知时,任务导向对外向型知识共创的直接正向影响就不再显著,这也是假设H2a 未被有效验证的主要原因。社区支持和顾客赋权维度既对外向型知识共创有显著的直接正向影响(标准化路径系数分别为 0.174 和 0.273,P 值分别为0.028 和 0.001),又以内部人身份认知为中介而对外向型知识共创有显著的间接正向影响(间接效应分别为 0.057 和 0.081)。即与任务导向相比,社区支持和顾客赋权对外向型知识共创促进作用的路径和方式更为多元化,很可能还有其他因素或变量在其中发挥着中介等作用。

(3)知识势差在关系模型中起显著的负向调节作用

实证分析结果表明,知识势差在顾客内部人身份认知对顾客—企业外向型知识共创的正向影响关系中起显著的负向调节作用。即顾客通过虚拟品牌社区在线参与企业新产品(服务)开发活动过程中,如果其与社区主导企业在新产品(服务)开发相关知识方面存在较大的知识势差,就会在一定程度上削弱顾客内部人身份认知对顾客—企业外向型知识共创的正向影响。

5.4.2 理论贡献

(1)聚焦虚拟品牌社区中的顾客—企业外向型知识共创,诠释创新氛围等平台创新环境的影响

如前所述,已有大部分研究重点关注基于企业逻辑、以企业为创新主体的顾客—企业内向型知识共创,而忽视了基于顾客逻辑及顾客与企业的知识融合、以顾客为关键创新主体的顾客—企业外向型知识共创。对于顾客—企业知识共创的影响因素和影响机制问题,相关研究已开始有所涉及。如 Mohaghar(2012)、Saadia 和 Pahlavanib(2013)、孙洪庆(2010)、王莉和任浩(2013)等学者的研究表明,信息共享、情感信任、任务合作等因素对知识共创有积极促进作用,但总体而言尚处于起步阶段。已有创新氛围相关研究，则主要聚焦于组织或团队层面，关注其对组织或团队内成员创新行为的影响，而尚未真正开展针对虚拟品牌社区创新氛围及其与顾客—企业知识共创影响关系的相关研究工作。

（2）拓展和丰富了创新氛围、知识共创领域的研究视野和应用范畴

在已有相关研究的基础上，将研究情境、研究对象、研究内容不断推向深入，并进一步拓展了研究视野和理论应用范畴。研究情境方面，基于当前虚拟品牌社区已成为顾客在线创新活动主流平台和载体的现实，进一步具体化为顾客通过虚拟品牌社区在线参与社区主导企业新产品（服务）开发活动；研究对象方面，进一步突出顾客在知识共创中的创新主体属性和地位，聚焦于已有研究较为忽视的顾客—企业外向型知识共创；研究内容方面，以社区创新氛围各维度为自变量，从平台创新环境这一新角度出发，深入分析其对顾客—企业外向型知识共创的具体影响机制，从而与顾客—企业在线互动对新产品（服务）开发绩效的影响机制研究一起，共同构成了一个较为完整的顾客在线参与新产品（服务）开发研究体系。此外，本研究将虚拟品牌社区视为一种较为特殊的基于互联网（含移动互联）的平台化开放式创新组织，将顾客视为社区主导企业的"兼职员工"和新产品（服务）开发人员，并充分借鉴了组织行为学中的组织创新氛围等概念，将其创新性地应用于虚拟品牌社区中的知识共创问题研究，从而进一步丰富了组织行为学、开放式创新等理论的应用范畴，拓展了顾客在线参与新产品（服务）开发问题的研究视野。

（3）将内部人身份认知概念从组织延伸至虚拟品牌社区中的创新顾客

同时，在虚拟品牌社区创新氛围对顾客—企业外向型知识共创的影响研究中，本书将内部人身份认知概念的应用对象，从组织员工（含管理者）延伸至参与社区创新活动的在线创新顾客，深入探讨其对社区创新氛围与外向型知识共创关系的中介作用；并在考虑知识势差调节作用的情况下，构建并验证了社区创新氛围、顾客内部人身份认知与顾客—企业外向型知识共创的关系模型。上述两个既有递进又有互补关系的研究内容，都是对已有相关研究的进一步深入和细化。它们共同构建起一个整合性的理论分析框架，为科学解释虚拟品牌社区等在线开放式创新平台中的顾客认知和在线创新行为，提供了新的分析思路和方法，对后续研究具有借鉴意义。

5.4.3 管理启示

(1)着力营造良好的虚拟品牌社区创新氛围

作为一个开放式的在线互动与合作创新平台,虚拟品牌社区的运作机制与组织或团队内部存在较大差异,主要依赖于非正式制度构建和社区氛围营造,在线创新顾客与社区主导企业之间的关系也相对较为松散。因此,企业应充分意识到虚拟品牌社区的特殊性,着力营造良好的社区创新氛围,以有效实现顾客—企业外向型知识共创这一提升合作创新绩效的重要环节。具体而言,一是要重视以任务为导向,使顾客能够全身心地投入具体的产品或服务创新任务中;二是要提供有力的社区支持,使顾客在参与产品或服务创新的全过程中,都能够真切感受到来自社区的关注、引导和帮助;三是要赋予顾客适当的创新权力,使开展在线创新活动的顾客感觉到自己像企业内部员工一样,能够对创新过程和结果施加积极的影响。

(2)不断强化顾客对社区主导企业的内部人身份认知

企业应充分认识到对与企业不存在契约或从属关系的顾客而言,其内部人身份认知对顾客—企业外向型知识共创的重要性和必要性。一方面,与内向型知识共创不同,顾客在外向型知识共创中承担着创新主体的重要角色,其内部人身份认知也因此而显得尤为重要;另一方面,感受到来自社区主导企业的重视和接纳,是顾客为参与社区创新活动投入资源、付出努力后,所能得到的一种重要心理回报。因此,除前文所述的任务导向、社区支持和顾客赋权等社区创新氛围营造之外,企业还应采取多种途径和方式,如完善顾客情感体验、增强顾客对品牌和社区的认同感、与顾客建立平等互惠的长期信任合作关系等,来不断强化在线创新顾客的内部人身份认知。此外,企业还应善于发现社区中那些内部人身份认知较强的在线创新顾客并加以重点关注。

(3)适度缩小顾客与社区主导企业的知识势差

客观而言,大多数参与虚拟品牌社区创新活动的在线创新顾客在该品牌产品或服务相关知识上,与企业存在较大的势差。这也是现实中部分顾客在线创新活动效果不理想的主要原因之一,因为过大的知识势差会显著削弱内部人身份认知对外向型知识共创的促进作用。当然,知识势差也并不一定是越小越好。当知识势差趋于零时,顾客在线创新活动就失去了其存在的价值;且过度的知识共享还可能会导致企业核心知识的泄露。因此,企业应充分利用虚拟品牌社区这一便利的知识共享、共创平台,通过设置专门的论坛交流板块、在线发布与顾客培训、在线客服与人际互动、发挥领先顾客带动作用等手段,来提升顾客对产品或服务知识的了解广度和深度,将知识势差缩小至适度的范围内,以高效实现顾客与企业的外向型知识共创。

5.4.4　研究局限

本研究也存在一定的局限性:一是样本数据主要来源于 10 个智能手机品牌社区,虚拟品牌社区类型较为单一,在一定程度上影响了研究结论的普适性;二是未充分考虑其他可能的影响因素或中介、调节变量,如顾客特征、品牌和社区认同、产品或服务类型、创新任务特性、创新阶段等;三是社区创新氛围三维度之间可能存在一定的协同或交互效应,本研究未对此做深入剖析。在未来研究中,应充分考虑上述问题,就虚拟品牌社区创新氛围对顾客—企业外向型知识共创的影响机制做更为深入和系统的分析。

6   创新氛围与顾客创造力研究

如今,开放式创新已成为推动我国服务业和制造业转型升级的强大动力,并成为学术界创新研究的新热点(蔺雷和吴贵生,2004)。在互联网时代,开放式创新与顾客紧密相连。顾客已经从价值链的终点,变为价值链的起点,成为企业生产、设计、研发的源头,顾客在一定程度上也成为了生产者。过去,专业者和业余者之间存在一道界限,而现今两者的界限变得越来越模糊。顾客不仅使用产品,还拥有产品;顾客遇到问题后不仅会吐槽,还会参与改进产品,即"人人都是产品经理"。而顾客创新来源于顾客创造力,表现为在企业新产品、新服务的开发或使用过程中,为企业产生出有价值、有效用的想法、观点或创新设计等。顾客在参与创新的过程中,既扮演了消费者角色,又充当了兼职员工角色,成为企业新产品或新服务的共同创造者。

从已有研究来看,过去的顾客参与创新相关文献更多地关注企业最终的创新绩效变量,如推出市场速度、市场接受程度、企业财务绩效等。但从顾客参与新产品(服务)开发过程和结果来看,阐明创新源头的顾客创造力无疑是解决创新问题的关键所在。顾客为什么要参与企业的产品(服务)创新?什么因素促使顾客持续积极参与并使企业在顾客参与中获益?在互联网和服务主导逻辑的时代下,充分挖掘顾客在线参与产品(服务)创新的动机、心理作用机制,并进行顾客在线创新氛围的激励设计,对于企业顾客关系管理、顾客分类及合作,并最终提升企业的核心竞争力具有重大意义。因此,本研究从"顾客创造力"着手,探究顾客在线参与新产品(服务)开发过程中,企业营造的在线创新氛围对顾客创造力的具体作用机理。

6.1   研究背景与研究对象

6.1.1   研究背景

顾客在企业开放式创新活动中具有重要的地位,顾客导向、顾客参与也成为企业开放式创新活动的主要特征之一。且互联网的快速普及和信息技术的不断发展,使顾客在线创新逐渐成为主流。顾客可以通过虚拟品牌(创新)社区、社会化媒体等互联网平台和载体,以在线方式全程参与企业新产品(服务)开发等开放式创新活动。国内外学者对顾客创新问题进行了大量的前期研究,Amabile(1983)从社会心理学角度,系统研究了创造力的定义、构成及影响因素;Alam(2003)指出了顾客参与创新的维度,包括顾客参与目标、顾客参与阶段、顾客参与强度和顾客参与模式四个维度,四维度模型已成为学术界内较为认同的模型;Von Hippel和Katz(2002)的研究得出,顾客参与创新提升了创新新颖性和市场接受度,尤其是领先顾客发挥了很大作用。卢俊义和王永贵(2011)的研究发现,顾客在整个创新阶段中充当着创新来源、合作生产者、影响者、评价者以及竞争者的角色;他们重点界定了顾客参与创新和知识转移的内涵,并分析了顾客参与知识转移的理论基础;张红琪和鲁若愚(2012)构建了创新过程中顾客知识管理的测量量表;范钧等(2013)、楼天阳和陆雄文(2011)认为顾客(领先顾客)参与对顾客满意、顾客公民行为有积极影响,并通过促进顾客与企业的知识转移,提升新产品(服务)开发绩效。

随着研究的深入,研究者发现,顾客创新和创新绩效之间不仅仅是单一的正向影响关系。范秀成和杜琰琰(2012)在研究中发现,顾客创新在不同情境中也会表现出不利于价值创造的负面影响,从而导致顾客创新效果的不确定;汪涛等(2011)的研究发现,在产品(服务)创新的不同阶段,顾客创新的贡献程度是不同的。如在概念形成和测试阶段,顾客创新对于企业新产品(服务)开发的意义颇为突出,在技术开发阶段,企业则必须要依赖自身的技术资源而不能指望顾客提供的技术方案;张童(2013)也指出,在新产品(服务)开发的各个阶段,顾客与企业的互动程度存在明显差异,应动态把握创新过程中顾客需求的变化。总体而言,目前对顾客创新的研究主要集中在对产品(服务)创新绩效、知识转移等中介效应的研究;而对顾客创新的管理,特别是创新氛围及顾客创新的心理过程、绩效评价方面还比较欠缺。部分学者还提出了顾客创新是一把"双刃剑",即顾客创新对企业新产品(服务)开发绩效的贡献不明确问题。在企业开放式创新实践中,我们也发现,虽然一些企业已经认识到顾客参与新产品(服务)开发活动的必要性,但现实中顾客真正参与的程度和效果远远低于期望。顾客参与新产品(服务)开发活动的不确定性和随意性,往往会产生大量的冗余信息,增加企业管理成本,延长创新周期。因此,大量企业只是把顾客创新作为一种虚幻的口号,由于找不到合适的方法或手段管理顾客参与企业新产品(服务)开发活动,这一流行的口号无法真正落实到企业开放式创新中。对于未来企业而言,对顾客创新特别是顾客在线创新的管理势在必行。

因此,如何发挥顾客在线创新的优势,规避劣势,提升顾客创造力和顾客在线创新绩效是一个重要的研究课题(彭艳君,2008)。从已有顾客创造力相关研究的文献来看,大部分有关创造力的研究是针对企业组织、员工、学生而开展的,在市场营销领域,消费者(顾客)的创造力仅有少数学者予以关注。相关的研究成果十分零散,且多集中于个人层次,理论探索和实证研究都较为匮乏。正如Burroughs 和 Mick(2004)所指出的,创造力在消费者行为领域还是尚待深入研究的重要主题。且由于拥有创造力的主体不同,在不同情境下,创造力的形成及贡献机理也表现得大不相同。由此可见,我们有理由认为,在虚拟社区和社会化媒体盛行,人人在线参与创新活动的众创时代,深入研究顾客在线参与对顾客自身创造力的内在影响机理,对厘清及解释不同情境因素下顾客在线创新对企业新产品(服务)开发绩效的贡献差异有着重要的理论意义和价值。同时对企业合理划分在线创新顾客的类型、层次,努力营造良好的在线创新氛围,不断提升顾客创造力和开放式创新绩效,具有较强的实践指导意义。

6.1.2 研究对象

(1)顾客创造力

"创造力"一词最早来源于心理学,20 世纪 50 年代,由心理学家 Guilford 在《论创造力》一书中首次提出。在 Guilford(1950)的积极倡导和大力推动下,学者们进行了大量的研究,并取得了一定研究成果。创造力的研究历程大体上分三个阶段:第一阶段为 20 世纪 50—60 年代,这一阶段学者们主要研究个体因素对创造力的影响,而忽略了环境对创造力的影响;第二阶段为 20 世纪 70—80 年代,学者们主要研究环境因素对创造力的影响;第三阶段为 20 世纪 90 年代至今,学者们主要研究个体因素与环境因素交互作用对创造力的影响。Hirschman(1980)是最早研究顾客(消费者)创造力的学者,他指出,顾客(消费者)创造力是指在消费领域里个人提出问题、解决问题的能力。Amabile(1983)在创造力定义问题上,直接采用较为实用的产品定义方法,即如果一件产品是新颖的(Newness or Originality)、有效用的(Usefulness or Appropriateness),那么它就是具有创造性的。他还根据个体间差异,开发并完善了工作偏好量表。之后,有大量学者研究了创造力问题,并指出,当企业在面对新颖的消费趋势等问题时顾客创造力显得尤为重要。借鉴 Woodman et al.(1993)、Burroughs et al.(2004,2008,2011)、Moreau 和 Dahl(2005)、王莉等(2011,2013)、曹花蕊等(2014)学者的研究,本研究从结果视角出发,将顾客创造力界定为顾客在线创新过程中为新产品(服务)开发提出新颖而有用的创意、想法的程度。

(2)创新氛围

Wes(1987)首次提出了创新氛围的概念,并将其定义为组织成员对影响其创新能力发挥的工作环境的认知。West(1987)还根据四因素理论,将创新氛围分为组织价值观、参与安全、任务导向和创新支持四大类,并设计出具有较好的信度和效度的量表。随后,Ekvall 和 Ryhammar (1999)开发了创造性氛围量表,以评价组织中支持创造性和革新的情境因素,作为诊断和建立组织创造性的工具。氛围包括心理氛围和组织氛围两种类型。心理氛围指个人对于环境属性的认知评价,它基于个人在环境中对行为活动的意义和价值进行的评估。当组织中每个人的评价聚合在一起,就可能形成组织中个人共享的意义感和价值观,这就是组织氛围。Amabile(1996)开发了包括鼓励创新、自由自治、资源、压力、创新障碍五个维度的创新氛围评价量表。借鉴 Farmer(2003)、Foss(2014)等已有相关研究,并根据研究主题及目标,本研究将顾客通过虚拟社区在线参与企业新产品(服务)开发活动情境下的创新氛围定义为:顾客感受到的企业鼓励顾客在线参与与其产品或服务相关的创造活动的气氛或环境;并将创新氛围划分为知识传递、顾客赋权、任务导向和在线激励四个维度。

(3)创造性自我效能感

自我效能(Self-efficacy)是由美国心理学家 Bandura(1977)率先提出的,他认为自我效能是"个人对自身能否完成某一活动的能力判断和信念,而这种判断和信念又能影响人们对行为的选择和所投入努力的程度,并最终决定其在特定活动中所表现出的能力"。Bandura(1999)、Tierney 和 Farmer(2002,2004)提出了创造性自我效能感理论,并指出创造性自我效能是个体对自己能够生产创造性产品或服务的能力及程度的一种主观评价;它是在特定的情境下,个体对自己有能力根据任务要求产生新颖的、原创性的和适宜的想法、解决方案或行为的信念,是个人对自己创造力能力的觉察和认同。创造性表现,像其他的一些行为一样,个人需要首先判断自己是否有这样的能力以及在多大程度上可以实现这样的行为之后才能做出自己的行为,这就是自我效能感。Choi(2004)、Jaussi et al.(2007)、顾远东和彭纪生(2010)也对创造性自我效能做出了类似的界定。本研究沿用了上述学者对创造性自我效能的概念界定。

(4)积极情绪

广泛意义上的"情绪",包括了情绪和心境。情绪是人们对客观事物的态度、体验及相应的行为反应,反映了客观事物与人的主观需要之间的关系,心境是一种典型的情绪状态,与情绪相比,心境是相对弥散、普遍的情感状态,缺乏激发某一行为取向的指向关系。Plutchik(1982)、Oliver(1993)、Russell(1987,1996)、Kalyan(2000)、Blossom 和 Dudley(2001),对情绪及顾客情绪进行了类似的界定,但目前学术界尚无公认的统一定义。Prahalad 和 Ramaswamy(2004)认为,积极情绪(Positive Emotional)是指个体由于体内外刺激、事件满足个体需要而产生的伴有愉悦感受的情绪。积极情绪能够激活一般的行动倾向,对于认知具有启动和扩展效应,能够建设个体的资源,降低消极情绪产生的激活水平,能够促进组织绩效。积极情绪是心理健康的重要组成部分,对身体健康具有促进作用。积极情绪对于个体的适应具有广泛的功能与意义。Isgett 和 Fredrickson(2015)认为,积极情绪包括快乐、兴趣、满足、爱、自豪和感恩。在消费领域,积极情绪是指顾客获得的成就感、满足感、愉悦感、享乐感等(Prahalad and Ramaswamy,2004;Johann,2010)。本研究沿用了上述对顾客积极情绪的界定。

6.2 创新氛围与顾客创造力的理论分析

6.2.1 创新氛围与顾客创造力的关系

社会心理学的观点认为,创新行为的产生受外部环境的影响。一个认同其所在组织及环境的个体,如果这个组织提倡创新,该个体会主动表现出创新的行为。创造性活动一方面始于个体,个体的内在特质必然是这些行为的动力源;另一方面,创造性行为必须在社会环境中展开,环境因素对于创造性的刺激与驱动作用非常重要。Yu et al.(2013)学者应用跨层次分析法,研究了知识共享、组织气氛和创新行为之间的关系,证明了知识共享和创新行为之间有着显著关联,积极的组织创新氛围和员工创新行为之间有着显著联系。Turnipseed 和 Turnipseed(2013)通过对美国西部地区金融服务行业的员工进行问卷调查,实证研究探讨了创新型组织氛围与组织公民行为之间的关系。研究显示,公民行为的参与层次与创意想法密切相关。忠诚的公民行为与参与风险呈负相关,顺从的公民行为与创新想法呈负相关。由于组织公民行为与组织的创新氛围特征密切相关,有必要重新审视组织公民行为的研究框架。由此可见,在虚拟社区创新活动中,良好的创新氛围会对在线创新顾客的创造力产生积极的促进作用。因此,本研究提出如下假设:

H1:创新氛围对顾客创造力有显著正向影响。

6.2.2　创新氛围与创造性自我效能感及积极情绪的关系

Bandura(1977)指出,环境因素和情景条件会影响个体的自我效能感;Gist和 Mitchell(1992)、Garder(1993)认为,个体对环境资源及制约因素的评价,是影响创造性自我效能感的重要因素;Tierney 和 Farmer(2002,2004)的研究发现,创新氛围对研究人员的创造性自我效能感有显著正向影响;Shalley et al.(2000,2009)的研究表明,组织支持能有效提高员工的创造性自我效能感。Franke 和 Schreier(2010)在研究四种运动社区中的顾客创新动机时发现,获得财务报酬并非创新顾客的主要动机,他们更看重的是乐趣、挑战、控制、好奇等因素,一种胜任感、满足感及完成时的成就感。顾远东和彭纪生(2010)在组织创新氛围对员工创新行为的研究中,验证了组织创新氛围对员工创新自我效能感的显著正向影响。Montani et al.(2012)通过对化学和制药公司 186 名员工的实证调查,研究了两类社会支持(主管支持与同事支持)在促进或阻碍员工的承诺和行为变化方面的作用。他指出这种作用是稀缺和不一致的。结果显示,积极主管和员工之间的关系支持影响员工的情感承诺和创新行为,但仅有在同事高度支持的情况下才能产生。Maruping 和 Magni(2012)构建了团队氛围、团队创新技术研发及使用的多层次模型,采用田野调查法,以 56 个工作团队中的 268 名员工为调研对象。研究发现,两类组织创新氛围在对员工创新意愿的影响上发挥着不同作用。团队学习氛围提高员工创新意愿,而团队授权氛围降低员工的创新研发意愿。因此,本研究提出如下假设:

H2:创新氛围对创造性自我效能感有显著正向影响。

H3:创新氛围对积极情绪有积极显著影响。

6.2.3　创造性自我效能感对顾客创造力的影响作用

在创造性自我效能感与个体行为或行为结果之间的关系方面,以往学者研究表明,为了激励个人完成某项特定的任务,员工必须相信自己具备完成该项任务的能力;创新者的自信和自我效能感往往与他们产生新创意的能力有关。当感知到创造性努力可能遭遇失败的时候,员工将不再愿意进行创造性行为,这就从侧面说明了创造性自我效能感的水平高低将会在很大程度上影响员工在工作中的创造性。Redding(1959)指出,个体对自身创造性能力的自我察觉程度对其创造性绩效有重要影响。Tierney 和 Farmer(2002)对创意效能感和创造性活动的关系进行了研究。他们在一家大型的公司对 584 名员工进行了调查,发现员工创意自我效能感和其创造性活动有显著的关系。Tierney 和 Farmer(2004)又在一家化学公司中对 191 名被试者进行了创意自我效能感的研究,结果与之前的研究一致。Choi(2004)、Jaussi et al.(2007)、顾远东和彭纪生(2010)的实证研究也验证了创造性自我效能感在创造性活动中的重要促进作用。因此,本研究提出如下假设:

H4:创造性自我效能感对顾客创造力有显著正向影响。

6.2.4 积极情绪对顾客创造力的影响

情绪是公认的研究创造力的前因变量之一,并且是当前创造力研究中非常关注的内在动机的构成要素之一,源自生理需要的动机以及满足心理需要的内在动机都与情绪有关。刺激和认知因素产生的生理需求要结合情绪因素才能构成行为的动因。Abele(1992)的研究显示,快乐情绪下的个体会比悲哀心境下表现出更大的思维流畅性。Isen 和 Baron(1991)的实验研究发现,实验干预所诱发的积极情绪促使被试者表现出更高的创造力,他们解决问题的效率更高,决策也更全面。Grawitch et al.(2003)指出积极情绪能引起更多的创造性反应。Madjar(2002)通过对来自 3 个企业的 265 名员工以及 20 名主管(评价员工的创造性绩效)研究发现,员工的积极情绪严重影响创造性工作绩效。Prahalad(2004)认为顾客独特的情绪体验需求的满足程度会影响其创造力。Amabile(2005,2010)指出,内部动机是影响创造力的重要前因,在内部动机驱使下,个体会感受到工作带来的兴趣、愉悦、满意和挑战,这种感受有助于创造力的产生。Burroughs et al.(2008)、曹花蕊等(2014)指出,深受环境影响和情景依赖的动机、情绪等是影响顾客创造力的重要因素;Davis(2009)的分析结果表明,与中性和消极情绪相比,积极情绪更能促进创造性,但是这种影响受创造性任务类型的调节。因此,本研究提出如下假设:

H5:积极情绪对顾客创造力有显著正向影响。

根据上述理论分析和研究假设,本研究构建了顾客通过虚拟社区开展在线创新活动情境下,创新氛围、创造性自我效能感、积极情绪对顾客创造力影响机制的概念模型,如图 6-1 所示。

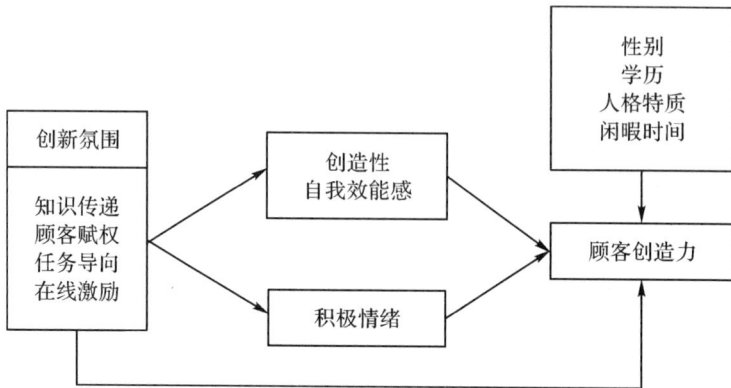

图 6-1　创新氛围、创造性自我效能感、积极情绪与顾客创造力的作用关系模型图

6.3　创新氛围与顾客创造力的实证分析

6.3.1　数据收集和变量测量

(1)数据收集

本研究通过在线问卷调查的方式获取样本数据,并对接受问卷调查的每位在线顾客做了"您对虚拟社区的了解及参与程度""您是否参与过虚拟社区的在线创新活动"等问题的前期筛选测试。本研究的正式问卷调查从 2015 年 5 月中旬开始,至 2015 年 10 月底结束。共有 345 位在线顾客接受了问卷调查,剔除消息错误、填写不完全的问卷,共获得有效调查问卷 307 份。对样本的人口统计分析结果显示:受教育水平方面,高中及以下占 5.54%,大专占 1.63%,本科占 91.85%,研究生及以上占 0.98%;年龄方面,20 岁及以下占 2.93%,21—30 岁占 91.21%,31—50 岁占 1.95%,50 岁以上占 3.91%。

(2)变量测量

对变量的测量主要采用已有的成熟量表,并根据本研究实际进行适当修改,问卷采用通用的李克特 7 级量表。对于自变量创新氛围,主要吸收 West (1990)、Farmer(2003)、Foss(2014)等人经验,结合本研究特点共设计了 13 个条目对知识共享、顾客赋权、任务导向、在线激励四个维度进行了测量。借鉴 Phillips(1997)的研究,设计 4 个条目测量创造性自我效能感,借鉴 Johann(2010)

的前期研究设计了 4 个条目测量积极情绪,借鉴 Woodman et al.(1993)的前期研究,设计了 3 个条目测量顾客创造力。本研究还引入受教育水平、参与频率、收入水平、年龄等作为控制变量。

6.3.2 信度、效度检验及相关性分析

对样本数据进行信度和效度检验,发现各变量的 Cronbach's a 系数均大于0.7,说明量表整体可靠性和稳定性较好,具有较好的内部一致性。探索性因子分析结果也显示,各变量的测量量表具有较好的聚合效度和区分效度。相关分析结果显示(见表 6-1),创新氛围的四个一阶因子知识共享、顾客赋权、任务导向、在线激励与创造性自我效能感、积极情绪和顾客创造力之间的相关系数在0.036—0.636 之间,说明各变量之间存在中等偏下的正相关,各变量之间的共同变异程度不高,可以对变量之间的因果关系做进一步的分析。

表 6-1   各变量相关性分析结果表

变量	1	2	3	4	5	6	7
1 知识共享	1						
2 顾客赋权	0.561**	1					
3 任务导向	0.609**	0.636**	1				
4 在线激励	0.445**	0.514**	0.460**	1			
5 创造性自我效能感	0.185**	0.166**	0.191**	0.203**	1		
6 积极情绪	0.204**	0.208**	0.206**	0.231**	0.450**	1	
7 顾客创造力	0.145**	0.124**	0.177**	0.036**	0.044**	0.051**	1

注:** 表示 $p<0.01$。

6.3.3 创新氛围二阶验证因素的模型配适度分析

对创新氛围二阶验证因素的模型配适度分析结果显示(见表 6-2),模型配适度在卡方值/自由度等于 2.35 时最低,模型 3 的卡方值较低,但其 CFI 没有差异,模型 3 与模型 4 并无实际上的差别。由此可见,在本研究中,二阶的创新氛围构面比较符合理论模型的要求。经过二阶 CFA 后,四个因子构面的标准化因素负荷量均超过 0.7 且未超过 0.95,残差均为正值而且显著,显见无违反估计。组成信度为 0.914,超过 0.7 的标准,平均变异数萃取量为 0.682,超过 0.5 的标

准,均达到收敛效度的标准,配适度也在可接受的范围内,因此保留二阶四个构面的模型作为后续分析。

表 6-2　创新氛围二阶验证因素的模型配适度分析结果表

创新氛围二阶验证	χ² 值	(df)	χ2/df	GFI	AGFI	CFI	RMSEA
虚无模型	3623.244	210	17.25	0.223	0.145	0.000	0.235
1.一阶一因子分析	1091.258	189	5.774	0.693	0.625	0.736	0.127
2.一阶四因子模式(因素之间无相关)	1126.949	189	5.963	0.702	0.636	0.725	0.130
3.一阶四因子模式(因素间有相关)	423.207	179	2.364	0.874	0.838	0.928	0.068
4.二阶因子模式	432.695	184	2.352	0.873	0.841	0.927	0.068
建议值	愈小愈好	愈大愈好	<5	>0.8	>0.8	>0.9	<0.08

6.3.4　结构方程模型分析

采用结构方程模型进行假设检验,运用 AMOS17.0 软件进行数据分析。其中,模型中的 χ^2 值为 146.14(df=76), χ^2/df 的值为 1.92<3;RMSEA 的值为 0.065,小于 0.08 的参考值;NFI 和 CFI 的值分别为 0.902 和 0.923,均大于 0.90;所有显变量和潜变量间的标准化回归系数都在 0.5 以上,相应的 CR 值除了积极情绪对顾客创造力影响的这一路径外,其余都大于 1.96 的临界值,表明至少在 0.05 水平上具有统计显著性。由此可见,除了假设 H5 以外,其余假设均得到了有效验证(见表 6-3)。

表 6-3　结构方程模型分析结果表

	标准化回归系数	标准误	CR 值	P 值
H1:顾客创造力←创新氛围	0.161	0.025	6.361	***
H2:创造性自我效能感←创新氛围	0.229	0.012	19.584	***
H3:积极情绪←创新氛围	0.307	0.014	22.588	***
H4:顾客创造力←创造性自我效能感	0.177	0.075	2.368	0.015
H5:顾客创造力←积极情绪	0.056	0.049	1.149	0.129

拟合指标	χ^2	df	P	χ^2/df	RMSEA	GFI	NFI	CFI
具体数值	146.14	76	0.00	1.92	0.065	0.899	0.902	0.923

6.4 结论与启示

6.4.1 研究结论

本研究将虚拟社区创新氛围分为知识传递、顾客赋权、任务导向、在线激励四个维度,并运用社会认知理论,以创造性自我效能感和积极情绪为中介变量,构建并验证了顾客通过虚拟社区开展在线创新活动情境下,虚拟社区创新氛围对顾客创造力的作用机制模型。研究的主要结论如下:第一,基于顾客主导、服务主导逻辑(Lusch and Vargo,2006),在企业营造的知识流动自由、任务导向清晰、自主授权充分,且有大量物质及声誉激励的虚拟社区创新氛围中,顾客创造性自我效能感、积极快乐的情绪及顾客创造力均会有显著提升;第二,创造性自我效能感在创新氛围和顾客创造力关系中起部分中介作用;第三,积极情绪对顾客创造力的影响并不显著,其原因可能在于这种影响效应会因个人性格特质差异,以及顾客参与服务创新种类、创新阶段不同而有所不同,也有研究发现,在企业创新实践中,积极情绪并非创新团队成员创造出新颖有用的产品或服务的必要条件(Dinc and Aydemir,2014;马永斌等,2013)。

6.4.2 管理启示

本研究对企业开放式创新管理实践有一定的启示。第一,高度重视顾客在线创新并不断提升顾客创造力。"85后""90后"顾客个性表达、彰显自我的欲望越来越强,顾客已从被动的服务对象转变为企业创新活动的主动参与者、传播者和价值创造者(王莉和任浩,2013)。企业应以更加开放的姿态,充分利用虚拟社区等在线互动平台,让顾客在线参与新产品(服务)开发活动的全过程,并想方设法激发他们的创造力,使之成为企业不竭的创新源泉。第二,积极为顾客在线创新营造良好的虚拟社区创新氛围。企业应着力打造虚拟社区等在线互动平台,营造一种知识高效传递、任务导向清晰、顾客充分赋权、激励措施到位的创新氛围,以不断激发顾客创造力。第三,有效提升顾客创造性自我效能感和积极情绪。在顾客在线创新过程中,企业在营造良好的虚拟社区创新氛围的同时,还应深入理解顾客的创新心理,关注他们的创造性自我效能感及参与过程中的情绪变化,并充分发挥一线服务员工的积极作用,以不断提升顾客的创造性自我效能感和积极情绪,持续激发顾客的创造力。

6.4.3　研究局限

本研究也存在一定的局限性：一是未对在线创新顾客进行分类研究，没有充分考虑不同顾客在知识背景、个性特征，以及参与创新广度、深度和强度等方面的差异；二是对顾客创造力的界定、分类和构成要素等主要借鉴了已有员工创造力的相关研究，将顾客视为企业的兼职员工，但顾客和企业正式员工毕竟还是存在较大的区别；三是本研究仅引入了创造性自我效能感和积极情绪两个独立中介变量，没有涉及上述中介变量之间的交互效应，及其他可能的中介或调节变量。进一步完善以上研究局限，有助于顾客在线创新、创新氛围、顾客创造力等领域研究的持续推进和不断深入。

7 顾客在线建言行为的动机研究

本章在本书前几章研究的基础上,从虚拟品牌社区中的顾客在线建言行为这一角度切入,来研究顾客在线创新问题。顾客在线建言行为相对简单,对顾客创新能力和资源投入的要求较低,同时对提升企业开放式创新绩效又有积极作用,因而是顾客在线创新的基础性活动和重要表现形式之一。

7.1 研究背景与文献回顾

7.1.1 研究背景

随着市场环境竞争性、动态性和复杂性的不断加剧,仅靠企业自身的资源和能力,已很难高效解决经营管理中遭遇的各种问题。因此,很多企业开始通过积极听取顾客的建议,来不断提高自身的应变能力和竞争力。作为一种向企业提供意见建议的角色外人际沟通行为,顾客建言行为能增加产品、服务好评度和顾客满意度(Nyer,2000),提高顾客和企业合作解决问题的能力(Colgate,2001),为企业提供一定的问题解决方案和纠正失误的机会(Strauss and Hill,2001;Priluck,2003),并能进一步增强顾客的购买意愿和良好口碑(Lacey,2012)。互联网和信息技术的高速发展,使企业可以通过虚拟品牌社区等网络渠道,来促进与顾客的在线交流和沟通,并从中获取顾客建言。但在当前诸多虚拟品牌社区中,顾客在线建言行为较少、贡献率较低等问题仍具有较大的普遍性。以小米社区为例,截至 2015 年 5 月 1 日,小米社区的总发帖量达 16 万多条,但在"问题反馈"板块的发帖量仅有 6000 多条,只占总发帖量的 4% 左右。虽然企业为顾客提供了虚拟品牌社区这一高效便捷的在线交流沟通渠道,但是实施在线建言行为的顾客为何并不多见? 因此,深入剖析顾客实施在线建言行为的动机问题,对现实中的企业通过虚拟品牌社区来高效获取顾客建言并提升新产品(服务)开发绩效,具有重要的借鉴价值。

借鉴动机理论及已有相关研究,本研究将顾客在线建言行为划分为促进性和抑制性建言行为两大类,对顾客在虚拟品牌社区中实施在线建言行为的关键动机进行深入的研究,并进一步分析社区认同在顾客在线建言动机和行为关系中的调节作用。本研究对虚拟品牌社区中顾客在线建言行为动机的探索性研究,将为后续相关研究的进一步深入,提供分析思路和理论框架;并为当前企业如何通过虚拟品牌社区来科学引导和有效激发各类顾客在线建言行为,以不断提升产品、服务质量和市场竞争能力,提供思路借鉴和实践启示。

7.1.2 文献回顾

(1)虚拟品牌社区研究

虚拟社区是运用互联网技术构建的网络虚拟空间,它是数据、信息、内容传播和情感表达的场所。社区成员之间的知识分享、知识共创等一系列循环动态行为,是虚拟社区存在和发展的关键所在(刘林林和刘人境,2015)。品牌社区是在长期关注或使用某一特定品牌的消费者群体中形成的一系列社会关系(Muniz,1998)。Algesheimer et al.(2005)认为,虚拟品牌社区是虚拟社区与品牌社区的结合,即由品牌爱好者组成的虚拟社区。Arnone et al.(2010)也持类似观点,并认为虚拟品牌社区成员因某特定品牌而聚集在一起,彼此之间通过网络平台来分享品牌体验和价值观等。虚拟品牌社区有在线论坛、博客等多种形式,这些交流平台往往是企业提供给顾客的(Kozinets,2002)。金立印(2007)指出,虚拟品牌社区作为以某个品牌为主题的在线虚拟社区,非常需要大量深度涉入该品牌顾客的积极参与,他们在虚拟社区中分享品牌经验、交流心得体会、讨论品牌知识。虚拟品牌社区同时也是一种特定的组织形态,其创立的初衷是为共同的品牌爱好者建立一个交流场所,并在发展过程中逐步形成独具特色的社区文化。成员们主动参与社区管理和社区规范制定,通过持续不断的交流互动,加深对社区的归属感和对品牌的认同感。

虚拟品牌社区的积极作用已成为学术界的普遍共识,它是企业与顾客进行直接沟通的有效载体,是企业品牌整体塑造战略的重要组成部分。通过参与虚拟品牌社区,顾客可以了解品牌知识、选择产品或服务、获得友谊、产生新观点,并对企业的产品和服务创新、市场拓展等日常经营活动,提出有价值的建议(金立印,2007;Lee et al.,2003;Jang et al.,2008)。总体而言,已有研究主要从传播学、心理学等角度出发,探讨虚拟品牌社区中的顾客行为、参与动机、互动方式、社区认同、知识共享、信任机制等问题,其中也涉及与顾客在线建言行为相关的内容,但针对性研究仍较为罕见。

(2)顾客在线建言行为研究

建言行为最初指的是员工对组织产生不满情绪时的一种行为选择。建言行为与角色外行为密切相关,但学术界至今尚未对其形成完全统一的认识(樊耘等,2014;马贵梅等,2015;吴道友等,2014)。Dyne 和 LePine(1998)认为建言行为是组织成员主动向组织提出建设性意见的角色外人际沟通行为。Dyne et al.(2003)认为建言行为还应包括指出组织中存在的问题并给出针对性建议,并从动机角度出发,将建言行为划分为亲社会性、防御性和默许性建言行为三个维度。Liang 和 Farh(2012)结合中国本土文化特点,构建了一个被国内学者广泛接受并使用的二维度建言行为模型,包括促进性建言(Promotive Voice)和抑制性建言(Prohibitive Voice)。促进性建言主要指表达改善当前工作和组织运行过程的想法和意见;抑制性建言则是针对不利于组织发展的现实和潜在问题(如损害组织的行为、低效的组织规章制度或政策)而表达想法。已有建言行为研究主要集中在组织行为学领域,Botero 和 Dyne(2009)、Marquis 和 Filiatrault(2002)等学者,运用社会交换理论(樊耘等,2014)和社会认知理论(马贵梅等,2015)来探索员工建言行为背后的动机。但他们对向组织抱怨、发表异议等员工在工作场所发生的活动是否属于建言行为的范畴这个问题上,存在着观点分歧。组织公民行为的概念提出后,学术界普遍认为可以将员工建言行为也一并纳入组织公民行为的范畴。

近年来,顾客逐渐被企业视为重要的战略性资源和"兼职员工"(范钧和孔静伟,2009;范钧,2011)。组织公民行为概念也从组织行为学领域延伸到消费者行为学,顾客公民行为概念随之出现。Groth(2005)、Bove et al.(2009)、Karaosmanoglu et al.(2011)将顾客建言行为纳入顾客公民行为的范畴,他们指出,顾客向企业反馈信息,尤其是向企业提供产品和服务质量完善等方面的意见建议,是顾客公民行为的重要组成部分之一。但顾客建言行为作为消费者行为学中一个新兴的研究领域,相关研究仍处于萌芽阶段,甚至连其概念界定,学术界也仍未达成统一认识。借鉴员工建言行为和顾客公民行为的定义,并结合虚拟品牌社区这一情境,本研究将顾客在线建言行为定义为:顾客为企业的产品、服务或社区提出意见或建议的角色外人际沟通行为。在顾客在线建言行为的维度划分方面,本研究主要借鉴 Liang et al.(2012)的相关研究,把虚拟品牌社区中的顾客在线建言行为划分为顾客促进性和抑制性建言行为两个维度。其中顾客促进性建言行为指的是顾客对企业的产品、服务或虚拟品牌社区的运营管理等问题,提出创新性想法和建议的行为,它能为社区及企业的可持续发展提供创新思路;顾客抑制性建言指的是顾客指出企业的产品、服务或虚拟品牌社区的经营管理中存在的现实和潜在问题,这些问题很可能会给企业或顾客带来损害。

(3)社区成员的行为动机研究

社区成员的行为动机是网络营销研究领域的热点问题之一,诸多学者从动机理论的不同视角出发开展了持续研究。Hars 和 Ou(2002)指出,虚拟品牌社区成员的参与动机主要是为了帮助他人解决问题,进而得到社区其他成员的接受和认可,并提升自己的社会地位。社区成员虽然不一定从行为本身直接获益,但很可能由此获得社会赞许、企业奖励和自我满足等。经济交换理论认为,个体的行为会受到自我利益的理性引导。社区成员的知识共享、上传文档资料、参与讨论或有奖征集活动等行为,往往是受到经济利益的吸引(Arena and Conein, 2008)。从享乐视角来看,无论是参与实体还是虚拟社区,人们都很可能是为了获得心理上的愉悦和享受(Hoffman and Novak,1996)。很多成员参与虚拟品牌社区的目的就是愉悦自我,如通过解决富有挑战性的问题或体验不同的角色,来获得愉悦感和成就感。功能性动机也是社区成员的主要行为动机,它包括成员完成特定目标所获得的信息性或工具性价值,信息性价值可从社区已有信息中获得,工具性价值可从完成某项特定任务中获得(Hars and Ou,2002)。Dholakia et al.(2004)将功能性动机定义为:顾客通过参与虚拟品牌社区活动,在达到某种预先确定目标的过程中所获得的价值,如为了买到更好的产品、获得更多的知识、享受到更好的服务等。

作为虚拟品牌社区的重要成员,顾客的行为动机非常值得深入研究,特别是顾客在线建言行为的动机问题研究。根据动机理论并结合已有相关研究,本研究将虚拟品牌社区中的在线顾客行为动机划分为社会性、经济性、心理性和功能性动机四类,并将社会性动机定义为顾客对获得良好的社会化关系利益的动机,如获得他人的认可、一定的社会地位或更多的社会交往机会等;将经济性动机定义为顾客对获得一切与经济相关利益的动机,如获得奖品、代金券等;将心理性动机定义为顾客对获得愉悦感、成就感或心理安慰的动机;对功能性动机的定义则直接采用了 Dholakia et al.(2004)的观点。

7.2   顾客在线建言动机的理论分析

7.2.1   假设提出

(1)社会性动机对顾客在线建言行为的影响

社会资本理论指出,人与人之间的社会网络是一种不可见资源,人们期望从这些社会资源中获得长期的支持和帮助(Lee and Saharia,2008)。对这类社会资源的需求,将促使成员积极参与社区活动,这正是社会性动机的重要体现。Hars 和 Ou(2002)的研究表明,在虚拟品牌社区中,顾客通过积极在线参与社区管理者发起的意见征集活动、热情回答别人的问题等途径和方式,来结交志趣相投的朋友、得到他人的赞许和认可,并从中获得情感上的满足。在虚拟品牌社区中,那些希望得到大家更多认可并提升自己在社区中地位的顾客,会更踊跃地发表自己的观点和建议,与其他社区成员更频繁地在线互动联系,更主动地指出企业产品、服务或社区管理中存在的问题,并提出建设性意见。由此可见,社会性动机是激发顾客促进性和抑制性建言行为的重要因素之一。据此,本研究提出以下研究假设:

H1a:社会性动机正向影响顾客促进性建言行为。

H1b:社会性动机正向影响顾客抑制性建言行为。

(2)经济性动机对顾客在线建言行为的影响

个体在虚拟品牌社区中的各种行为都会有其特定目的,特别是获取经济等方面的利益(Arena and Conein,2008)。Hennig-Thurau et al.(2004)在研究口碑社区的参与行为时,发现追求经济利益是顾客参与社区活动的主要动机之一。虚拟品牌社区中的很多顾客,尤其是社区嵌入不是很深的顾客,在没有现实或潜在经济利益驱使的前提下,可能并不太愿意花费时间和精力去实施在线建言行为。但当社区管理者发起有奖意见征集等带有利益激励的活动时,根据社会交换理论,如果顾客发现预期的回报大于付出,他们就很可能会实施各种在线建言行为。尤其是虚拟品牌社区中那些具有较强经济性动机的顾客,就会更加积极主动地实施促进性和抑制性建言行为。由此可见,经济性动机是激发顾客促进性和抑制性建言行为的重要因素之一。据此,本研究提出以下研究假设:

H2a：经济性动机正向影响顾客促进性建言行为。

H2b：经济性动机正向影响顾客抑制性建言行为。

（3）心理性动机对顾客在线建言行为的影响

组织行为学指出，最理想的工作动机就是基于工作本身，因为卷入到工作任务本身最能直接满足个体的目标（楼天阳等，2014）。通过贡献自己拥有的知识来帮助他人，并从中获得满足感和优越感，是个体完成某项任务的重要动机之一（Amabile，1993）。虚拟品牌社区中的顾客，往往对该品牌有着比他人更为深厚的情感。当他们发现企业产品、服务或社区管理中存在某些问题而没有被及时指出时，会不可避免地产生一些愧疚感。反之，如果他们能对企业产品、服务或社区管理提出创新性的想法时，则能从中获得较大的愉悦感、优越感、成就感等心理满足。虚拟品牌社区中那些具有较强心理性动机的顾客，很可能会为了满足自身更强烈的心理需求，而实施更多的促进性和抑制性建言行为。由此可见，心理性动机是激发顾客促进性和抑制性建言行为的重要因素之一。据此，本研究提出以下研究假设：

H3a：心理性动机正向影响顾客促进性建言行为。

H3b：心理性动机正向影响顾客抑制性建言行为。

（4）功能性动机对顾客在线建言行为的影响

Nambisan（2002）的研究表明，顾客积极参与虚拟品牌社区建设等相关活动，很可能是为了获得与企业产品或服务相关的功能性利益，如使产品或服务更能满足自身需求。人们常常以目标为导向的方式实现自己的核心动机，向企业提出建议或参与企业活动虽不一定使顾客直接受益，但他们很可能从企业发展或产品、服务改进中间接受益（Gruen，1995）。Lavelle et al.（2010）认为，通过实施各种建言行为，个体可以了解新的事物、获得新的技能，从而实现提升自我的目标。在虚拟品牌社区中，那些期望了解到更多企业产品或服务相关知识、购买到质量更好的产品或享受到更优质服务的顾客，会更加积极主动地实施在线建言行为。由此可见，功能性动机是激发顾客促进性和抑制性建言行为的重要因素之一。据此，本研究提出以下研究假设：

H4a：功能性动机正向影响顾客促进性建言行为。

H4b：功能性动机正向影响顾客抑制性建言行为。

（5）社区认同的调节作用

Muniz 和 O'Guinn（1998）认为，社区认同是社区中重要的群体意识，它强调个体与组织在价值观方面的一致性。Sen 和 Bhattacharya(2003)、Algesheimer et al.(2005)认为,品牌社区认同指的是社区成员认同社区中的规范、习惯、传统、目标,以及主动推广品牌社区的意愿,它主要包括认知、情感和评价等,本研究采用了他们的定义。Han et al.(2007)的研究表明,对具有高社区认同度的成员而言,社会性利益需求对其实施帮助他人等积极行为的正向影响会更加显著。即社会性动机对那些高社区认同度顾客的在线建言行为,会产生更为显著的正向影响。顾客对虚拟品牌社区的认同感越强,表明顾客对社区有更深的情感(王永贵和马双,2013)。此时,顾客从其建言行为中得到经济性回报的意愿和要求会相对较低,经济性动机很可能不再是驱动顾客在线建言行为的重要因素。Bove et al.(2009)的研究表明,在与服务人员具有某种较亲密情感关系的情形下,利他动机对顾客实施公民行为的正向影响更为显著。同理,具有较强虚拟品牌社区认同感的顾客在实施在线建言行为时,更在乎的是从中获得愉悦感和成就感,心理性动机对顾客在线建言行为的驱动效应也会相对较强。与此同时,顾客对虚拟品牌社区的认同感越强,其对社区目标的认同度、对品牌及相关产品或服务的忠诚度就越高,功能性动机对各类顾客在线建言行为的正向影响也就越强。综上所述,在虚拟品牌社区中,社区认同感在社会性、经济性、心理性、功能性动机与顾客促进性、抑制性建言行为的关系中起调节作用。据此,本研究提出以下研究假设:

H5a:社区认同感越强,社会性动机对顾客促进性建言行为的正向影响越强。

H5b:社区认同感越强,社会性动机对顾客抑制性建言行为的正向影响越强。

H6a:社区认同感越强,经济性动机对顾客促进性建言行为的正向影响越弱。

H6b:社区认同感越强,经济性动机对顾客抑制性建言行为的正向影响越弱。

H7a:社区认同感越强,心理性动机对顾客促进性建言行为的正向影响越强。

H7b:社区认同感越强,心理性动机对顾客抑制性建言行为的正向影响越强。

H8a:社区认同感越强,功能性动机对顾客促进性建言行为的正向影响越强。

H8b:社区认同感越强,功能性动机对顾客抑制性建言行为的正向影响越强。

7.2.2　模型构建

在文献回顾和假设提出的基础上,本研究拟研究虚拟品牌社区中,社会性、经济性、心理性和功能性动机对顾客在线建言行为的影响及社区认同的调节作用,并以顾客性别、年龄、学历、职业、社区注册时间等为控制变量,构建了相应的概念模型(见图 7-1)。

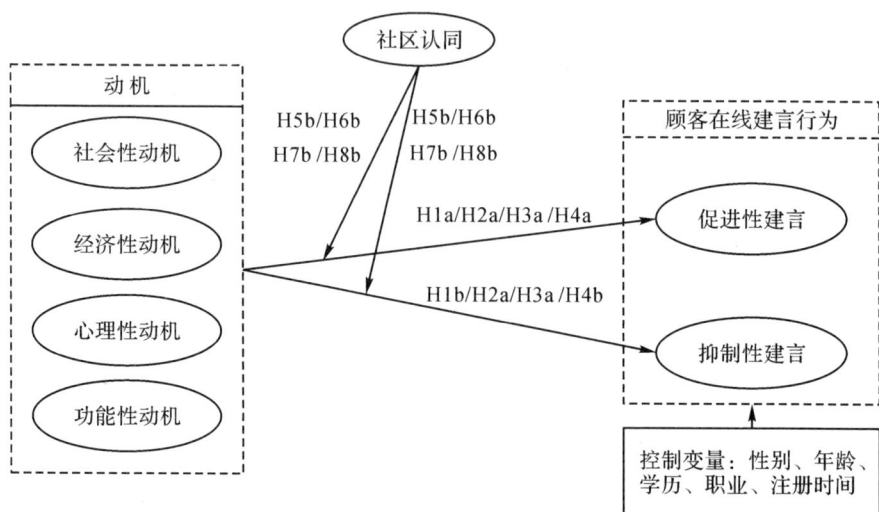

图 7-1　本研究的概念模型图

7.3　顾客在线建言动机的实证分析

7.3.1　研究设计

(1)数据收集

本研究通过在线问卷调查的方式获取样本数据,以小米社区中的顾客为调研对象,并通过社区管理者向样本顾客推送调查问卷的链接。为提高在线问卷的回答效率,我们为每位问卷填写完整的样本顾客提供了 10 元充值话费。同时为避免问卷重复填写,剔除了来自同一 IP 地址的问卷。调查历时 3 个月,共计发放问卷 600 份,回收 391 份,其中有效问卷 368 份。样本顾客中,男性占 69.1%,女性占 30.9%;16—20 岁占 6.1%,21—30 岁占 78.9%,31—40 岁占 10.7%,41—50 岁占 4.3%;学生占 45.8%,企业员工占 40.6%,事业单位或政府机关工作人员占 11.5%,自由职业者占 2.1%;本科学历占 80.2%,研究生学历占12.5%,专科及以下学历占 7.3%。

(2)变量测量

本研究采用李克特 7 级量表,对各相关变量进行测量。测量量表的开发以借鉴已有相关研究中所使用的成熟量表为主,同时根据本研究对虚拟品牌社区研究的实际需要进行适当调整。经过小样本测试和测量问项净化后,设计出正式的测量量表(见表 7-1)。其中社会性动机的测量主要参考了 Wang 和 Fesenmaier(2003)的量表,共有 5 个问项;经济性动机的测量主要参考了 Hennig·Thurau et al.(2004)的量表,共有 5 个问项;心理性动机的测量主要参考了 Wang 和 Fesenmaier(2003)的量表,共有 4 个问项;功能性动机的测量主要参考了 Dholakia et al.(2004)的量表,共有 5 个问项;顾客促进性建言的测量主要参考了 Liang et al.(2012)的量表,共有 5 个问项;顾客抑制性建言的测量主要参考了 Liang et al.(2012)的量表,共有 5 个问项;社区认同的测量主要参考了 Shen 和 Chiou(2009)的量表,共有 5 个问项。

7.3.2　数据分析

(1)共同方法偏差检验

考虑到以问卷调查方式为单一来源的样本数据容易出现共同方法偏差(Common Method Bias),即同源方差问题。本研究通过请被调查者匿名作答、设置多重问项等方法,对样本数据进行预防性的程序控制,并运用 Harman 单因子分析法(Podsakoff,1986)进行共同方法偏差检验。对全部测量问项的因子分析结果表明,未旋转时所得到的第一个主成分的载荷量为 24.31%。由此可见,本研究所采用的样本数据在共同方法偏差方面的问题并不严重。

(2)信度和效度检验

采用 SPSS19.0 和 AMOS17.0 软件,对样本数据进行信度和效度检验。分析结果显示,各变量的 Cronbach's α 系数均大于或等于 0.8(见表 7-1),表明测量量表具有较好的内部一致性。运用验证性因子分析(CFA)检验量表的收敛和区别效度,分析结果显示(见表 7-1、表 7-2),所有测量问项在其所属各变量中的标准化因子载荷值均大于 0.7,CR 值(组合信度)均大于 0.8,t 值均大于 2.0,AVE 值(平均方差抽取量)均大于 0.6,表明本测量模型具有较充分的收敛效度;对角线上 AVE 值的平方根均大于对应行列中的相关系数值,表明本测量模型具有较充分的区别效度;本测量模型的各个拟合指数值也全部符合要求,表明模型的拟合情况较为良好。由此可见,本研究所使用的测量量表具有较好的信度和效度,概念模型及相关研究假设具有一定的合理性,可以对各变量间的作用关系做进一步统计分析。

表 7-1　变量的信度和效度检验结果表

变量	测量问项	因子载荷	T 值	CR 值	AVE
社会性动机 (α=0.83)	1.我希望让更多人认识我	0.881	24.77	0.93	0.74
	2.我希望扩展我的人际关系网络	0.887	24.89		
	3.我希望通过互动来增进与社区成员们的关系	0.879	18.11		
	4.我希望提升我在社区中的地位	0.913	33.11		
	5.我希望得到社区成员们的认可	0.742			
经济性动机 (α=0.89)	1.我希望获得更多的顾客积分	0.833	26.72	0.93	0.72
	2.我希望获得更多的顾客权益	0.930	39.98		
	3.我希望获得社区活动提供的奖品	0.727	20.43		
	4.我希望获得社区活动提供的现金券或折扣券	0.746	19.37		
	5.我希望获得该品牌最新产品(服务)的优先体验权	0.931			
心理性动机 (α=0.80)	1.我希望获得心灵上的愉悦感	0.876	21.02	0.91	0.72
	2.我希望获得帮助企业或他人的成就感	0.950	15.58		
	3.我希望能满足他人需求,这让我感觉很自豪	0.716	23.25		
	4.我希望贡献自己的知识,这让我感觉很舒服	0.828			
功能性动机 (α=0.81)	1.我希望获得更多该品牌产品或服务的信息	0.811	22.83	0.91	0.68
	2.我希望企业的产品质量能进一步提高	0.705	16.91		
	3.我希望企业的服务水平能进一步完善	0.859	21.83		
	4.我希望今后能购买到质量更好的产品(服务)	0.794	26.10		
	5.我希望今后能接受到更好的服务	0.941			
促进性建言 (α=0.94)	1.我会提出有助于企业改进产品(服务)质量的建议	0.929	20.28	0.90	0.64
	2.我会提出有助于企业改善服务的建议	0.758	21.66		
	3.我会提出有助于企业开展营销计划的建议	0.802	14.96		
	4.我会提出有助于企业达成目标的合理化建议	0.724	16.53		
	5.我会对改善社区经营管理提出自己的建议	0.782			

续　表

变量	测量问项	因子载荷	T值	CR值	AVE
抑制性建言 (α＝0.93)	1.我会向企业反映产品或服务中可能存在的问题	0.826	33.39	0.94	0.76
	2.我会向企业反映在接受服务时遇到的问题	0.900	19.05		
	3.我会向企业反映在使用产品（服务）时遇到的问题	0.906	15.50		
	4.我会对不利于企业发展的问题发表意见	0.953	20.83		
	5.我会对不利于社区管理的问题发表意见	0.753			
社区认同 (α＝0.85)	1.我觉得自己归属于这个社区	0.880	24.90	0.94	0.76
	2.我和社区其他成员有共同的目标	0.879	24.86		
	3.和社区其他成员的关系对我很重要	0.856	18.08		
	4.我认为自己是社区有价值的一分子	0.942	33.13		
	5.如果社区其他成员有什么计划,我会觉得是我们的事	0.741			

拟合指数:$\chi^2/df=1.563, RMSEA=0.039, IFI=0.978, TLI=0.975, NFI=0.941, GFI=0.905, CFI=0.978$。

表 7-2　各变量的描述性统计分析和相关分析表(N＝368)

变量	1	2	3	4	5	6	7
1 社会性动机	(0.86)						
2 经济性动机	0.25**	(0.84)					
3 心理性动机	0.11*	0.03	(0.84)				
4 功能性动机	−0.01	0.04	0.14**	(0.82)			
5 促进性建言	0.26**	0.43**	0.08	0.07	(0.80)		
6 抑制性建言	0.29**	0.30**	0.23**	0.19**	0.03	(0.87)	
7 社区认同	−0.02	0.09	0.04	0.05	0.10*	0.09	(0.87)
平均值(M)	4.90	4.08	4.88	5.19	4.81	4.19	4.89
标准差(SD)	1.14	1.19	1.12	1.22	1.03	1.23	1.13

注:对角线上的数值为 AVE 的平方根;*,** 分别表示 $p<0.05, p<0.01$。

(3)层级回归分析

本研究使用SPSS19.0软件对样本数据进行层级回归分析。为缓解各变量之间的多重共线性问题,我们事先对变量值进行了标准化处理。分别以促进性和抑制性建言为因变量,先把各控制变量纳入回归方程;再以社区认同和社会性、经济性、心理性、功能性动机为自变量纳入回归方程。结果表明(见表7-3中的模型2和模型5),社会性动机($\beta=0.34$,$p<0.01$)和经济性动机($\beta=0.41$,$p<0.01$)对顾客促进性建言行为有显著的正向影响,假设H1a和H2a得到了有效验证;心理性动机($\beta=0.04$,$p>0.05$)和功能性动机($\beta=0.06$,$p>0.05$)对顾客促进性建言行为的影响则并不显著,假设H3a和H4a没有得到有效验证;社会性动机($\beta=0.31$,$p<0.01$)、经济性动机($\beta=0.39$,$p<0.01$)、心理性动机($\beta=0.25$,$p<0.01$)、功能性动机($\beta=0.29$,$p<0.01$)对顾客抑制性建言行为均有显著的正向影响,假设H1b,H2b,H3b,H4b得到了有效验证。最后,将社会性、经济性、心理性、功能性动机与社区认同的交互项纳入回归方程,以进一步检验社区认同的调节作用。结果表明(见表7-3中的模型3和模型6),社区认同在经济性动机与顾客促进性建言行为作用关系中的负向调节效应显著($\beta=-0.13$,$p<0.01$);在心理性动机与顾客抑制性建言行为作用关系($\beta=0.15$,$p<0.01$),以及功能性动机与顾客抑制性建言行为作用关系($\beta=0.17$,$p<0.01$)中的正向调节效应显著;在其余各变量关系中的调节效应则并不显著。由此可见,假设H6a,H7b,H8b得到了有效验证,而假设H5a,H5b,H6b,H7a,H8a则没有得到有效验证。

表7-3　层级回归分析结果表

变　量	促进性建言			抑制性建言		
	模型1	模型2	模型3	模型4	模型5	模型6
控制变量						
性　别	0.02	0.02	0.01	0.08	0.09	0.09
年　龄	0.01	−0.01	−0.01	0.04	0.02	0.03
学　历	0.01	−0.01	0.00	−0.01	−0.01	−0.01
职　业	0.00	0.03	0.03	0.03	0.03	0.01
注册时间	−0.04	−0.02	−0.02	−0.05	−0.03	−0.03
自变量						

续　表

变　量	促进性建言			抑制性建言		
	模型 1	模型 2	模型 3	模型 4	模型 5	模型 6
社会性动机		0.34*	0.32**		0.31**	0.28**
经济性动机		0.41*	0.30**		0.39**	0.33**
心理性动机		0.04	0.03		0.25**	0.21**
功能性动机		0.06	0.05		0.29**	0.28**
调节变量						
社区认同		0.11*	0.11*		0.09*	0.13*
社会性动机＊社区认同			0.01			0.09
经济性动机＊社区认同			−0.13**			0.08
心理性动机＊社区认同			0.02			0.15**
功能性动机＊社区认同			0.03			0.17*
R^2	0.05	0.13	0.20	0.07	0.14	0.19
$\triangle R^2$	0.05	0.08	0.07	0.07	0.07	0.05
F 值	4.03	5.86	6.75	5.21	5.87	6.25

注：*，**分别表示 $p<0.05$，$p<0.01$。

7.4　结论与启示

7.4.1　研究结论

(1)不同动机对顾客促进性建言行为的影响存在一定差异

分析结果表明，在虚拟品牌社区中，社会性动机和经济性动机对顾客促进性建言行为有显著的正向影响；心理性动机和功能性动机对顾客促进性建言行为的正向影响则并不显著。由此可见，在当前的大部分虚拟品牌社区中，顾客积极在线参与社区的各种交流、讨论、反馈等活动，并提出创新性想法和建议的主要动机，大多是为了获取社区主导企业设置的各类奖品、积分和折扣券等经济性奖励；或者是为了结交虚拟品牌社区中购买同类品牌产品、服务的其他顾客,并争取得到来自他们的认同和支持,同时在内心中进一步强化自身已有相关品牌购买行为的正确性。对虚拟品牌社区中大多数对企业产品、服务相关知识了解不多,品牌忠诚度和心理需求不高的普通顾客而言,获得成就感和愉悦感,或购买到更优质的产品或服务,很可能并不是他们实施促进性建言行为的最重要动机。

(2)各类动机对顾客抑制性建言行为均有显著的正向影响

分析结果表明,社会性、经济性、心理性、功能性动机对顾客抑制性建言行为均有显著正向影响。由此可见,与促进性建言行为相比,顾客在虚拟品牌社区中实施抑制性建言行为的动机可能更加复杂。顾客主动指出企业产品、服务或社区管理中存在的现实和潜在问题,其动机既有可能是获取各种经济方面的利益或提升自身在社区中的地位;也有可能是今后能购买到更加优质的企业产品和服务,或是获取自身在心理上的成就感和满足感。究其原因,主要是与提出建设性意见和创新性想法等相比,指出存在的各种问题对顾客而言更为简便易行,它并不需要太多的经验积累、深入思考或专业知识,因而更容易受到各种动机的激发;与此同时,问题的存在也确实很可能会给顾客自己或虚拟品牌社区、社区主导企业带来各种可预见的损失。因此,顾客无论是出于哪一种动机,都有可能实施抑制性建言行为。

(3)社区认同在各类动机与顾客在线建言行为作用关系中存在不同的调节效应

分析结果表明,社区认同在经济性动机与顾客促进性建言行为作用关系中存在负向调节效应;在心理性动机、功能性动机与顾客抑制性建言行为作用关系中存在正向调节效应。由此可见,当顾客对虚拟品牌社区具有较高的认同度时,即其对社区的目标和规范较为认同,并与社区建立起较紧密的价值和情感联结时,就会形成较为强烈的公民行为意向,他们在实施促进性建言行为时就不会过多关注自身的经济利益。此外,对虚拟品牌社区具有较高认同度的顾客,一般属于品牌忠诚度高的顾客。他们大多拥有较丰富的企业产品和服务相关知识,并对品牌、社区和企业的长期发展较为关注。因此,不同于虚拟品牌社区中的一般性顾客,他们往往具有更强烈的意愿去实施抑制性建言行为,以便从中获取自身的心理成就感和满足感,以及购买到更优质的品牌产品和服务的机会。

7.4.2 理论贡献与管理启示

(1)理论贡献

本研究运用动机理论,对虚拟品牌社区中顾客在线建言行为的动机问题,进行了探索性的研究,理论贡献主要体现在以下三个方面:一是将研究对象聚焦于那些在虚拟品牌社区中,向社区管理者(企业)提出建议等创新性想法的顾客在线建言行为上,具有一定的开拓性和创新性,作为顾客公民行为的重要组成部分之一,已有相关研究对顾客在线建言行为的分析仍有待进一步深入;二是将组织行为学领域中的员工建言行为概念,适度延伸到虚拟品牌社区中的顾客在线建言行为研究,同时对顾客在线建言行为进行明确的概念界定,并将其分为促进性和抑制性建言行为两个维度,这无疑是一种有益的理论探索和尝试;三是厘清了参与虚拟品牌社区顾客的不同动机,对其促进性和抑制性建言行为的具体影响机制及社区认同的差异性调节作用,通过构建并验证了相应的理论模型进一步拓展和深化了顾客公民行为研究,为顾客在线建言行为的后续研究奠定了理论基础。

(2)管理启示

本研究主要提出以下管理启示:一是企业作为虚拟品牌社区的管理者,应高度重视各类顾客在线建言行为。社区中的顾客促进性和抑制性建言,指明了现有产品和服务的不足及今后的改进方向,对如何进一步完善产品和服务质量具有重要的参考价值,企业应虚心接受、及时回复并认真处理。此外,企业不仅要欢迎提供建设性意见和创新性想法的顾客,还要关注那些喜欢抱怨、爱挑毛病的顾客,他们其实也是好顾客。二是积极引导和有效激发虚拟品牌社区中的顾客在线建言行为。企业应根据社区中顾客的不同动机采取针对性举措,鼓励他们积极主动地实施各类在线建言行为。如采取多种形式的物质和精神奖励手段,不断营造开放互动、交流共享的社区建言氛围,举办新产品(服务)上市前的在线体验活动,强化企业品牌、产品、服务等知识的在线传播等。特别是社区中那些活跃度较高的品牌忠诚顾客和领先顾客,企业更应加以重点关注并充分激发他们的在线建言行为。三是不断提高顾客对虚拟品牌社区的认同度。通过科学管理来提高顾客对社区的认同度,可以显著降低顾客在线建言行为的激励成本,并激发出顾客更为积极主动的在线建言行为。因此,企业应采取氛围营造、文化建设、制度规范、目标激励、活动引领、关系构建等多种途径和手段,持续增强、固化顾客与社区之间的价值和情感联结。

7.4.3　研究局限

作为一个探索性研究,本研究也存在一定的局限性:一是仅以小米社区为实证研究对象,获取了 368 个样本顾客数据,在社区类型、样本容量方面存在一定局限,为研究结论的普适性带来不利影响;二是仅借鉴动机理论,分析了社会性、经济性、心理性和功能性动机对顾客在线建言行为的影响机制,以及社区认同的差异性调节作用,未充分考虑产品或服务属性、社区类型、品牌忠诚度等其他变量的可能影响或调节作用;三是将虚拟品牌社区中的顾客在线建言行为划分为促进性和抑制性建言行为两个维度,这一划分方式的科学性及在其他情境下的适用性尚有待进一步验证。在后续研究中,应充分考虑上述局限和问题,对虚拟品牌社区中的顾客在线建言行为进行更系统、深入的分析。

8 顾客在线知识共享行为退出意向研究

本章在本书前几章研究的基础上,将研究内容聚焦于虚拟社区中顾客在线知识共享行为退出问题这一较为独特的视角。虚拟社区中的顾客在线知识共享行为是顾客在线创新的基础性活动,同时也是知识共创的必要前提。没有在线知识共享行为,顾客在线创新和知识共创就根本无从谈起。因此,有必要对虚拟社区中顾客在线知识共享行为退出意向进行较深入的研究。

8.1 研究背景与概念界定

8.1.1 研究背景

信息技术和互联网的高速发展,使人际沟通超越了时空限制,人们可以在网络虚拟环境中创造和交换资讯。特别是网络虚拟社区的出现和兴起,为网民提供了一个高效、便捷的在线信息交流平台。作为虚拟社区存在和发展的基础,社区中顾客的在线知识共享活动能够创造大量的社会和商业价值。成功的顾客在线知识共享活动可以大大促进虚拟社区的高效运作,显著提升虚拟社区的吸引力和绩效,并使社区中的顾客和相关企业从中受益(Koh and Kim,2004)。但与此同时,如何培养社区中顾客的在线知识共享意愿,鼓励更多的顾客持续参与在线知识共享活动,也是虚拟社区管理者面临的最大挑战(Chen et al.,2012)。在现实中,我们经常会发现很多社区中的积极分子,因为种种原因而逐渐减少甚至退出在该社区中的在线知识共享行为,成为我们通常所说的"潜水者"。这种现象在诸多网络虚拟社区中普遍存在,并大大制约了虚拟社区的可持续发展,应引起社区管理者的高度重视。

早期对知识共享的研究主要集中在组织领域。随着信息技术的快速发展,虚拟社区中的顾客在线知识共享作为知识管理的新兴领域,开始引起学术界的广泛关注。在虚拟社区中顾客在线知识共享的影响因素方面,Hsu et al.(2007)

根据社会认知理论,从个人和环境两个角度探究虚拟社区中顾客在线知识共享的影响因素;Chang 和 Chuang(2011)认为,虚拟社区的顾客在线知识共享活动行为是一种社会化和基于情境的过程,会受到社会资本特征的强烈影响;许博等(2009)、李志宏等(2009)从系统设计和社会因素等方面,研究了虚拟社区中顾客在线知识共享的影响因素。总体而言,已有研究主要关注如何促使社区中更多的顾客积极参与在线知识共享活动。事实上,如何预防顾客产生退出在线知识共享活动的意向和行为,也是一个十分重要的研究课题,但相关研究并不多见。本研究在已有研究的基础上,针对当前网络虚拟社区中普遍存在的顾客在线知识共享退出行为问题,从期望差距和低感知公平性角度出发,探究虚拟社区中顾客在线知识共享行为退出意向的影响机制,并分析虚拟社区中顾客消极态度的中介作用和社区归属感的调节作用。本研究提供了一个全新的研究视角,进一步深化了虚拟社区中的顾客在线知识共享问题研究,并对虚拟社区管理实践有较大的理论借鉴意义。

8.1.2　概念界定

(1)顾客在线知识共享

传统的知识共享主要指组织内员工之间相互交流知识,使知识由个人的经验扩散到组织的层面。互联网的迅速发展和不断普及,使在线信息成为重要的知识来源,以顾客在线知识共享行为为基础的网络虚拟社区也应运而生。Usoro et al.(2007)将知识共享定义为:涉及知识提供和获取的两个或两个以上参与者的沟通过程。徐小龙和王方华(2007)认为,虚拟社区中的顾客在线知识共享是指顾客以虚拟社区为媒介,互相传递和交流知识的行为。在虚拟社区中,各个顾客通过在线知识共享行为,将个人的知识扩散到整个虚拟社区,从而形成一个知识集合,供社区其他顾客查看和使用。本研究沿用了徐小龙和王方华(2007)对虚拟社区中顾客在线知识共享的界定。

(2)期望差距

在虚拟社区中,当顾客对参与在线知识共享行为的实际绩效感知低于预期时,就会产生期望差距。Lerner 和 Tirole(2002)、He 和 Wei(2009)指出,从他人的赏识和认可中体现自我价值,是顾客参与在线知识共享活动的重要期望之一;Bock et al.(2005)认为,顾客参与在线知识共享行为的目的是实现良好的社交互动;夏火松和王瑞新(2010)指出,顾客参与在线知识共享活动是为了获得高质量的知识。结合已有研究,本研究将虚拟社区中顾客对在线知识共享行为的期望差距分为知识质量期望差距、自我价值期望差距和社交互动期望差距三个维度。其中知识质量涉及知识的准确性、相关性和完整性等;自我价值指顾客通过在线知识共享行为所获得的成就感、好的声誉和他人的尊重等;社交互动指顾客通过在线知识共享行为与其他顾客建立良好的社交关系。

(3)感知公平性

虚拟社区中的顾客在参与在线知识共享活动时,会对这一知识生产和传递过程产生公平性的感知。Ramaswami 和 Singh(2003)将公平分为结果公平、过程公平和互动公平三个维度。这一划分方法已得到学术界的广泛认可,如 Chiu et al.(2009)、秦进和陈琦(2009)将网络情景下的感知公平性也划分为上述三个维度。本研究也将虚拟社区中顾客对在线知识共享行为的感知公平性分为结果公平、过程公平和互动公平三个维度。其中结果公平是指虚拟社区中顾客基于自身在线知识共享行为中的贡献,对回报或结果的公平性感知;过程公平是指当虚拟社区中的在线知识共享过程出现冲突或矛盾时,顾客对解决程序的公平性感知;互动公平是指虚拟社区的在线知识共享过程中,顾客对与其他顾客人际互动状态的公平性感知。

(4)社区归属感

归属感是个人归于或属于某种组织所产生的情感,隶属于社会文化心理范畴,不易感知却客观地存在并影响着人的行为表现。Sargent et al.(2002)认为归属感是个体与所属群体间的一种内在联系,是个体对特定群体及其从属关系的划定、认同和维系。Lin(2008)、张萧和周年喜(2010)指出,社区归属感是虚拟社区中的顾客开展内部合作的前提条件,它对顾客忠诚度有显著影响,是虚拟社区存在和发展的重要基础。结合已有研究,本研究将社区归属感界定为:虚拟社区中顾客基于主观上对社区环境和社区人群的认同、喜爱和依恋等而产生的一种归属于该虚拟社区的心理情感。

8.2 顾客在线知识共享行为退出意向的理论分析

8.2.1 假设提出

(1)期望差距与消极态度之间的关系

Lerner 和 Tirol(2002)、Bock et al.(2005)、He 和 Wei(2005)、夏火松和王瑞新(2010)的研究表明,知识质量、自我价值和社交互动是虚拟社区中顾客参与在线知识共享活动的主要期望。Hall(2001)、Chiu et al.(2006)的研究指出,虚拟社区中顾客对在线知识共享行为的态度,深受其对声誉、社交互动等预期无形收益的影响。根据社会交换矩阵理论,个体会将新的体验结果与期望水准相比较,若高于此水准,则该行为的相对吸引力就强,反之则弱。而吸引力的强弱会影响个体对该行为态度。在参与在线知识共享活动之前,虚拟社区中的顾客对自身在知识质量、自我价值和社交互动的回报方面有一定的预期。当他们对上述三个方面的实际感知绩效,与最初的期望有较大差距时,就会对下一次在线知识共享行为的采取消极态度。基于以上理论分析,本研究提出如下假设:

H1a:知识质量期望差距与虚拟社区中顾客对在线知识共享行为的消极态度呈正相关关系。

H1b:自我价值期望差距与虚拟社区中顾客对在线知识共享行为的消极态度呈正相关关系。

H1c:社交互动期望差距与虚拟社区中顾客对在线知识共享行为的消极态度呈正相关关系。

(2)低感知公平性与消极态度之间的关系

Robinson 和 Rousseau(1994)指出,低感知公平性所引发的心理契约破裂,会导致知识共享者产生不满情绪和消极态度;Wasko 和 Faraj(2000)认为,虚拟社区中的在线知识共享行为伴随着强烈的互惠机制,顾客能以此作为对公平性的感知;Chiu et al.(2009,2011)的研究发现,结果公平、过程公平和互动公平都会显著影响社区中顾客对在线知识共享行为的态度。根据社会交换理论,当个体参与虚拟社区时,便会产生一种心理契约,认为其会被公平地对待。在虚拟社区的在线知识共享活动中,顾客对各类公平性的感知,会显著影响其对在线知识共享行为的态度。尤其当顾客感知到较低的公平性时,就会引发其对在线知识共享行为的消极态度。基于以上理论分析,本研究提出如下假设:

H2a:低结果公平性与虚拟社区中顾客对在线知识共享行为的消极态度呈正相关关系。

H2b:低过程公平性与虚拟社区中顾客对在线知识共享行为的消极态度呈正相关关系。

H2c:低互动公平性与虚拟社区中顾客对在线知识共享行为的消极态度呈正相关关系。

(3)社区归属感在期望差距、低感知公平性与消极态度关系中的调节作用

张鼐和周年喜(2010)指出,归属感是外界环境作用于个体而产生的一种内部主观意识,这种作用结果又会进一步影响着个体在环境中的态度和行为。作为一种归属于虚拟社区的心理情感,社区归属感会促进顾客积极、主动地表达其意见,同时增加顾客在虚拟社区中持续参与活动的意愿。Lin(2008)的研究验证了社区归属感对忠诚度的显著正向影响,而忠诚度就表现为顾客对该虚拟社区的认可度和满意度。在虚拟社区的在线知识共享活动中,顾客社区归属感的强弱会对期望差距、低感知公平性与顾客消极态度的关系产生调节作用。即当顾客对虚拟社区的归属感较强时,期望差距和低感知公平性对顾客消极态度的正向影响会相对较弱;而当顾客对虚拟社区的归属感较弱时,期望差距和低感知公平性将会导致顾客对在线知识共享行为产生较强烈的消极态度。基于以上理论分析,本研究提出如下假设:

H3a:社区归属感在期望差距各维度与顾客消极态度的关系中起调节作用。

H3b:社区归属感在低感知公平性各维度与顾客消极态度的关系中起调节作用。

(4)期望差距与顾客在线知识共享行为退出意向之间的关系

Cohen(1998)指出,个人在贡献了自己的知识后,会期望获得对自己有价值的知识作为回报;Gupta 和 Kim(2007)认为,与其他顾客建立良好的社交关系,是虚拟社区中顾客愿意对该社区做出贡献的原因之一;Shu 和 Chuang(2011)也指出,在线知识共享是一种自我表现的形式,知识拥有者通过贡献自己的知识来展现自己,以期获得社区其他顾客的认可或赞赏,从而实现自我价值。根据期望差异理论,在参与虚拟社区在线知识共享活动的过程中,当顾客在知识质量、自我价值、社交互动方面的实际感知绩效低于最初的期望时,就会影响他们再次参

与在线知识共享活动的意愿,甚至产生退出在线知识共享行为的意向。基于以上理论分析,本研究提出如下假设:

H4a:知识质量期望差距与顾客在线知识共享行为退出意向呈正相关关系。

H4b:自我价值期望差距与顾客在线知识共享行为退出意向呈正相关关系。

H4c:社交互动期望差距与顾客在线知识共享行为退出意向呈正相关关系。

(5)低感知公平性与顾客在线知识共享行为退出意向之间的关系

对公平性的感知是影响个人动机和行为的一个重要环境因素(Podsakoff et al.,2000)。公平理论认为,当个体产生不公平感时,就会采取措施来进行纠正。Ha和Jang(2009)、王丽丽等(2009)的研究表明,感知公平性是导致顾客产生退出或重复购买意向的直接原因之一。在参与虚拟社区的在线知识共享活动过程中,顾客对公平性的感知程度,也会直接影响其再次参与在线知识共享活动的意向。当顾客感知到较低的结果公平、过程公平和互动公平时,就会产生退出在线知识共享行为的意向。基于以上理论分析,本研究提出如下假设:

H5a:低结果公平性与顾客在线知识共享行为退出意向呈正相关关系。

H5b:低过程公平性与顾客在线知识共享行为退出意向呈正相关关系。

H5c:低互动公平性与顾客在线知识共享行为退出意向呈正相关关系。

(6)消极态度与顾客在线知识共享行为退出意向的关系

态度是对某个特定行为所有信念的总和,并通过对这些信念的评价进行测量,它是决定行为意向的重要因素(Kolekofski and Heminger,2009)。TRA(理性行为)理论也指出,个体行为是由其行为意向决定的,而行为意向又是由个体的主观规范和对该行为的态度决定的。Shu和Chuang(2011)将虚拟社区中顾客对在线知识共享行为的态度定义为个体对在线知识共享行为的评价,并验证了态度对顾客在线知识共享行为意向的直接作用关系。在参与虚拟社区的在线知识共享活动过程中,当顾客对在线知识共享行为持消极态度时,就会产生退出意向。基于以上理论分析,本研究提出如下假设:

H6:消极态度与顾客在线知识共享行为退出意向呈正相关关系。

8.2.2 模型构建

根据上述理论分析和研究假设,本研究构建了虚拟社区中顾客期望差距、低感知公平性与消极态度、顾客在线知识共享行为退出意向的关系模型,如图8-1所示。在该关系模型中,顾客期望差距和低感知公平性以消极态度为中介影响顾客在线知识共享行为退出意向,顾客社区归属感在期望差距、低感知公平性与顾客消极态度关系中起调节作用。

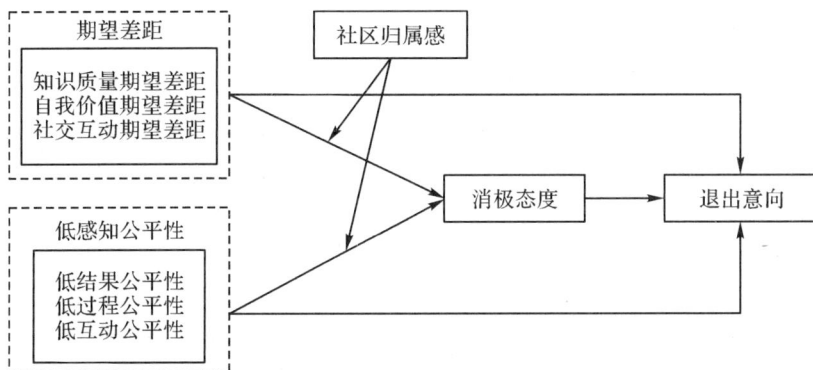

图8-1 本研究的关系模型图

8.3 顾客在线知识共享行为退出意向的实证分析

8.3.1 研究设计

(1)变量测量

本研究主要采用李克特5点量表方式对相关研究变量进行测量。通过小样本前测对测量问项净化之后,形成正式的变量测量量表(见表8-1)。各变量的测量方式如下:期望差距主要从知识质量期望差距、自我价值期望差距和社交互动期望差距三个维度进行测量。其中知识质量期望差距主要参考了McKinney和Yoon(2002)以及DeLone(2003)的相关量表,由3个问项组成;自我价值期望差距主要参考了Chiu et al.(2011)的相关量表,由3个问项组成;社交互动期望差距主要参考了Tsai和Ghoshal(1998)、Bock et al.(2005)的相关量表,由3个问项组成。低感知公平性主要从低结果公平性、低过程公平性和低互动公平性三个维度进行测量,主要参考了Folger和Konovsky(1989)、Moorman(1991)、Maxham和Netemeyer(2002)的相关量表,共11个测量问项,其中低结果公平性4个问项,低过程公平性3个问项,低互动公平性4个问项。消极态度主要参考了Bock和Kim(2002)、Bock et al.(2005)的相关量表,共3个测量问项。退出意向主要参考了Bhattacherjee(2001)的相关量表,共3个测量问项。社区归属感主要参考了 Kankanhalli et al.（2005）、Ma 和 Agarwal（2007）的相关量表，共 5 个测量问项。

（2）研究样本与数据收集

本研究主要采用问卷调查的方法来获取样本数据。调查问卷以电子和纸质两种形式发放，受访的样本顾客必须具有参与虚拟社区在线知识共享活动的经历。通过"问卷星"网络问卷平台发放调查问卷 200 份，回收有效问卷 172 份；通过现场形式发放纸质问卷 80 份，回收有效问卷 67 份。共计发放调查问卷 280 份，回收有效问卷 239，回收率为 85.4%。样本顾客的性别结构为：男性占 54.4%，女性占 45.6%。样本顾客的年龄结构为：16—25 岁占 77.41%，26—35 岁占 18.41%，36—45 岁占 2.09%，46 岁及以上占 2.09%。样本顾客的学历分布为：大专或本科占 50.21%，硕士及以上占 46.86%，高中或中专占 1.67%，初中及以下占 1.26%。样本顾客的职业分布为：学生占 51.16%，上班族占 42%，自由职业者占 5.77%，其他占 1.07%。样本顾客涉及的虚拟社区为：贴吧、博客、论坛类社区占 65.69%，产品交易类社区占 11.3%，校园 BBS 占 19.67%，游戏社区占 1.67%，其他占 1.67%。

8.3.2　实证分析

（1）信度与效度分析

本研究主要使用 SPSS17.0 和 AMOS18.0 软件，对样本数据进行信度和效度检验。分析结果显示，各变量的 Cronbach's α 系数均大于 0.7，说明测量量表具有较好的内部一致性。为进一步检验测量量表的收敛效度和区别效度，对测量模型进行验证性因子分析。分析结果显示（见表 8-1、表 8-2），所有测量问项在其所属变量上的标准化载荷值均大于 0.5，对应的 T 值均大于 2.0，各个潜变量的组合信度 CR 值均大于 0.7，对角线上 AVE 的平方根均大于相应行列中的相关系数，测量模型的各个拟合指数也均基本达到要求，说明测量量表具有较好的收敛效度和区别效度。与此同时，相关分析结果显示（见表 8-2），各变量间的 Pearson 相关系数基本在 0.3—0.5 之间，说明变量之间的共同变异不是很高。由此可见，测量量表具有较好的信度和效度，关系模型和研究假设具有一定合理性，可以对各变量之间的作用关系做进一步分析。

表 8-1　测量模型验证性因子分析结果表

变量	测量问项	因子载荷	T 值	CR 值
知识质量期望差距	该虚拟社区中共享知识的准确性比我期望的要低	0.641	—	0.723
	该虚拟社区中共享知识的完整度比我期望的要低	0.613	7.379	
	该虚拟社区中共享知识的可信度比我期望的要低	0.786	8.321	
自我价值期望差距	我从参与该虚拟社区知识共享中获得的成就感低于期望	0.653	9.222	0.735
	我从参与该虚拟社区知识共享中获得的他人尊重低于期望	0.648	9.155	
	我从参与该虚拟社区知识共享中获得的自信心低于期望	0.775	—	
社交互动期望差距	参与该虚拟社区知识共享过程中,我与其他顾客的社交关系低于期望	0.765	8.740	0.774
	参与该虚拟社区知识共享过程中,我与其他顾客间的熟悉度低于期望	0.793	8.861	
	参与该虚拟社区知识共享过程中,我与其他顾客间的互动频率低于期望	0.625	—	
低结果公平性	相较我帮助其他顾客的程度,我从知识共享中得到的回报是不公平的	0.796	12.631	0.888
	相较我解答其他顾客问题的积极性,我从知识共享中得到的回报是不公平的	0.845	13.477	
	相较我解答其他顾客问题的速度,我从知识共享中得到的回报是不公平的	0.849	13.549	
	相较我付出的时间和努力,我从知识共享中得到的回报是不公平的	0.768	—	
低过程公平性	应对知识共享中的冲突或问题时,虚拟社区的解决程序是不公平的	0.841	8.499	0.813
	应对知识共享中的冲突或问题时,虚拟社区的政策规范是不公平的	0.893	8.560	
	应对知识共享中的冲突或问题时,虚拟社区不允许顾客发表解决意见	0.546	—	
低互动公平性	在虚拟社区知识共享活动中,其他顾客对我并不是以礼相待	0.734	11.290	0.852
	在虚拟社区知识共享活动中,其他顾客并不尊重我应有的权利	0.830	12.833	
	在虚拟社区知识共享活动中,其他顾客并不信任我	0.736	11.321	
	在虚拟社区知识共享活动中,其他顾客对我并不友好	0.771		

续　表

变量	测量问项	因子载荷	T 值	CR 值
消极态度	我认为参与该虚拟社区的知识共享使我感到不愉快	0.763	13.229	0.834
	我认为该虚拟社区的知识共享是没有价值的	0.756	13.075	
	我认为参与该虚拟社区的知识共享是不明智的	0.852	—	
退出意向	以后我将不会再参与该虚拟社区的知识共享活动了	0.894	14.948	0.897
	以后我将不会再与该虚拟社区中的其他顾客共享知识了	0.918	15.324	
	我对参与该虚拟社区的知识共享行为一点也不期待	0.770	—	
社区归属感	当有人批评该虚拟社区时,我感觉自己也受到了批评	0.559	6.946	0.828
	虚拟社区的成功就是我的成功	0.725	8.251	
	有人称赞该虚拟社区时,我感觉自己也受到了赞扬	0.921	9.031	
	当谈论该虚拟社区时,我通常用"我们"而不是"他们"	0.703	8.095	
	我对他人如何评论该虚拟社区非常感兴趣	0.561	—	

表 8-2　AVE 的平方根和相关系数矩阵表

变　量	1	2	3	4	5	6	7	8
1 知识质量期望差距	0.684							
2 自我价值期望差距	0.441**	0.694						
3 社交互动期望差距	0.304**	0.507**	0.731					
4 低结果公平性	0.345**	0.404**	0.370**	0.815				
5 低过程公平性	0.370**	0.244**	0.371**	0.390**	0.775			
6 低互动公平性	0.310**	0.464**	0.380**	0.480**	0.491**	0.769		
7 消极态度	0.324**	0.383**	0.228**	0.456**	0.435**	0.571**	0.792	
8 退出意向	0.360**	0.280**	0.252**	0.477**	0.421**	0.502**	0.729**	0.863

注:** 表示显著水平 p<0.01(双尾检测)。

(2)结构方程模型分析

本研究运用 AMOS18.0 软件,对样本数据进行结构方程模型分析和假设检验。在结构方程初始模型中,"消极态度←知识质量期望差距""退出意向←社交互动期望差距""退出意向←低过程公平性"和"退出意向←低互动公平性"这四条路径假设(分别为 H1a,H4c,H5b,H5c)未能达到拟合要求,逐一加以删除后所得到的结构方程修正模型及其分析结果如图 8-2 和表 8-3 所示。结构方程修正模型的拟合指标显示,虽然 P 值=0.000<0.05,但 χ^2/df 的值为 2.061<3,

因此可以对 χ2 不显著的要求忽略不计;RMSEA 的值为 0.067,小于 0.08 的参考值;IFI 和 CFI 的值分别为 0.907,0.906,均大于 0.9;TLI,NFI 和 GFI 的值也均接近 0.9;所有显变量和潜变量之间的标准化路径系数均在 0.5 以上,对应的 CR 值也均大于 1.96,至少在 P=0.05 的水平上具有统计显著性;所有内生潜变量与外生潜变量之间的路径 CR 值均大于 1.96,至少在 P=0.05 水平上具有统计显著性。由此可见,结构方程修正模型的拟合较为良好且比初始模型有所改善,已无再做进一步修正的必要。综上,结构方程模型分析结果显示,假设 H1b,H1c,H2a,H2b,H2c,H4a,H4b,H5a,H6 得到了有效验证。

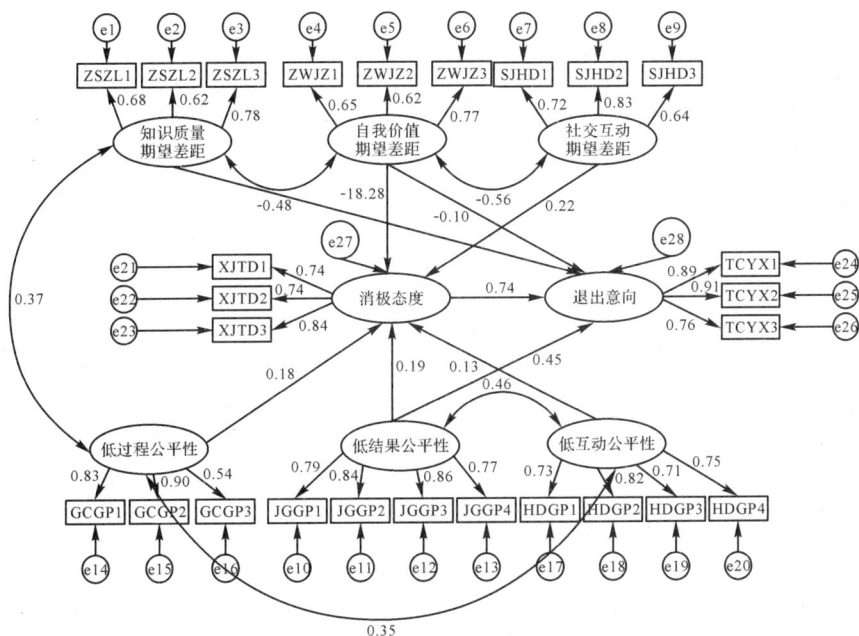

图 8-2　结构方程修正模型图

表 8-3　模型分析结果表

研究假设	假设路径	Estimate	S. E.	CR 值	P
H1b	消极态度←自我价值期望差距	0.283	0.135	3.126	0.002
H1c	消极态度←社交互动期望差距	0.221	0.098	2.582	0.010
H2a	消极态度←低结果公平性	0.188	0.075	2.519	0.012
H2b	消极态度←低过程公平性	0.178	0.065	2.546	0.011
H2c	消极态度←低互动公平性	0.447	0.101	5.146	***
H4a	退出意向←知识质量期望差距	0.175	0.112	2.600	0.009

续　表

研究假设	假设路径	Estimate	S. E.	CR 值	P
H4b	退出意向←自我价值期望差距	−0.159	0.122	−2.408	0.016
H5a	退出意向←低结果公平性	0.128	0.071	2.239	0.025
H6	退出意向←消极态度	0.743	0.090	10.221	***

拟合指标	P	χ^2/df	RMSEA	IFI	TLI	NFI	GFI	CFI
具体数值	0.000	2.061	0.067	0.907	0.893	0.834	0.841	0.906

(3)社区归属感的调节效应分析

本研究采用 SPSS17.0 软件对样本数据进行多层回归分析,来验证顾客社区归属感的调节效应。为减少变量间的多重共线性问题,事先对变量进行了中心化处理。第一步先将自变量、调节变量引入回归方程,构建模型 1,第二步再引入自变量(删除知识质量期望差距)和调节变量的乘积项进入回归方程,构建模型 2。回归分析结果显示(见表 8-4),在"自我价值期望差距→消极态度""社交互动期望差距→消极态度""低互动公平性→消极态度"的正相关关系中,社区归属感起到的调节作用并不显著(加入相应乘积项后的 sig 值分别为 0.415>0.05,0.302>0.05 和 0.056>0.05);在"低结果公平性→消极态度""低过程公平性→消极态度"的正相关关系中,顾客社区归属感起到的调节作用是显著的(加入相应乘积项后的 sig 值分别为 0.000<0.05,0.028<0.05)。由此可见,假设 H3a 未得到验证,H3b 得到了部分验证。

表 8-4　调节变量的回归分析结果表

自变量	自我价值 期望差距		社交互动 期望差距		低结果 公平性		低过程 公平性		低互动 公平性	
	Model 1	Model 2	Model 1	Model 2	Model 1	Model 2	Model 1	Model 2	Model 1	Model 2
R^2	0.151	0.154	0.056	0.060	0.208	0.257	0.199	0.216	0.324	0.334
R^2 更改	0.151	0.002	0.056	0.004	0.208	0.049	0.199	0.016	0.324	0.010
Sig. F 更改	0.000	0.415	0.001	0.302	0.000	0.000	0.000	0.028	0.000	0.056
乘积项 sig.		0.415		0.302		0.000		0.028		0.056

8.4　结论与启示

8.4.1　研究结论

(1)虚拟社区中顾客在线知识共享期望差距各维度对消极态度的影响存在一定差异

实证结果显示,自我价值期望差距和社交互动期望差距对消极态度有显著正向影响(路径系数分别为 0.283,0.221,P 值分别为 0.002,0.010);而知识质量期望差距对消极态度的正向影响则并不显著。究其原因,可能是大部分虚拟社区中顾客积极参与在线知识共享活动的目的,主要是通过向其他顾客分享自己的知识,来获得自我价值实现的满足感和建立良好的社交互动关系。通过在线知识共享来获得来其他顾客的高质量知识,可能并非顾客参与在线知识共享活动的主要目的。因此,一旦顾客对自我价值和社交互动的实际感知低于他们的预期,就会直接诱发其对在线知识共享行为的消极态度;顾客对知识质量期望差距则有一定的容忍度,并不会直接导致消极态度的产生。

(2)虚拟社区中顾客在线知识共享低感知公平性各维度对消极态度均有显著正向影响

实证结果显示,低结果公平性、低过程公平性、低互动公平性对消极态度均有显著正向影响(路径系数分别为 0.188,0.178,0.447,P 值分别为 0.012,0.011,***),其中低互动公平性对消极态度的正向影响尤为显著。作为一个在线的社交网络,虚拟社区有着与实体社区类似的社会结构,实体社区中的一些社会规范在虚拟社区中仍然存在。在线知识共享行为是一个互动过程,获得社区及社区内其他顾客的公平对待并形成彼此信任、尊重、友好、支持的良好关系,是顾客的关注点之一。当顾客从在线知识共享活动中感知到较低的结果公平、过程公平和互动公平时,就会直接导致其对在线知识共享行为的消极态度。

(3)顾客社区归属感在低感知公平性各维度与消极态度关系中存在部分调节作用

实证分析结果显示,社区归属感在低结果公平性、低过程公平性与消极态度关系中存在显著的调节作用,在自我价值期望差距、社交互动期望差距和低互动公平性与消极态度关系中的调节作用则并不显著。究其原因,可能是如前文所述,在虚拟社区的在线知识共享活动中,顾客对实现自我价值、建立良好社交互动关系和与其他顾客的互动公平性十分关注和重视。一旦出现这些方面的问题,无论对社区的归属感如何,顾客都会产生对在线知识共享行为的消极态度。而结果公平和过程公平在很大程度上是一种环境变量,与虚拟社区本身较为相关。当顾客对社区具有较强的归属感时,他们因低结果公平性或低过程公平性感知而产生的消极态度也会随之减弱。

(4)虚拟社区中顾客在线知识共享期望差距各维度对退出意向的影响方式存在一定差异

实证结果显示,知识质量期望差距对在线知识共享行为退出意向有显著的直接正向影响(路径系数 0.175,P 值 0.009)。消极态度在社交互动期望差距与在线知识共享行为退出意向关系中起完全中介作用,即社交互动期望差距是通过影响消极态度而对退出意向产生显著正向影响的。消极态度在自我价值期望差距与在线知识共享行为退出意向关系中起部分中介作用,即自我价值期望差距不仅通过影响消极态度而对退出意向产生显著的正向影响,同时还对退出意向有显著的直接负向影响(路径系数为 −0.159,P 值 0.016)。进一步分析自我价值期望差距对退出意向产生直接负向影响的原因,可能是因为当顾客认为其自我价值没有得到充分认可时,出于一种自我证明的固执心态,反而会继续强化在线知识共享行为。从直接效应(−0.159)和间接效应(0.210)的对比来看,自我价值期望差距对退出意向的影响总体还是正向的。

(5)虚拟社区中顾客在线知识共享低感知公平性各维度对退出意向有直接或间接的显著正向影响

实证结果显示,消极态度在低结果公平性与顾客在线知识共享行为退出意向关系中起部分中介作用,即低结果公平性既通过影响消极态度而对退出意向产生间接正向影响,又对退出意向有直接正向影响(路径系数 0.128,P 值 0.025)。消极态度在低过程公平性、低互动公平性与退出意向的关系中起完全中介作用,即低过程公平性和低互动公平性均通过影响消极态度而对退出意向产生间接正向影响。总体而言,在虚拟社区的在线知识共享活动中,低感知公平性各维度对顾客在线知识共享行为退出意向的显著正向影响,在很大程度上是通过作用于消极态度而实现的。

8.4.2　管理启示

根据研究结论及已有相关研究成果,本研究主要从虚拟社区管理者(主导企业)角度出发,就如何预防社区中的顾客产生退出在线知识共享行为意向,提出如下几点管理启示。

(1)高度重视顾客在线知识共享过程中的自我价值和社交互动需求,着力提高共享知识的质量

虚拟社区管理者应通过各种有形或无形的方式,积极满足顾客对实现自我价值和建立良好社交互动等方面的现实需求。如通过标识在线知识共享者的等级、设置各种精神或物质奖励等方式,实现顾客对自身声誉和社区地位等回报的期望;为顾客建立高效、便利的交流沟通机制,设置顾客相互间的身份辨识,增加彼此的熟悉程度和交往深度,实现顾客对建立良好社交互动关系的期望。与此同时,虚拟社区管理者还应设计一定的审核制度,并对顾客在线共享的知识进行标准化和规范化处理,以确保共享知识的质量。

(2)努力维护虚拟社区在线知识共享活动的公平性

研究显示,顾客对结果公平、互动公平和过程公平的低感知会导致其在线知识共享行为退出意向。因此,虚拟社区管理者应通过设计公平的管理规则、奖惩制度和矛盾冲突解决方案等途径,努力为顾客在线知识共享活动营造公平合理、友好互助、相互尊重的社区氛围和社区文化,从而使积极参与在线知识共享活动的顾客能够得到相应的合理回报,并感受到来自社区及社区内其他顾客的友好态度和尊重。当发生矛盾和冲突时,虚拟社区也能够在充分吸取各方意见建议的基础上,给予公平、及时的处理。

(3)积极培育虚拟社区中顾客的社区归属感

研究显示,社区归属感在低感知公平性各维度与消极态度关系中存在部分调节作用,较强的社区归属感能在一定程度上缓解低结果公平性和低过程公平性感知对消极态度的影响作用。因此,虚拟社区管理者应通过制度设计、环境优化、氛围营造、文化培育、活动安排等多种手段和途径,使顾客逐渐产生对虚拟社区的认同、喜爱和依恋心理,形成对社区强烈的归属感,以促进顾客积极参与在线知识共享活动,有效预防顾客产生退出意向。

8.4.3　研究局限

本研究也存在一定的局限性：一是 77.41% 的被调查者是 16—25 岁的年轻人，在样本结构方面存在一定的局限性，影响了研究结论的普适性；二是在调查所设计的虚拟社区中，贴吧、博客、论坛类社区占 65.69%，研究结论是否适用于其他类型的虚拟社区尚有待进一步验证；三是在模型构建中，未充分考虑其他可能的影响因素或变量，如顾客个体特征、社区类别和社区特性等。在后续研究中，应充分考虑上述问题，对虚拟社区中的顾客在线知识共享行为退出意向进行更系统、广泛、深入的理论和实证研究。

9 顾客微信公众号持续使用意愿研究

在移动互联和社会化媒体时代,顾客在线创新活动开始从虚拟品牌(创新)社区逐渐向以微信为代表的社会化媒体迁移。微信公众号作为移动互联网的重要产物,已成为顾客在线创新和知识共创的主流平台和载体之一,顾客利用微信公众号等社会化媒体进行在线创新和知识共创已成为大势所趋。因此,开展顾客微信公众号持续使用意愿问题研究,具有较强的时代意义和价值,同时也为后续社会化媒体情境下的顾客在线创新和知识共创问题的研究奠定基础。

9.1 研究背景与文献回顾

9.1.1 研究背景

随着移动互联时代的到来,各种移动 APP(Application)和智能产品层出不穷。微信作为移动互联的产物之一,自腾讯公司 2011 年 1 月 21 日推出以来,凭借其互动性、娱乐性和用户真实性强等特性,取得了巨大的成功,逐渐显现出重要的商业价值。诸多企业已开始将微信视为一种有效的营销工具和开放式创新载体,并纷纷通过微信公众号来开展各种营销活动和顾客在线创新活动。但大量公众号的集中涌现,也分散了顾客有限的注意力,弱化了公众号的运营效果。此外,公众号推送内容的同质化程度较高、原创性不强、垃圾信息较多、交互性不强等问题也普遍存在,严重影响了顾客体验和感知价值,削弱了顾客的持续使用意愿,甚至导致顾客取消对公众号的关注。很多企业的公众号虽然表面上拥有数量可观的关注顾客,但事实上"僵尸粉"占了较大的比例,顾客活跃度、浏览量、推荐率和转化率大多偏低,顾客的持续使用意愿并不强。同时,顾客放弃使用或转换公众号也几乎不需要付出任何代价。因此,推送内容已成为公众号获得持续关注的关键所在,如何通过高质量的推送内容来吸引并留住顾客,是当前绝大部分公众号面临的一个共同难题。

　　微信营销是一个新兴的研究领域,目前尚处于起步阶段,已有相关研究主要集中在以下三个方面:一是微信传播问题研究,包括微信传播效果(Han et al.,2016)、微信传播特征(Xu et al.,2015)、微信传播方式(吴中堂等,2015);二是企业视角下的微信营销策略研究(Ghiselli and Ma,2015);三是顾客视角下的微信使用态度与行为研究(Che and Yang,2014;文鹏和蔡瑞,2014)。在对顾客持续使用意愿的已有相关研究中,有两类理论分析框架最为常用,即扩展或改进的技术接受模型(Venkatesh and Davis,2000)及期望确认理论(王军伟和甘春梅,2014)。顾客对能否从使用过程中获得价值所做出的认知判断,会对其持续使用意愿产生重要影响。如 Wang 和 Du(2014)的研究表明,感知价值会影响学生对移动社交网站的持续使用意愿。但总体而言,针对企业微信公众号持续使用意愿及其影响因素的理论和实证研究,目前仍较为匮乏。

　　据此,本研究借鉴计算机媒介沟通理论和感知价值理论,以顾客感知价值为中介,分析企业微信公众号推送内容特性对顾客持续使用意愿的影响机制,并探讨顾客认知需求的调节作用。本研究进一步丰富了微信营销的研究内容,深化了顾客微信公众号使用行为研究,对企业如何高效运作微信公众号来开展营销和顾客在线创新活动也有一定的实践指导意义。

9.1.2　文献回顾

(1)计算机媒介沟通理论和微信推送内容特性

　　Hoffinan 和 Novak(1997)提出了计算机媒介沟通理论(Computer-Mediated Communication,CMC),并指出计算机媒介具有内容上的互动性和生动性,因而是企业开展营销活动的有效媒介。Liu 和 Shrum(2002)认为互动性是两个或多个用户之间,基于沟通媒介和沟通内容的交互影响程度。与文本相比,包含链接的内容互动性更强,用户可以直接点击链接参与互动(Vries et al.,2012)。如通过微博来推送促销活动等内容,能增强顾客的在线互动意愿(杨学成等,2015)。Steuer(1992)认为生动性是媒介将内容呈现至受众感官的形式丰富性,并将其分为广度和深度两个维度,即媒介刺激用户感官的数量和程度。不同媒介在生动性上具有一定的差异,如视频能同时刺激用户的视觉和听觉,因而比图片更具生动性(杨学成等,2015)。此外,内容的利益性也是用户对媒介的重要关注点之一。Lin 和 Lu(2011)认为利益性即实用性,指媒介提供的内容能为用户提供各种帮助并使其从中获益。通过微信公众号,企业可以采用文字、图片、语音、视频等形式,向顾客推送企业动态、产品信息、品牌文化、促销优惠、热点资讯等内容,实现与顾客的全方位沟通和互动,吸引顾客开展在线创新活动。借鉴计算机媒介沟通理论,本研究将企业微信公众号推送内容特性分为互动性、生动性和利益性三个维度,并沿用了已有的相关界定。

(2)顾客感知价值

感知价值理论目前已较为成熟,提升顾客感知价值也被视为是企业获得成功的关键因素之一(Makanyeza et al.,2016)。Zeithaml(1988)对感知价值的定义得到了学术界的普遍认同,即感知价值是顾客对感知收益和付出两方面的权衡。诸多研究已经表明,感知价值对顾客持续使用的意愿或行为有重要影响(Petrick,2002;Yoo et al.,2010)。对顾客感知价值存在多种维度划分方式,Chandon et al.(2000)将其分为功能价值与情感价值两个维度;Rintamaki et al.(2006)将其分为情感价值、功能价值和社会价值三个维度;Prebensen et al.(2013)、邓朝华等(2010)提出了多维划分模型。借鉴感知价值理论及已有研究,本研究将顾客对企业微信公众号的感知价值分为情感价值和信息价值两个维度。情感价值指顾客在使用公众号过程中感知到的情感效用,它是一种基于体验的心理感受,如愉悦、满足等;信息价值指顾客感知到能够通过使用公众号,来获得自己想要了解或对自己有用的信息。

9.2 顾客微信公众号持续使用意愿的理论分析

9.2.1 推送内容特性对顾客持续使用意愿的影响

(1)推送内容互动性对顾客持续使用意愿的影响

Dholakia et al.(2010)的研究表明,网络销售平台的互动性特征,会对顾客的信任度、满意度及行为意愿产生显著正向影响。宁连举等(2013)对SNS社区的研究发现,人际互动能满足社区用户的信息需求并提升其满意度,从而正向影响用户对社区的持续使用意愿。在移动互联网时代,几乎每个顾客都面对着海量的网络信息资源。推送具有较强互动性的内容,如咨询服务、信息反馈、意见征集等,能引发顾客对企业微信公众号的重点关注,并使其在参与在线创新等各类互动活动的过程中,逐步强化对公众号的持续使用意愿。基于以上分析,本研究提出如下研究假设：

H1a：推送内容的互动性正向影响顾客持续使用意愿。

(2)推送内容生动性对顾客持续使用意愿的影响

Zhang et al.(2014)指出，提升网站及广告内容的生动性不仅能吸引顾客的注意力，还能激发顾客更为强烈的态度，并加强其关注、点击、互动等行为意向。孙会和李丽娜(2012)通过对新浪微博"当日转发排行榜"的研究发现，图片、表情、音频、视频等内容趣味性较强，比纯文本内容更轻松简洁且易于理解，顾客的转发意愿也更为强烈。制作精美、形式多样、生动性强的推送内容，能使企业微信公众号实现与顾客的全方位沟通，吸引顾客在线参与企业开放式创新活动，并引发顾客对公众号及其推送内容的持续性关注，产生浏览、转发、推荐等意愿。基于以上分析，本研究提出如下研究假设：

H1b：推送内容的生动性正向影响顾客持续使用意愿。

(3)推送内容利益性对顾客持续使用意愿的影响

已有研究表明，社交媒体已成为顾客获取产品或服务信息的重要途径，提供有价值的内容能强化顾客对社交媒体的使用动机(Kai et al.,2005)。Rowley et al.(2010)指出，提供有用的信息会促进顾客产生对博客、社交网站的参与意愿。王柏斌和田剑(2014)对微博营销效果影响因素的研究发现，推送能为用户提供一定帮助或带来一定收益的内容，会显著提升微博用户的关注意愿。杨学成等(2015)的研究也表明，实用性强的微博推送内容能促进粉丝的积极参与，并增强其对内容的转发意向。与博客、微博等类似，企业微信公众号向顾客推送利益性较强的内容，也同样有助于提升顾客的持续使用意愿。基于以上分析，本研究提出如下研究假设：

H1c：推送内容的利益性正向影响顾客持续使用意愿。

9.2.2 推送内容特性对顾客感知价值的影响

(1)推送内容互动性对顾客感知价值的影响

Sundar 和 Kim(2005)的研究表明，增强购物网站的互动性，能提升顾客的好感度和销售绩效。Cyr et al.(2009)、范晓屏等(2013)指出，由于顾客在网络购物环境中无法与零售商进行面对面交流，互动性因此变得尤为重要。增强网络购物环境的互动性，能满足消费者搜索、加工处理购买决策信息的需求，节约时间和精力,并提升其对购物网站的感知功能价值和满意度。宁连举等(2013)运用体验理论,解释了人际互动能给 SNS 社区成员带来愉悦、美好的体验,增强其对社区的归属感。与网络购物环境类似,企业微信公众号推送互动性较强的内容,不仅能满足顾客对产品或服务相关信息的需求,同时还能给顾客带来良好的使用体验和情感价值。基于以上分析,本研究提出如下研究假设:

H2a:推送内容的互动性正向影响顾客情感价值。

H2b:推送内容的互动性正向影响顾客信息价值。

(2)推送内容生动性对顾客感知价值的影响

Coyle 和 Thorson(2001)的研究发现,在电子商务环境中,具有不同设计风格、不同色彩的购物网站,会让消费者产生不同的购物体验。具有较强生动性的购物网站对消费者更具吸引力,能使消费者在浏览过程中产生更强的临场感体验,并激发其对网站更积极的态度和行为。Sewak et al.(2005)对网站设计与产品态度的实验研究进一步表明,在内容完全相同的情况下,具有较强生动性的网站能给顾客带来更大的视觉吸引力和更多的愉悦感,并使其产生更积极的产品态度。Cyr et al.(2009)也强调了生动性对网站的重要性,特别是视觉吸引力较大的内容能唤起顾客的正面情绪,并提升其对网站的满意度。Jiang 和 Benbasat (2015)指出,生动的在线产品展示不仅能给顾客带来更多的感官刺激,还能为他们提供更多的信息线索。当企业微信公众号推送内容以较为生动活泼的方式呈现时,相关信息就会更容易被顾客注意、加工和记忆,并产生更好的说服效果,同时还会给顾客带来更好的情感体验。基于以上分析,本研究提出如下研究假设:

H3a:推送内容的生动性正向影响顾客情感价值。

H3b:推送内容的生动性正向影响顾客信息价值。

(3)推送内容利益性对顾客感知价值的影响

在社会化媒体时代,顾客经常通过各种社交媒体来获取信息,提供各种实用的信息是社交媒体增强顾客感知价值并取得成功的关键要素(Jiang and Benbasat,2015)。Lin 和 Peña(2011)的研究发现,品牌微博是消费者获取产品(服务)信息的重要来源,有用的微博内容会强化消费者对品牌的认知,并对消费者情感产生显著正向影响。Che 和 Yang(2014)认为,微信若能推送有用、即时、便利的内容,则会对顾客感知价值和态度行为产生积极影响。作为一种新兴的媒介沟通工具,企业微信公众号向顾客推送产品或服务信息、优惠与促销信息等实用性较强的内容,是有效提升顾客对公众号感知价值的重要手段。基于以上分析,本研究提出如下研究假设:

H4a：推送内容的利益性正向影响顾客情感价值。

H4b：推送内容的利益性正向影响顾客信息价值。

9.2.3　顾客认知需求的调节作用

认知需求即个体参与和享受思考活动的倾向，当面临认知任务时，具有高认知需求的个体更倾向于深入思考问题，更积极地对信息进行认知、分析和处理；具有低认知需求的个体则倾向于回避各类认知任务和思考活动（Cacioppo et al.，1996；徐洁和周宁，2010）。Liu 和 Shrum（2002）认为，认知需求较高的个体会对信息资源的互动性提出更高的要求。Fortin 和 Dholakia（2005）指出，与低认知需求顾客相比，高认知需求顾客对互动性广告的反应更为积极。范晓屏等（2013）的实证研究表明，增强网站的互动性能有效满足高认知需求顾客对认知资源的较高要求，并对他们的产品态度产生积极影响；对那些不善于主动思考的低认知需求顾客而言，增强网站的生动性能给他们带来较好的使用体验，互动性的积极影响则相对较弱。Kayna 和 Amichai（2008）的研究发现，高认知需求者会比低认知需求者更频繁地使用网络信息服务，并对网络信息的有用性等问题较为重视。总体而言，与生动性较强的内容相比，互动性和利益性较强的内容需要顾客更多的认知投入和分析处理。因此，高认知需求顾客更加关注企业微信公众号推送内容的互动性和利益性；低认知需求顾客则更加关注推送内容的生动性。基于以上分析，本研究提出如下研究假设：

H5a：与低认知需求顾客相比，内容互动性对高认知需求顾客情感价值的影响更积极。

H5b：与低认知需求顾客相比，内容互动性对高认知需求顾客信息价值的影响更积极。

H6a：与高认知需求顾客相比，内容生动性对低认知需求顾客情感价值的影响更积极。

H6b：与高认知需求顾客相比，内容生动性对低认知需求顾客信息价值的影响更积极。

H7a：与低认知需求顾客相比，内容利益性对高认知需求顾客情感价值的影响更积极。

H7b：与低认知需求顾客相比，内容利益性对高认知需求顾客信息价值的影响更积极。

9.2.4 感知价值对顾客持续使用意愿的影响

Bhattacherjee(2001)对电子银行系统的研究表明,顾客对系统的感知价值会正向影响其持续使用意愿。Krüger 和 Scholtz(2010)的研究指出,在移动互联服务使用过程中,顾客感知价值对持续使用意愿有显著的正向影响。Wang 和 Du(2014)、王军伟和甘春梅(2014)对移动社交网站及学术博客的研究发现,感知价值是影响用户持续使用意愿的重要因素。顾客对企业微信公众号推送内容的情感和信息价值的主观感知,也同样会对其持续使用意愿产生积极的影响。基于以上分析,本研究提出如下研究假设:

H8a:情感价值正向影响顾客持续使用意愿。

H8b:信息价值正向影响顾客持续使用意愿。

与此同时,结合前述研究假设,本研究提出如下研究假设:

H9:感知价值在推送内容特性与顾客持续使用意愿关系中起中介作用。

综上所述,本研究的概念模型如图 9-1 所示。

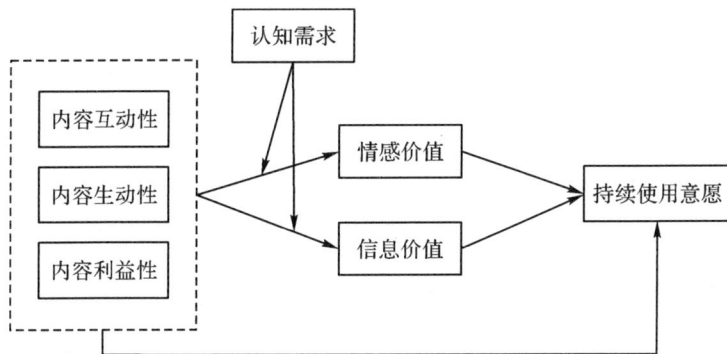

图 9-1 本研究的概念模型图

9.3 顾客微信公众号持续使用意愿的实证分析

9.3.1 研究设计

(1)数据收集

本研究通过调查问卷的方式获取研究数据。问卷由被试基本信息和变量测量问项两部分组成,以网络和纸质两种形式发放,请受访者根据自身使用企业微信公众号的真实情况填写。共计回收有效问卷 310 份,其中通过"问卷星"平台回收有效问卷 124 份;现场发放纸质问卷 240 份,回收有效问卷 186 份。受访者中,男性占 48.8%,女性占 51.2%;18 岁以下占 1.3%,18—25 岁占 84.9%,26—35 岁占 12.5%,36—45 岁占 1.3%;中学学历占 6.3%,大专学历占 1.3%,本科学历占 33.8%,硕士及以上学历占 58.6%;在校学生占 65.0%,公务员占 1.3%,事业单位人员占 7.5%,企业员工占 20.0%,自由职业者占 1.2%,其他类型占 5.0%。

(2)变量测量

本研究主要采用李克特 7 点量表对变量进行测量。其中内容互动性的测量主要参考了 Liu 和 Shrum(2002)的量表,由 4 个问项组成;内容生动性的测量主要参考了 Steuer(1992)的量表,由 5 个问项组成;内容利益性的测量主要参考了 Bhattacherjee(2001)的量表,由 5 个问项组成;情感价值和信息价值的测量主要参考了 Yoo et al.(2010)、Sweeney 和 Souta(2001)的量表,各由 4 个问项组成;顾客持续使用意愿的测量主要参考了 Bhattacherjee(2001)的量表,由 4 个问项组成;认知需求的测量主要参考了 Cacioppo et al.(1996)的量表,由 5 个问项组成(见表 9-1)。

9.3.2　数据分析

(1)信度与效度分析

使用 SPSS18.0 和 AMOS17.0 软件,通过验证性因子分析(CFA)等方法对样本数据进行信度和效度检验。结果显示(见表 9-1、表 9-2),各变量的 Cronbach's α 系均大于 0.7,说明量表具有较好的内部一致性;所有测量问项在其所属变量上的标准化载荷系数均大于 0.5,t 值均大于 2.0,各变量的组合信度 CR 值也均大于 0.7,说明测量模型具有充分的聚合效度;AVE 的平方根均大于相应行列中的相关系数,说明测量模型具有充分的区别效度;测量模型的拟合指数也均基本符合要求,显示模型拟合良好。由此可见,本研究的测量量表具有较好的信度和效度,可进一步分析各变量间的作用关系。

表 9-1 信度分析和验证性因子分析结果表

变量	测量问项	因子载荷	T 值	CR 值	AVE
内容互动性	该公众号会开展各种顾客互动活动	0.765	—	0.8221	0.5369
	该公众号会向顾客提供咨询服务	0.754	13.467		
	该公众号会向顾客及时反馈信息	0.748	13.358		
	顾客能通过该公众号表达自己的意见或建议	0.659	11.707		
内容生动性	该公众号经常使用图片方式推送内容	0.714	—	0.8452	0.5223
	该公众号经常使用语音方式推送内容	0.730	12.367		
	该公众号经常使用视频方式推送内容	0.762	12.872		
	该公众号推送的内容具有吸引力	0.681	11.572		
	该公众号推送的内容制作精美	0.724	12.267		
内容利益性	该公众号会提供各种产品或服务信息	0.710	—	0.8353	0.5037
	该公众号会开展积分、奖励等优惠活动	0.670	11.500		
	该公众号会及时发布各种促销活动信息	0.731	12.510		
	该公众号能帮助我解决产品或服务相关问题	0.720	12.325		
	该公众号能为我提供便利的服务	0.716	12.257		
情感价值	该公众号推送的内容能使我放松心情	0.710	—	0.8668	0.6201
	该公众号推送的内容能使我感到愉悦	0.840	14.546		
	该公众号推送的内容能使我感到满足	0.784	13.633		
	使用该公众号是一件有趣的事	0.810	14.061		
信息价值	使用该公众号能让我获得想要了解的信息	0.725	—	0.8197	0.5329
	使用该公众号能让我学到很多知识	0.801	14.145		
	使用该公众号能让我了解更多的热点资讯	0.719	12.708		
	该公众号能帮助我做出相关决策	0.669	11.798		
持续使用意愿	我会继续关注该公众号	0.729	—	0.8134	0.5221
	我会继续浏览该公众号推送的内容	0.686	12.413		
	我会继续通过该公众号购买产品或服务	0.774	14.067		
	我会推荐其他人关注该公众号	0.698	12.636		

续　表

变量	测量问项	因子载荷	T值	CR值	AVE
认知需求	我喜欢研究有难度的问题	0.769	—	0.8956	0.6324
	思考问题是我的乐趣	0.850	16.308		
	我喜欢从事用新方法解决问题的工作	0.809	15.436		
	我喜欢用抽象思维来考虑问题	0.730	13.736		
	我喜欢从事对智力有挑战性的工作	0.813	15.535		

拟合指数：$p=0.000$，$\chi^2/df=1.400$，$GFI=0.910$，$AGFI=0.890$，$NFI=0.922$，$CFI=0.976$，$RMSEA=0.034$。

表 9-2　AVE 的平方根和相关系数矩阵表

变量	1	2	3	4	5	6	7
内容互动性	0.733						
内容生动性	0.326***	0.723					
内容利益性	0.386***	0.304***	0.710				
情感价值	0.362***	0.351***	0.324***	0.787			
信息价值	0.422***	0.335***	0.341***	0.497***	0.73		
持续使用意愿	0.372***	0.333***	0.332***	0.423***	0.476***	0.722	
认知需求	0.274***	0.239***	0.181***	0.283***	0.342***	0.274***	0.795

注：*** 表示显著水平 $p<0.001$（双尾检测），对角线上的数值为 AVE 的平方根。

(2)结构方程模型分析

使用 AMOS17.0 软件对样本数据进行结构方程模型分析（SEM）。在结构方程初始模型中，假设路径"持续使用意愿←内容互动性"和"持续使用意愿←内容生动性"未达到拟合要求，依次删除后的结构方程修正模型分析结果如表 9-3 所示。修正模型的拟合指标显示，$\chi 2/df$ 为 $1.669<2$，RMSEA 为 $0.044<0.05$；IFI(0.959)，TLI(0.949)，NFI(0.903)，GFI(0.901)，CFI(0.958) 均大于 0.9；所有显变量和潜变量之间的标准化路径系数对应的 CR 值均大于 1.96，至少在 $p=0.05$ 水平上具有统计显著性。由此可见，修正模型拟合良好且比初始模型有所改善，已无进一步修正必要。结构方程模型分析结果显示，假设 H1c，H2a，H2b，H3a，H3b，H4a，H4b，H8a，H8b，H9 得到了有效验证。

表 9-3　结构方程修正模型分析结果表

假设路径	标准化路径系数	CR 值	p 值
情感价值←内容互动性	0.350	4.702	***
信息价值←内容互动性	0.459	5.745	***
情感价值←内容生动性	0.691	8.530	***
信息价值←内容生动性	0.392	5.459	***
情感价值←内容利益性	0.473	6.607	***
信息价值←内容利益性	0.488	6.348	***
持续使用意愿←内容利益性	0.153	3.301	***
持续使用意愿←情感价值	0.229	4.745	***
持续使用意愿←信息价值	0.479	6.452	***

拟合指标	p	χ^2/df	RMSEA	IFI	TLI	NFI	GFI	CFI
具体数值	0.000	1.669	0.044	0.959	0.949	0.903	0.901	0.958

注：*** 表示显著水平 $p<0.001$。

(3)顾客认知需求的调节作用分析

使用 SPSS18.0 软件对样本数据进行回归分析，来检验认知需求在推送内容特性与顾客感知价值关系中的调节作用。对各变量的数据进行中心化处理后，分别以情感价值和信息价值为因变量，以内容互动性、生动性、利益性及其与调节变量认知需求的交互项为自变量，逐次进入回归方程，形成 4 个回归模型。回归分析结果显示(见表 9-4)，认知需求在推送内容互动性、利益性与顾客感知情感、信息价值关系中起显著的正向调节作用，在推送内容生动性与顾客感知情感、信息价值关系中起显著的负向调节作用，假设 H5a，H5b，H6a，H6b，H7a，H7b 得到了有效验证。

表 9-4　调节作用的分析结果表

自变量	因变量:情感价值		因变量:信息价值	
	模型 1	模型 2	模型 3	模型 4
内容互动性	0.187**	0.108*	0.189**	0.108*
内容生动性	0.327***	0.298***	0.322***	0.292***
内容利益性	0.204***	0.178**	0.199**	0.171**

续　表

自变量	因变量:情感价值		因变量:信息价值	
	模型 1	模型 2	模型 3	模型 4
互动性 * 认知需求		0.202**		0.204**
生动性 * 认知需求		−0.197***		−0.195***
利益性 * 认知需求		0.155*		0.157*
R^2	0.404	0.482	0.397	0.461
ΔR^2	0.404	0.078	0.397	0.079
ΔF	43.227***	12.58***	42.261***	12.725***

注:* 表示显著水平 $p<0.05$;** 表示显著水平 $P<0.01$;*** 表示显著水平 $P<0.001$。

9.4　结论与启示

9.4.1　研究结论与理论贡献

(1)研究结论

本研究主要得出以下研究结论:①企业微信公众号推送内容的互动性和生动性,以顾客感知的情感和信息价值为完全中介,对顾客持续使用意愿产生显著的正向影响,总效应分别为 0.300 和 0.346;②企业微信公众号推送内容的利益性既对顾客持续使用意愿有显著的直接正向影响(直接效应为 0.153);又以顾客感知的情感和信息价值为部分中介,对顾客持续使用意愿产生显著的间接正向影响(间接效应为 0.342),总效应为 0.495;③认知需求在企业微信公众号推送内容特性与顾客感知价值的关系中起显著的调节作用,具体而言,与低认知需求顾客相比,推送内容的互动性、利益性对高认知需求顾客的感知情感和信息价值的影响更为积极;与高认知需求顾客相比,推送内容的生动性对低认知需求顾客的感知情感和信息价值的影响更为积极。

(2)理论贡献

本研究的理论贡献主要有以下三个方面:①以企业微信公众号推送内容特性及顾客持续使用意愿为研究对象,拓展和丰富了微信营销的研究内容。已有相关研究大多以博客、微博等社交媒体为主,微信传播、营销策略和顾客行为等研究刚刚起步,针对企业微信公众号的理论和实证研究则较为罕见。②借鉴计算机媒介沟通理论和顾客感知价值理论,分析了推送内容互动性、生动性和利益性对顾客感知情感、信息价值及持续使用意愿的影响。从而既扩大了已有理论的应用范畴,又为顾客微信公众号态度和使用行为问题研究提供了新的解释思路和分析方法。③在考虑认知需求调节作用的情况下,以顾客感知价值为中介,构建并验证了企业微信公众号推送内容特性对顾客持续使用意愿影响机制的理论模型。从而将研究内容聚焦于微信营销中的关键环节,提供了相应的理论分析框架,并进一步深入和细化了已有研究。

9.4.2 管理启示

(1)尽力完善企业微信公众号的推送内容特性

研究表明,微信公众号推送内容的互动性、生动性和利益性对顾客持续使用意愿均有显著的正向影响,其中内容利益性的总体影响效应最强。与使用公益类、娱乐类等微信公众号不同,顾客使用企业的营销类微信公众号,最重视的必然是推送内容的利益性。因此,企业微信公众号一定要把利益性作为推送内容设计的首要原则,确保推送内容能在产品或服务的购买、消费、使用等方面为顾客提供各种信息或帮助,使他们实实在在地从中获益。与此同时,推送内容的互动性和生动性也非常重要。面对微信中的海量信息,只有那些形式多样、制作精美,又可使顾客参与其中、交流互动的推送内容,才能使公众号脱颖而出,得到顾客的关注,激发其持续使用意愿。

(2)全面提升顾客对企业微信公众号的感知价值

通常情况下,企业可以通过各种优惠活动让微信公众号获得顾客的初次关注。但由于顾客的注意力十分稀缺且取消关注十分便捷,让顾客持续关注公众号相对较难,让顾客关注且持续使用(即顾客保持较高活跃度而非僵尸粉)则更是难上加难。让顾客在使用过程中感知到公众号能给自身带来较大的情感和信息价值,从中获得愉悦、满足等积极的情感体验及各种有价值的知识和信息,是解决这一难题的关键所在。因此,在增强推送内容的互动性、生动性和利益性的基础上,微信公众号还可采取多种途径和方式,来全面提升顾客的感知价值如组织顾客线下体验活动、给顾客特殊权限和优惠政策、奖励顾客的推荐和转发行为、制订顾客升级计划等。

(3)充分考虑企业微信公众号顾客群体的认知需求差异

研究表明,顾客认知需求在内容互动性、利益性与顾客感知价值关系中起正向调节作用,在内容生动性与顾客感知价值关系中起负向调节作用。由此可见,在具有不同认知需求的顾客之间,对微信公众号推送内容特性的关注重点上存在较大差异。因此,企业微信公众号应根据产品或服务的目标市场、现实和潜在消费者类型、顾客对前期推送内容的响应性等因素来充分了解顾客群体的认知需求特点及其分布结构。在此基础上,对推送内容特性做出明确定位和科学设计,使之与顾客群体的整体认知需求状况相匹配,以最大限度地提升顾客感知价值并强化其持续使用意愿。

9.4.3 研究局限

本研究也存在一定的局限性:一是仅探讨了企业微信公众号推送内容特性对顾客持续使用意愿的影响,未充分考虑其他可能的影响因素,如推送频率、推送时间、推送数量等;二是推送内容特性的三个维度之间可能存在一定的协同或交互效应,本研究未对此做深入剖析;三是本研究的样本在年龄、学历、职业等分布上相对较为集中,在一定程度上影响了研究结论的普适性。在后续研究中,应充分考虑上述问题,就企业微信公众号推送内容对顾客持续使用意愿的影响机制做更为系统深入的分析。

参考文献

AARONS G A,SOMMERFELD D H，2012. Leadership，Innovation climate，and attitudes toward evidence-based practice during a statewide implementation [J]. Journal of the American Academy of Child and Adolescent Psychiatry 51(51)：423-431.

ABBASA F，2013. Factors promoting knowledge sharing and knowledge creation in banking sector of Pakistan[J]. Management Science Letters (3)：405-414.

ALAM I,PERRY C，2002. A customer-oriented new service development process [J]. Journal of Services Marketing 16(6)：515-534.

ALAM I，2002. An exploratory investigation of user involvement in new service development[J]. Journal of the Academy of Marketing Science 30(3)：250-261.

ALAM I，2006. Removing the fuzziness from the fuzzy front-end of service innovations through customer interactions[J]. Industrial Marketing Management (35)：468-480.

ALAM I，2013. Customer interaction in service innovation：Evidence from India[J]. International Journal of Emerging Markets 8(1)：41-64.

ALTUNOGLU A E,GUREL E B，2015. Effects of leader-member exchange and perceived organizational support on organizational innovation：The case of Denizli techno park[J]. Procedia-Social and Behavioral Sciences 207(10)：175-181.

AMABILE T M，1983. The social psychology of creativity：A componential conceptualization[J]. Journal of Personality and Social Psychology 45(2)：357.

AMABILE T M，SCHATZEL E A，MONETA G B,et al. ，2004. Leader behaviors and the work environment for creativity：Perceived leader support [J]. Leadership Quarterly 15(1)：5-32.

AMABILE T M，2010. Motivation and creativity：Effects of motivational orientation on creative writers[J]. Journal of Personality and Social Psychology 48(48)：393-399.

ANANDV,GLICK WH, 2002. Thriving on the knowledge of outsiders: Tapping organizational social capital[J]. Academy of Management Executive 16 (1): 87-101.

ANDREASSEN T W, STREUKENS S, 2009. Service innovation and electronic word-of-mouth: Is it worth listening to[J]. Managing Service Quality 19 (3): 249-265.

ANTONIO C L, GLORIA C R, CARMEN C M, 2010. Social and organizational capital: Building the context for innovation[J]. Industrial Marketing Management (39):681-690.

ARENA R, CONEIN B, 2008. On virtual communities: Individual motivations, Reciprocity and we-rationality[J]. International Review of Economics 55(1-2): 185-208.

ARNONE L, COLOT O, CROQUET M, et al. , 2010. Company managed virtual communities in global brand strategy[J]. Global Journal of Business Research 4(2): 97-102.

BELKAHLA W, TRIKI A, 2011. Customer knowledge enabled innovation capability: Proposing a measurement scale[J]. Journal of Knowledge Management 15 (4): 648-674.

BLAZEVIC V, LIEVENS A, 2008. Managing innovation through customer coproduced knowledge in electronic services: An exploratory study[J]. The Journal of Academy of Marketing Science (36): 138-151.

BONNER J M, WALKER O C, 2004. Selecting influential business-to-business customers in new product development: Relational embeddedness and knowledge heterogeneity considerations[J]. Journal of Product Innovation Management 21(3): 155-169.

BONNER J M, 2010. Customer interactivity and new product performance: Moderating effects of product newness and product embeddedness[J]. Industrial Marketing Management (39):485-492.

BOTERO I C, DYNE LV, 2009. Employee voice behavior interactive effects of LMX and power distance in the United States and Colombia[J]. Management Communication Quarterly 23(1): 84-104.

BOWEN D E, SCHNEIDER B, 2014. A service climate synthesis and future research agenda[J]. Journal of Service Research 17(1): 5-22.

BURROUGHS J E, MICK D G, 2004. Exploring antecedents and consequences of consumer creativity in a problem-solving context[J]. Journal of Consumer Research 31(2): 402-411.

CAMPBELL A J, COOPER R G, 1999. Do customer partnerships improve new product success rates[J]. Industrial Marketing Management 28(5): 507-519.

CAMPBELL A J, 2003. Creating customer knowledge competence: Managing customer relationship management programs strategically[J]. Industrial Marketing Management 32(5): 375-383.

CANIËLS M C J, VERSPAGEN B, 2001. Barriers to knowledge spillovers and regional convergence in an evolutionary model[J]. Journal of Evolutionary Economics 11(3): 307-329.

CARBONELL P, RODRIGUEZ-ESCUDERO AI, PUJARI D, 2011. Performance effects of involving lead users and close customers in new service development [J]. Journal of Services Marketing 26(8): 1-32.

CASALO L, FLAVIAN C, GUINALIU M, 2007. The impact of participation in virtual brand communities on consumer trust and loyalty: The case of free software[J]. Online Information Review 31(6): 775-792.

CHAN HC, 2010. Linkage community based innovation and speed to market: The mediating role of new product development process[J]. The International Journal of Organizational Innovation 2(4): 49-60.

CHANG H H, HUNG C J, WONG K H, et al., 2013. Using the balanced scorecard on supply chain integration performance: A case study of service businesses[J]. Service Business 7(4): 539-561.

CHEN JS, TSOU HT, CHING KH, 2011. Co-production and its effects on service innovation[J]. Industrial Marketing Management (40):1331-1346.

CHENG C C, CHEN J S, TSOU H T, 2012. Market-creating service innovation: Verification and its associations with new service development and customer involvement[J]. Journal of Services Marketing 26(6): 444-457.

CHESBROUGH H, CROWTHER A K, 2006. Beyond high tech: Early adopters of open innovation in other industries[J]. R&D Management 36(3): 229-236.

CHESBROUGH H, SPOHRER J, 2006. A research manifesto for services science [J]. Communications of the Acm 49(7): 33-40.

CHRISTINA OBERG, 2010. Customer roles in innovations[J]. International Journal of Innovation Management 14(6): 989-1011.

CHU KM, CHAN HC, 2009. Community based innovation: Its antecedents and its impact on innovation success[J]. Internet Research 19(5): 496-516.

CLAYCOMB C,LENGNICK-HALL C A,INKS L W, 2001. The customer as a productive resource: A pilot study and strategic implications[J]. Journal of Business Strategies 18(1): 46-68.

COLGATE M, 2001. Secrets of Customer Relationship Management: It's all about how you make them feel[J]. Australasian Marketing Journal, 9(2): 86-87.

COOPER R G,KLEINSCHRNIDT E J, 2001. Winning business in product development: The critical success factors[J]. Research Technology Management 41(4): 20-33.

COOPER R G, 1996. Overhauling the new product process[J]. Industrial Marketing Management 25(6): 465-482.

CROSSAN M M, 1999. An organizational learning framework, From intuition to institution[J]. Academy of Management Review 24(3): 522-537.

DAHAN E,HAUSER J, 2002. The virtual customer[J]. Journal of Product Innovation Management 19(5): 332-353.

DAHLSTEN F, 2004. Hollywood wives revisited: A study of customer involvement in the XC90 project at Volvo Cars[J]. European Journal of Innovation Management 7(2): 141-149.

DELLA CORTE V,LAVAZZI A,ANDREA D, 2015. Customer involvement through social media: The cases of some telecommunication firms[J]. Journal of Open Innovation: Technology, Market, and Complexity (1): 1-10.

DENNIS AP,FOWLER D, 2005. Online consumer communities and their value to new product developers[J]. Journal of Product and Brand Management 14 (5): 283-291.

DHOLAKIA UM,BAGOZZI RP,PEARO LK, 2004. A social influence model of consumer participation in network and small-group-based virtual communities [J]. International Journal of Research in Marketing 21(3): 241-263.

DI GANGI P M,WASKO M,2009. Steal my idea! Organizational adoption of user innovations from a user innovation community: A case study of Dell Idea Storm[J]. Decision Support Systems 48(1): 303-312.

DINC M S, AYDEMIR M,2014. The effects of ethical climate and ethical leadership on employee attitudes: Bosnian case[J]. Internation Journal of Management Science 2(9): 391-405.

DOBRZYKOWSKI D D,TRAN O T,HOHG P, 2011. Insights into integration for supply chain redesign in service and product-focused firms[J]. International Journal of Services and Operations Management 8(3): 260-282.

DYNE L V,PIERCE J L, 2004. Psychological ownership and feelings of possession: Three field studies predicting employee attitudes and organizational citizenship behavior[J]. Journal of Organizational Behavior 25(4): 439-459.

DYNE LV, ANG S,BOTERO I. C, 2003. Conceptualizing employee silence and employee voice as multidimensional constructs[J]. Journal of Management Studies 40(6): 1359-1392.

EISENBEISS S A,DAAN V K,SABINE B, 2008. Transformational leadership and team innovation: Integrating team climate principles[J]. Journal of Applied Psychology 93(6): 1438-46.

EISINGERICH A B,RUBERA G,SEIFERT M, 2009. Managing service innovation and inter organizational relationships for firm performance to commit or diversify? [J]. Journal of Service Research 11(4): 344-356.

EKVALL G,RYHAMMAR L, 1999. The creative climate: Its determinants and effects at a Swedish University[J]. Creativity Research Journal 12(12): 303-310.

ENNEW C T,BINKS M R, 1999. Impact of participative service relationship on quality satisfaction and retention: An exploratory study[J]. Journal of Business Research 46(2): 121-132.

ERAT P,DESOUZA K C,SCHÄFERJUGEL A, et al. , 2006. Business customer communities and knowledge sharing: Exploratory study of critical issues[J]. European Journal of Information Systems 15(5): 511-524.

ERDEN Z,KROGH G V,NONAKA I,2008. The quality of group tacit knowledge [J]. Journal of Strategic Information Systems (17):4-18.

ETGAR M, 2008. A descriptive model of the consumer co-production process [J]. Academy of Marketing Science (36):97-108.

FANG E, 2008. Customer participation and the trade-off between new product innovativeness and speed to market [J]. Journal of Marketing 72(7): 90-104.

FANG E,PALMATIER RW, RAJDEEP R, 2011. Effects of customer and innovation asset configuration strategies on firm performance[J]. Journal of Marketing Research 48(3): 587-602.

FANG E,PALMATIER RW, 2008. Influence of customer participation on creating and sharing of new product value[J]. Academy of Marketing Science (36): 322-336.

FILIERI R, 2013. Consumer co-creation and new product development: A case study in the food industry[J]. Marketing Intelligence and Planning 31(1): 40-53.

FLAVIAN C,GUINALIU M, 2005. The influence of virtual communities on distribution strategies in the Internet[J]. International Journal of Retail and Distribution Management 33: 405-425.

FONG P S W, 2003. Knowledge creation in multidisciplinary project teams: An empirical study of the processes and their dynamic inter-relationships[J]. International Journal of Project Management 21(7): 479-486.

FOSS N J,LAURSEN K,PEDERSEN T, 2011. Linking customer interaction and innovation: The mediating role of new organizational practices [J]. Organization Science 22(4): 980-999.

FRAGIDIS G,IGNATIADIS I,WILLS C,2010. Value co-creation and customer-driven innovation in social networking systems[C].

FRANKE N,PILLER F, 2004. Value creation by toolkits for user innovation and design: The case of the watch market[J]. Journal of Product Innovation Management 21(6): 401-415.

FRANKE N,SCHREIER M, 2010. Why customers value self-designed products: The importance of process effort and enjoyment[J]. Journal of Product Innovation Management 27(7): 1020-1031.

FRANKE N,SHAH S, 2003. How communities support innovative activities: An exploration of assistance and sharing among end-users[J]. Research Policy 32(1): 157-178.

FRANKE N,VON HIPPEL E,SCHRIEIER M, 2006. Finding commercially attractive user innovations: A test of lead-user theory[J]. Product Development and Management Association 23(4): 301-315.

FRANKE N,VON HIPPEL E, 2003. Satisfying heterogeneous user needs via innovation toolkits: The case of Apache Security Software[J]. Research Policy 32: 1199-1215.

FRIESEN G B, 2001. Co-creation: When 1 and 1 make 11[J]. Consulting to Management 12(1): 28-31.

FROEHLE C, 2007,ROTH A. A resource-process framework of new service development[J]. Production and Operations Management 16(2): 169-188.

FROHLICH M T, WESTBROOK R, 2002. Demand chain management in manufacturing and services: Web-based integration, Drivers and performance[J]. Journal of Operations Management 20(6): 729-745.

FULLER J, BARTL M, ERNST H, et al., 2006. Community based innovation: How to integrate members of virtual communities into new product development [J]. Electronic Commerce Research 6(1): 57-73.

FULLER J, MATZLE K, 2007. Virtual product experience and customer participation: A chance for customer-centered, Really new products[J]. Technovation (27): 378-387.

FULLER J, JAWECKI G, MÜHLBACHER H, 2007. Innovation creation by online basketball communities [J]. Journal of Business Research (60): 60-71.

FULLER J, MATZLER K, HOPPE M, 2008. Brand community members as a source of innovation[J]. Journal of Product Innovation Management (25): 608-619.

GALES L, MANSOUR-COLE D, 1995. User involvement in innovation projects: Toward an information processing model[J]. Journal of Engineering and Technology Management 12(1/2): 77-109.

GEBERT H, GEIB M, KOLBE L, et al., 2003. Knowledge-enabled customer relationship management: Integrating customer relationship and knowledge management concepts[J]. Journal of Knowledge management 7(5): 107-123.

GEMSER G, PERKS H, 2015. Co-creation with customers: An evolving innovation research field[J]. Journal of Product Innovation Mnagement 32(5): 660-665.

GERWIN D, 2004. Coordinating new product development in strategic alliances [J]. Academy of Management Review 29(2): 241-257.

GHOSHAL S, TSAI W, 1998. Social capital and value creation: The role of intra-firm networks[J]. Academy of Management Journal, 41(4): 464-476.

GIBBERT M, LEIBLOD M, PROBST G, 2002. Five style of customer knowledge management and how smart companies use them to create value[J]. Elsevier Science Ltd 20(5): 459-465.

GOURLAY S, 2006. Conceptualizing knowledge creation: A critique of Nonaka's theory[J]. Journal of Management Studies 43(7): 1415-1436.

GRANT R M, 1996. Toward a knowledge-based theory of the firm[J]. Strategic

Management Journal (17): 109-112.

GREER CR, LEID, 2012. Collaborative innovation with customers: A review of the literature and suggestions for future research[J]. International Journal of Management Reviews (14):63-84.

GROTH M, 2005. Customers as good soldiers: Examining citizenship behaviors in internet service deliveries[J]. Journal of Management 31(1): 7-27.

GRUEN TW, 1995. The Outcome Set of Relationship Marketing in Consumer Markets[J]. International Business Review 4(4): 447-469.

GRUNER K E, HOMBURG C, 2000. Does customer interaction enhance new product success[J]. Journal of Business Research 49(1): 1-14.

GUERRERO S, SYLVESTRE J, MURESANU D, 2013. Pro-diversity practices and perceived insider status[J]. Cross Cultural Management An International Journal 20(1): 5-19.

GUSTAFSSON A, KRISTENSSON P, WITELL L, 2012. Customer co-creation in service innovation: A matter of communication[J]. Journal of Service Management 23(3): 311-327.

HALL H, GRAHAM D, 2004. Creation and recreation: Motivating collaboration to generate knowledge capital in online communities[J]. International Journal of Information Management (24):1-10.

HANSEN M, 2002. Knowledge networks: Explaining effective knowledge sharing in machinates companies[J]. Organization Science 13(3): 232-24.

HARGADON A B, BECHKY B A, 2006. When collections of creative become creative collectives: A field study of problem-solving at work[J]. Organization Science 17(4): 484-500.

HARS A, OU S, 2002. Working for free? Motivations for participating in open-source projects[J]. International Journal of Electronic Commerce 6(3): 25-39.

HE P, 2013. Why and when do people hide knowledge? [J]. Journal of Knowledge Management 17(3): 398-415.

HEMETSBERGER A, PIETERS R, 2001. When consumers produce on the internet: An inquiry into motivational sources of contribution to joint-innovation [C]. Proceedings of the Fourth International Research Seminar on Marketing Communications and Consumer Behavior21(3):274-291.

HENNIG-THURAU T, GWINNER KP, WALSH G, et al. , 2004. Electronic word-of-mouth via consumer-opinion platforms: What motivates consumers to articulate themselves on the internet? [J]. Journal of Interactive Marketing 18 (1): 38-52.

HERTEL G, NIEDNER S, HERRMANN S, 2003. Motivation of software developers in open source projects: An internet-based survey of contributors to the Linux Kernel[J]. Research Policy (32): 1159-1177.

HIPP C, GRUPP H, 2005. Innovation in the service sector: The demand for service-specific innovation measurement concepts and typologies[J]. Research Policy 34(4): 517-535.

HOFFMAN DL, NOVAK T. P, 1996. Marketing in hypermedia computer-mediated environments: conceptual foundations[J]. Journal of Marketing 60 (3): 50-68.

HOLSAPPLE C W, SINGH M, 2001. The knowledge chain model: Activities for competitiveness[J]. Expert Systems with Applications 20(1): 77-98.

HOYER W D, CHANDY R, DOROTIC M. , et al. , 2010. Consumer cocreation in new product development[J]. Journal of Service Research 13(3): 283-296.

HSIEH J K, CHIU H C, WEI C P, et al. , 2013. A practical perspective on the classification of service innovations[J]. Journal of Services Marketing 27 (5): 371-384.

ISGETT S F, FREDRICKSON B L, 2015. Broaden-and-build theory of positive emotions[J]. International Encyclopedia of the Social and Behavioral Sciences 56 (3): 864-869.

JAKUBIK M, 2008. Experiencing collaborative knowledge creation processes [J]. The Learning Organization 15(1): 5-25.

JANG H, OLFMAN L, KO I, et al. , 2008. The influence of on-line brand community characteristics on community commitment and brand loyalty[J]. International Journal of Electronic Commerce 12(3): 57-80.

JA-SHEN CHEN, HUANG-TAI TSOU, CHING R K H, 2011. Co-production and its effects on service innovation[J]. Industrial Marketing Management (40): 1331-1346.

JAW C, LO JY, LIN YH, 2010. The determinants of new service development: Service characteristics, Market orientation, And actualizing innovation effort[J]. Technovation (30): 265-277.

JEPPESEN LB, 2005. User Toolkits for innovation: Consumers support each other[J]. The Journal of Product Innovation Management (22): 347-362.

JEPPESEN LB,FREDERIKSEN L, 2006. Why do users contribute to firm-hosted user communities? The case of computer-controlled music instruments [J]. Organization Science 17(1): 45-63.

JOHANNESSEN J A,OLAISEN O B, 1999. Aspects of innovation theory based on knowledge-management[J]. International journal of information management 19(2): 121-139.

JOHNSON D S, LOWE B, 2015. Emotional support, Perceived corporate ownership and skepticism toward out-groups in virtual communities[J]. Journal of Interactive Marketing 29(1): 1-10.

KAHN K B,MCDONOUGH III E F, 1997. An empirical study of the relationships among co-location, Integration, Performance and satisfaction[J]. Journal of Product Innovation Management 14(3): 161-178.

KAMBIL A,FRIESEN G B,SUNDARAM A, 1999. Co-creation: A new source of value[J]. Outlook Magazine 3(2): 23-29.

KARAOSMANOGLU E,BAS ABE,ZHANG J, 2011. The role of other customer effect in corporate marketing: Its impact on corporate image and consumer-company identification[J]. European Journal of Marketing 45(9/10): 1416-1445.

KAULIO M A,1998. Customer, consumer and user involvement in product development: A framework and a review of selected methods[J]. Total Quality Management (1): 141-149.

KIMBERLY S,JAUSSI,AMY E,et al. , 2007. I am, I think I can, and I do: The role of personal identity, Self-Efficacy, and cross-application of experiences in creativity at work[J]. Creativity Research Journal 19(2): 247-258.

KODAMA M, 2001. Customer value creation business through learning processes with customers: Case studies of venture businesses in Japan[J]. Managing Service Quality: An International Journal 11(3): 160-174

KOHLBACHER F, 2008. Knowledge-based new product development: Fostering innovation through knowledge co-creation[J]. Technology Intelligence and Planning 4(3): 326-346.

KOHLER T,FUELLER J,MATZLER K,et al. , 2011. Co-creation in virtual worlds: The design of the user experience[J]. MIS quarterly 35(3): 773-788.

KOHLER T, MATZLER K, FU LLER J, 2009. Avatar-based innovation: Using virtual worlds for real-world innovation[J]. Technovation (29): 345-407.

KONCZAK L J,STELLY D J,TRUSTY M L, 2000. Defining and measuring empowering leader behaviors: Development of an upward feedback instrument [J]. Educational and Psychological Measurement 60(2): 301-313.

KOZINETS RV, 2002. The field behind the screen: Using netnography for marketing research in online communities[J]. Journal of Marketing Research 39 (1): 61-72.

KRISTENSSON P, GUSTAFSSON A, ARCHER T, 2004. Harnessing the creative potential among users [J]. Journal of Product Innovation Management 21(1): 4-14.

KRISTENSSON P, MAGNUSSON P R, MATTHING J, 2002. Users as a hidden resource for creativity: Findings from an experimental study on user involvement[J]. Creativity and Innovation Management 11(1): 55-61.

KRISTENSSON P,MATTHING J,JOHANSSON N, 2008. Key strategies for the successful involvement of customers in the co-creation of new technology-based services[J]. International Journal of Service Industry Management 19(4): 474-491.

KROGH G,SPAETH S,LAKHANI KR, 2003. Community, Joining, and specialization in open source software innovation: A case study[J]. Research Policy (32):1217-1241.

LACEY R, 2012. How customer voice contributes to stronger service provider relationships[J]. Journal of Services Marketing 26(2): 137-144.

LAGROSEN S, 2005. Customer involvement in new Product development: A relationship marketing perspective [J]. European Journal of Innovation Management 8(4): 424-436.

LAKHANI K R,WOLF R G, 2006. Why hackers do what they do: Understanding motivation and effort in free/open source software projects: Perspectives on free and open source software[J]. Organization Science 17(1): 45-63.

LAMBERTI L, NOCI G, 2009. Online experience as a lever of customer involvement in NPD: An exploratory analysis and a research agenda[J]. Euro Med Journal of Business 4(1): 69-87.

LAU A K W,TANG E,YAM R C M, 2010. Effects of supplier and customer integration on product innovation and performance: Empirical evidence in Hong Kong manufacturers[J]. Journal of Product Innovation Management 27(5): 761-777.

LAVELLE J, GUNNIGLE P, McDONNELL A, 2010. Patterning employee voice in multinational companies[J]. Human Relations 63(3): 395-418.

LEE C S, KELKAR R S, 2013. ICT and knowledge management: Perspectives from the SECI model[J]. The Electronic Library 31(2): 226-243.

LEE FSL, VOGEL D, LIMAYEM M, 2003. Virtual community informatics: A review and research agenda[J]. Journal of Information Technology Theory and Application 5(1): 47-61.

LEE G K, COLE R E, 2003. From a firm-based to a community based model of knowledge creation: The case of the Linux kernel development[J]. Organization Science 14 (6): 633-649.

LEE V, OGUNTEBI J, 2012. Toward learning and knowledge creation: Operationalising the social learning cycle[J]. Journal of General Management 37 (4): 29-53.

LEE YE, SAHARIA A, 2008. Analyzing members' motivations to participate in role-playing and self-expression based virtual communities[J]. Lecture Notes in Business Information Processing 22(9): 124-134.

LENGNICK-HALL C A, 1996. Customer contributions to quality: A different view of the customer-oriented firm[J]. Academy of Management Review 21 (3): 791-824.

LEONARD D, SENSIPER S, 1998. The role of tacit knowledge in group innovation [J]. California Management Review 40(3): 112-132.

LEONARD-BARTON D, 1995. Wellsprings of knowledge: Building and sustaining the sources of innovation[J]. Long Range Planning 17(1): 387-392.

LI J, YUAN L, NING L, et al., 2015. Knowledge sharing and affective commitment: The mediating role of psychological ownership[J]. Journal of Knowledge Management 19(6):1-41.

LIANG J, FARH CIC, FARH JL, 2012. Psychological antecedents of promotive and prohibitive voice: A two-wave examination[J]. Academy of Management Journal 55(1): 71-92.

LICHTENTHALER U, 2011. Open innovation: Past research, Current debates, and future directions[J]. Academy of Management Executive 25(1): 75-93.

LIN X, GERMAIN R, 2004. Antecedents to customer involvement in product development: Comparing US and Chinese firms[J]. European Management Journal 22(2): 244-255.

LIU M S, 2012. Impact of knowledge incentive mechanisms on individual knowledge creation behavior-An empirical study for Taiwanese R&D professionals [J]. International Journal of Information Management 32(5): 442-450.

LUNDKVIST A, YAKHLEF A, 2004. Customer involvement in new service development: A conversational approach[J]. Managing Service Quality (14): 249-257.

LUSCH R F, VARGO S L, 2006. Service-dominant logic: Reactions, Reflections and refinements[J]. Marketing theory 6(3): 281-288.

MADHAVAN R, GROVER R, 1998. From embedded knowledge to embodied knowledge: New product development as knowledge management[J]. Journal of Marketing 62(4): 1-12.

MADJAR N, 2002. There's no place like home? The contributions of work and non-work creativity support to employees' creative performance[J]. Academy of Management Journal 45(4): 757-767.

MAHR D, LIEVENS A, BLAZEVIC V, 2014. The value of customer cocreated knowledge during the innovation process[J]. Journal of Product Innovation Management 31(3): 599-615

MARJORIE A, FRANCINE S, 2011. Perceived organizational membership and the retention of older workers[J]. Journal of Organizational Behavior 32(2): 319-344.

MARQUIS M, FILIATRAULT P, 2002. Understanding complaining responses through consumers' self-consciousness disposition[J]. Psychology and Marketing 19(3): 267-292.

MARUPING L, MAGNI M, 2012. What's the weather like? The effect of team learning climate, Empowerment climate, and gender on individuals' technology exploration and use[J]. Journal of Management Information Systems 29(1): 79-114.

MASCARENHAS O A, KESAVAN R, BERNACCHI M, 2004. Customer value-chain involvement for co-creating customer delights[J]. Journal of Consumer Marketing 21(7): 486-496.

MATTHING J, SANDEN B, EDVARDSSON B, 2004. New service development: Learning from and with customers[J]. International Journal of Service Industry Management 15(5): 479-498.

MATZLER K, HINTERHUBER H, 1998. How to make product development projects more successful by integrating Kano's model of customer satisfaction into quality function deployment[J]. Technovation 18(1): 25-38.

MCFADYEN M A, CANNELLA A A, 2004. Social capital and knowledge creation: Diminishing returns of the number and strength of exchange relationships [J]. Academy of Management Journal 47(5): 735-746.

MELE C, 2009. Value innovation in B2B: Learning, Creativity, and the provision of solutions within service-dominant logic[J]. Journal of Customer Behavior 8(3): 199-220.

MENOR L J, ROTH A V, 2007. New service development competence in retail banking: Construct development and measurement validation[J]. Journal of Operations Management 25 (4): 825-846.

MIDGLEY C, KAPLAN A, MIDDLETON M, 2001. Performance-approach Goals: Good for what for whom, under what circumstances, and at what costs? [J]. Journal of Educational Psychology 97(1): 77-86.

MILLIKEN F J, MARTINS L L, 1996. Searching for common threads: Understanding the multiple effects of diversity in organizational groups[J]. Academy of Management Journal 21(2): 402-433.

MOHAGHAR A, JAFARNEJAD A, MOOD M M, et al., 2012. A framework to evaluate customer knowledge co-creation capacity for new product development [J]. African Journal of Business Management 6(21): 6401-6414.

MOHR J, NEVIN J, 1990. Communication strategies in marketing channels: A theoretical perspective[J]. Journal of Marketing 50(1): 36-51.

MONTANI F, ODOARDI C, BATTISTELLI A., 2012 Explaining the relationships among supervisor support, Affective commitment to change, and innovative work behavior: The moderating role of coworker support[J]. Bollettino Di Psicologia Applicata 79(1): 43-57.

MOORMAN C, MINER A S, 1997. The impact of organizational memory on new product performance and creativity[J]. Journal of Marketing Research 34(1): 91-106.

MORRISON P D, RORBERT J H, MIDGLEY D F, 2004. The nature of lead users and measurement of leading edge status[J]. Research Policy (33): 351-362.

MULLER E, ZENKER A, 2001. Business services as actors of knowledge transformation: The role of KIBS in regional and national innovation systems[J].

Research Policy 30: 1501-1516.

MUNIZ AM,O'GUINN TC, 1998. Brand community[J]. Journal of Consumer Research 27(4): 412-432.

NAMBISAN S,BARON R, 2009. Virtual customer environments: Testing a model of voluntary participation in value co-creation activities[J]. Journal of Product Innovation Management 26(4): 388-406.

NAMBISAN S, 2002. Designing virtual customer environments for new product development: Toward a theory[J]. Academy of Management Review 27(3): 392-413.

NEALE M R,CORKINDALE D R, 1998. Co-developing products: Involving customers earlier and more deeply[J]. Long Range Planning 31(3): 418-425.

NGAMKROECKJOTI C,SPEECE M,2008. Technology turbulence and environmental scanning in Thai food new product development[J]. Asia Pacific Journal of Marketing and Logistics 20(4): 413-432.

NICOLAJSEN H W,SCUPOLA A, 2011. Investigating issues and challenges for customer involvement in business services innovation[J]. Journal of Business and Industrial Marketing 26(5): 368-376.

NYER PU, 2000. An investigation into whether complaining can cause increased consumer satisfaction[J]. Journal of Consumer Marketing 17(1): 9-19.

O'REILLY III C A,CALDWELL D F,BARNETT W P, 1989. Work group demography, Social integration, and turnover[J]. Administrative Science Quarterly 34(1): 21-37.

OBERG C, 2010. What happened with the grandiose plans? Strategic plans and network realities in B2B interaction[J]. Industrial Marketing Management 39(6): 963-974.

O'CASS A,SOK P, 2013. Exploring innovation driven value creation in B2B service firms: The roles of the manager, Employees, and customers in value creation[J]. Journal of Business Research 66(8): 1074-1084.

OGAWA S,PILLER F T, 2006. Reducing the risks of new product development [J]. Sloan Management Review 47(2): 65-72.

OLIVER A,EBERS M, 1998. Networking network studies: An analysis of conceptual configurations in the study of inter-organizational relationships [J]. Organization Study 19(4): 549-583.

OREG S,NOV O, 2008. Exploring motivations for contributing to open source initiatives: The roles of contribution context and personal values[J]. Computers in Human Behavior 24(5): 2055-2073.

ORNETZEDERA M,ROHRACHERB H, 2006. User-led innovations and participation processes: Lessons from sustainable energy technologies[J]. Energy Policy 34(2):138-150.

PAYNE A F,STORBACKA K,FROW P, 2008. Managing the co-creation of value[J]. Journal of the Academy of Marketing Science 36(1): 83-96.

PEDROSA A M, 2012. Customer integration during innovation development: An exploratory study in the logistics service industry[J]. Creativity and Innovation Management 21(3): 263-276.

PIERCE J L,KOSTOVA T,DIRKS K T, 2003. The state of psychological ownership: Integrating and extending a century of research[J]. Review of General Psychology 7(1): 84-107.

PILLER F T,WALCHER D, 2006. Toolkits for idea competitions: A novel method to integrate users in new product development[J]. R&D Management 36 (3): 307-318.

POETZ M K,SCHREIER M, 2012. The value of crowd sourcing: Can users really compete with professionals in generating new product ideas? [J]. Journal of Product Innovation Management 29(2): 245-256.

PRABHU J C,CHANDY R K,ELLIS M E,2005. The impact of acquisitions on innovation, Poison pill, Placebo or tonic[J]. Journal of Marketing 69 (1): 114-130.

PRAHALAD C K,RAMASWAMY V, 2000. Co-opting customer competence [J]. Harvard Business Review 78(1): 79-87.

PRAHALAD C K,RAMASWAMY V, 2004. Co-creating unique value with customers[J]. Strategic and Leadership 32(3): 4-9.

PRAHALAD C K,RAMASWAMY V, 2004. Co-creation experiences: The next practice in value creation[J]. Journal of interactive marketing 18(3): 5-14.

PRILUCK R, 2003. Relationship marketing can mitigate product and service failures[J]. Journal of Services Marketing 17(1): 37-52.

RAHIM M A,MAGNER N R, 1995. Confirmatory factor analysis of the styles of handling interpersonal conflict: First-order factor model and its invariance across groups[J]. Journal of Applied Psychology (80):122-132.

RAMASWAMY V, 2004. Co-creating experiences with customers: New paradigm of value creation[J]. Journal of management (3): 56-78.

RAMASWAMY V, 2008. Co-creating value through customers' experiences: The Nike case[J]. Strategy and Leadership 36(5): 9-14.

RAUNIAR R, et al. , 2008. The role of heavyweight product manager in new product development[J]. International Journal of Operations and Production Management 28(2): 130-154.

RHOADES L, EISENBERGER R, 2002. Perceived organizational support: A review of the literature[J]. Journal of Applied Psychology 87(4):698-714.

RIDINGS C M, GEFEN D, ARINZE B, 2002. Some antecedents and effects of trust in virtual communities[J]. Journal of Strategic Information Systems 11 (3): 271-295.

RIDINGS C, GEFEN D, ARINZE B, 2006. Psychological barriers: Lurker and poster motivation and behavior in online communities[J]. Communications of the Association for Information Systems 18(16): 329-354.

RINDFLEISCH A, MOORMAN C, 2001. The acquisition and utilization of information in new product alliances[J]. Journal of Marketing (65): 1-18.

RITTER T, WALTER A, 2003. Relationship-specific antecedents of customer involvement in new product development[J]. International Journal of Technology Management 5(6): 482-502.

RONG-AN SHANG, YU-CHEN CHEN, HSUEH-JUNG LIAO, 2006. The value of participation in virtual consumer communities on brand loyalty[J]. Internet Research 16(4): 398-418.

ROTHWELL R, 1994. Towards the fifth-generation innovation process[J]. International Marketing Review 11(1): 7-31.

ROWLEY J, TEAHAN B, LEEMING E, 2007. Customer community and co-creation: A case study[J]. Marketing Intelligence and Planning, 25(2): 136-146.

RUBALCABA L, MICHEL S, SUNDBO J, et al. , 2012. Shaping, Organizing, and rethinking service innovation: A multidimensional framework[J]. Journal of Service Management 23(5): 696-715.

RYU C, YONG J K, CHAUDHURY A, et al. , 2005. Knowledge acquisition via three learning processes in enterprise information portals: Learning-by-investment, Learning-by-doing, and Learning-from-others[J]. Mis Quarterly 29 (2): 245-278.

SAADIA M R, PAHLAVANIB N, 2013. The effect of social capital on knowledge creation in petrochemical industry[J]. Management Science Letters (3): 879-884.

SANDMEIER P, MORRISON P D, GASSMANN O, 2010. Integrating customers in product innovation: Lessons from industrial development contractors and in-house contractors in rapidly changing customer markets[J]. Creativity and Innovation Management 19(2): 89-106.

SAWHNEY M, PRANDELLI E, 2000. Communities of creation: Managing distributed innovation in turbulent markets[J]. California Management Review 42(4): 24-54.

SAWHNEY M, VERONA G, PRANDELLI E, 2005. Collaborating to create: The internet as a platform for customer engagement in product innovation [J]. Journal of Interactive Marketing 19(4): 4-17.

SCHEUING E E, JOHNSON E M, 1989. A proposed model for new service development[J]. Journal of Services marketing 3(2): 25-34.

SEN S, BHATTACHARYA C. B. , 2003. Consumer-company identification: A framework for understanding consumers' relationships with companies[J]. Journal of Marketing 67(2): 76-88.

SHEN CC, CHOU J. S. , 2009. The effect of community identification on attitude and intention toward a blogging community[J]. Internet Research 19(4): 393-407.

SHENG M, HARTONO R, 2015. An exploratory study of knowledge creation and sharing in online community: a social capital perspective[J]. Total Quality Management 26(1): 93-107.

SHERIF K, XING B, 2006. Adaptive processes for knowledge creation in complex systems: The case of a global IT consulting firm[J]. Information and Management 43(4): 530-540.

SHERMAN D J, SOUDER W E, JENSSEN S A, 2000. Differential effects of the primary forms of cross functional integration on product development cycle time[J]. Journal of Product Innovation Management 17(4): 257-267.

SIGALA M, 2012. Social networks and customer involvement in new service development(NSD): The case of www. mystarbucksidea. com[J]. International Journal of Contemporary Hospitality Management 24(7): 966-990.

SIGALA M, 2012. Exploiting web 2. 0 for new service development: Findings and implications from the greek tourism industry[J]. International Journal of Tourism Research 14(6): 551-566.

SIVADAS E, DWYER F R, 2000. An examination of organizational factors influencing new product success in internal and alliance-based processes[J]. Journal of Marketing 64(1): 31-49.

SJÖDIN C, KRISTENSSON P, 2012. Customers' experiences of co-creation during service innovation[J]. International Journal of Quality and Service Sciences 4(2): 189-204.

SKÅLÉN P, GUMMERUS J, VON KOSKULL C, et al. , 2015. Exploring value propositions and service innovation: a service-dominant logic study [J]. Journal of the Academy of Marketing Science 43(2):137-158.

SMITH, A. M. , FISCHBACHER, et al. , 2007. New service development: From panoramas to precision[J]. European Management Journal 25(5): 370-383.

SOUDER W E, SHERMAN D, COOPER R D, 1998. Environment uncertainty, Organizational integration, and new product development effectiveness: A test of contingency theory[J]. Journal of Product Innovation Management 5 (6): 520-533.

STAMPER C L, MASTERSON S S, 2002. Insider or outsider? How employee perceptions of insider status affect their work behavior[J]. Journal of Organizational Behavior 23(8): 875-894.

STEFFEN R, CHRISTOPHER R, 2010. Differential effects of empowering leadership on in-role and extra-role employee behavior: Exploring role of psychological empowerment and power values[J]. Human Relations 63 (11): 1743-1770.

STOREY C, KELLY D, 2001. Measuring the performance of new service development activities[J]. The Service Industries Journal 21(2): 71-90.

STRAUSS J, HILL DJ, 2001. Consumer complaints by e-mail: An exploratory investigation of corporate responses and customer reactions[J]. Journal of Interactive Marketing 15(1): 63-73.

SUBRAMANIAM M, YOUNDT M A, 2005. The influence of intellectual capital on the types of innovative capabilities[J]. Academy of Management Journal 48 (3): 45-463.

SYSON F, PERKS H, 2004. New service development: A network perspective [J]. Journal of Services Marketing 18(4): 255-266.

SZULANSKI G, 2000. The process of knowledge transfer: A diachronic analysis of stickiness[J]. Organizational Behavior and Human Decision Processes

(82):9-27.

THOMKE S,VON HIPPEL E, 2002. Customers as innovators: A new way to create value[J]. Harvard Business Review (4): 74-80.

TIERNEY,PAMELA,FARMER,STEVEN, M, 2002. Creative self-efficacy: Its potential antecedents and relationship to creative performances[J]. The Academy of Management Journal 45: 1137-1148.

TIKKANEN H, HIETANEN J, HENTTONEN T, et al. , 2009. Exploring virtual worlds: Success factors in virtual world marketing[J]. Management Decision 47(8): 1357-1381.

TURNIPSEED P H,TURNIPSEED D L, 2013. Testing the proposed linkage between organizational citizenship behaviors and an innovative organizational climate[J]. Creativity and Innovation Management 22(2): 209-216.

ULWICK A W, 2002. Turn customer input into innovation[J]. Harvard Business Review (1):91-97.

URBAN G L,VON HIPPEL E, 1988. Leader user analyses for development of new industrial products[J]. Management Science (34): 569-582.

UZZI B,LANCASTER R, 2003. Relational embeddedness and learning: The case of bank loan managers and their clients[J]. Management Science 49 (1): 383-399.

UZZI B, 1997. Social structure and competition in interfirm networks: The paradox of embeddedness[J]. Administrative Science Quarterly 42(1): 35-68.

VAN DOLE W M,DABHOLKAR P A,DE RUYTER K, 2007. Satisfaction with online commercial group chat: The influence of perceived technology attributes, Chat group characteristics, and advisor communication style[J]. Journal of retailing 83(3): 339-358.

VARGO S L,LUSCH R F, 2004. Evolving to a new dominant logic for marketing [J]. Journal of Marketing 68(1): 1-17

VARGO S L,MAGLIO P P,AKAKA M A, 2008. On value and value co-creation: A service systems and service logic perspective[J]. European management journal 26(3): 145-152.

VERLEYE K, 2015. The co-creation experience from the customer perspective: Its measurement and determinants[J]. Journal of Service Management 26(2): 321-342.

VON HIPPEL E,KATA R, 2002. Shifting innovation to users via toolkits[J].

Management science 48(7): 821-833.

VON HIPPEL E,KROGH G, 2003. Open source software and the "private-collective" innovation model: Issues for organization science[J]. Organization Science 14(2): 209-223.

VON HIPPEL E, 2001. Perspective: User toolkits for innovation[J]. The Journal of Product Innovation Management (18): 247-257.

WANG J,KIM T Y, 2013. Proactive socialization behavior in China: The mediating role of perceived insider status and the moderating role of supervisors' traditionality [J]. Journal of Organizational Behavior 34(3): 389-406.

WANG Y,FESENMAIER D. R. , 2003. Assessing motivation of contribution in online communities: An empirical investigation of an online travel community [J]. Electronic Markets 13(1): 33-45.

WEAVEN S,GRACE D,DANT R,et al. , 2014. Value creation through knowledge management in franchising: A multi-level conceptual framework[J]. Journal of Services Marketing 28(2): 1-10.

WENGER E, 2004. Knowledge management as a doughnut: Shaping your knowledge strategy through communities of practice[J]. Ivey Bus J 68(3): 1-8.

WEST M A, 1987. Role innovation in the world of work[J]. British Journal of Social Psychology 26 (4): 305-315.

WITELL L,KRISTENSSON P,GUSTAFSSON A,et al. , 2009. Idea generation: Customer co-creation versus traditional market research techniques[J]. Journal of Service Management 22(2): 140-159.

WITELL L, 2011. Idea generation: Customer co-creation versus traditional market research techniques[J]. Journal of Service Management 22(2): 140-159.

WU C H J, 2011. A re-examination of the antecedents and impact of customer participation in service[J]. Service Industries Journal 31(6): 863-876.

WU J J,CHANG Y S, 2005. Towards understanding members' interactivity, Trust, and flow in online travel community[J]. Industrial Management and Data Systems 105(7): 937-954.

YONG S H,KANG M, 2016. Extending lead user theory to users' innovation-related knowledge sharing in the online user community: The mediating roles of social capital and perceived behavioral control[J]. International Journal of Information Management 36(4): 520-530.

YOO J J,ARNOLD T J,FRANKWICK G L, 2012. Effects of positive customer-tocustomer service interaction[J]. Journal of Business Research 65(9)：1313-1320.

YU C，YUFANG T，YUCHEH C，2013. Knowledge sharing，Organizational climate，and innovative behavior：A cross-level analysis of effects[J]. Social Behavior and Personality an International Journal 41(1)：143-156.

ZOLLO M，WINTER S G，2002. Deliberate learning and the evolution of dynamic capabilities[J]. Organization Science (13)：339-351.

曹花蕊,杜伟强,姚唐,等,2014. 顾客参与内容创造的个体心理和群体创造机制[J]. 心理科学进展 22(5):746-759.

陈力,宣国良,2007. 顾客知识整合对新产品开发绩效的影响[J].科学学研究 25(1):147-151.

陈天阁,张道武,汤书昆,等,2005. 企业知识创造机制重构[J].科研管理 26(3):44-50.

陈伟,潘伟,杨早立,2013. 知识势差对知识治理绩效的影响机理研究[J]. 科学学研究 31(12):1864-1871.

褚建勋,汤书昆,2007. 基于顿悟学习的 Q-SECI 模型及其应用研究[J].科研管理(7):95-99.

戴智华,彭云峰,马王杰,等,2014. 考虑客户参与的新产品开发创新绩效研究[J].系统管理学报 23(6):778-787.

党兴华,李莉,2005. 技术创新合作中基于知识位势的知识创造模型研究[J]. 中国软科学(11):143-148.

樊耘,马贵梅,颜静,2014. 社会交换关系对建言行为的影响——基于多对象视角的分析[J]. 管理评论 26(12):68-78.

范钧,孔静伟,2009. 国外顾客公民行为研究[J]. 外国经济与管理 31(9):47-52.

范钧,2011. 顾客参与对顾客满意和顾客公民行为的影响研究[J]. 商业经济与管理 1(1):68-75.

范钧,邱宏亮,葛米娜,2013. 医院服务设计缺陷对患者不当行为意向的影响[J]. 商业经济与管理(8)：34-42.

范钧,邱瑜,邓丰田,2013. 用户参与对知识密集型服务业服务创新绩效的影响研究[J]. 科技进步与对策 30(16)：71-78.

范钧,林帆,2014. 服务失误模糊情境下顾客不当行为意向的形成机制研究:基于归因视角[J]. 管理评论 26(7):138-147.

范钧,林涛,聂津君,2014. 虚拟社区成员知识共享行为退出意向的影响因素研究[J]. 浙商管理评论(1):195-207.

范钧,聂津君,2014. 国外顾客在线参与新产品开发研究述评[J]. 科技管理研究

34(8):128-133.

范钧,聂津君,2016. 企业—顾客在线互动、知识共创与新产品开发绩效[J]. 科研管理 37(1):119-127.

范钧,高孟立,2016. 知识惯性一定会阻碍服务企业绩效的提升吗？——基于KIBS 企业的实证[J]. 商业经济与管理(4):28-38.

范钧,梁号天,2017. 社区创新氛围与外向型知识共创:内部人身份认知的中介作用[J]. 科学学与科学技术管理(11):73-84.

范钧,2017. 微信公众号推送内容特性对用户持续使用意愿的影响[J]. 商业经济与管理(8):69-78.

范秀成,杜琰琰,2012. 用户参与是一把"双刃剑"——用户参与影响价值创造的研究述评[J]. 管理评论 24(12):64-71.

方来坛,时勘,刘蓉晖,2012. 团队创新氛围的研究述评[J]. 科研管理 33(6):146-153.

高章存,汤书昆,2008. 基于认知心理学的企业知识创造机理探析——兼对野中郁次郎 SECI 模型的一个拓展[J]. 情报杂志(8):87-91.

葛米娜,范钧,彭聪,等,2017. 用户价值共创过程中的创造力形成机制[J]. 技术经济 36(4):46-52.

耿新,2003. 知识创造的 IDE-SECI 模型——对野中郁次郎"自我超越"模型的一个扩展[J]. 南开商业评论(5):11-15.

顾远东,彭纪生,2010. 组织创新氛围对员工创新行为的影响:创新自我效能感的中介作用[J]. 南开管理评论(1):30-41.

郭强,施琴芬,2004. 企业隐性知识显性化的外部机理和技术模式[J]. 自然辩证法研究(4):69-72.

韩小芸,黎耀奇,2012. 顾客心理授权的多层次模型分析:基于控制欲的调节作用[J]. 南开管理评论 15(3):4-11.

黄海艳,2014. 顾客参与对新产品开发绩效的影响:动态能力的中介机制[J]. 经济管理 36(3):87-97.

姜荣萍,何亦名,2014. 知识心理所有权对知识隐藏的影响机制研究[J]. 科技进步与对策 31(14):128-133.

金立印,2007. 虚拟品牌社群的价值维度对成员社群意识、忠诚度及行为倾向的影响[J]. 管理科学 20(2):36-45.

孔鹏举,周水银,2013. 基于企业与顾客共同创造竞争优势的企业参与概念研究[J].管理学报 10(5):722-729.

李柏洲,赵健宇,苏屹,2013. 基于能级跃迁的组织学习—知识创造过程动态模型研究[J].科学学研究 31(6):913-922.

李海舰,王松,2009. 客户内部化——基于案例的视角[J].中国工业经济(10):127-137.

李雷,赵先德,杨怀珍,2012. 国外新服务开发研究现状述评与趋势展望[J].外国经济与管理 34(1):36-45.

连欣,杨百寅,马月婷,2013. 组织创新氛围对员工创新行为影响研究[J].管理学报 10(7):985-992.

林筠,杨雪,2015. 知识型员工隐性知识的交流和转化对企业技术创新的影响研究[J].科研管理 36(7):28-37.

蔺雷,吴贵生,2004. 服务创新的四维度模型[J].数量经济技术经济研究(3):32-37.

刘林林,刘人境,2015. 虚拟社区成员间知识转移过程的研究——知识转移与知识分享、知识转换的关系[J].情报科学 33(9):33-38.

楼天阳,范钧,吕筱萍,等,2014. 虚拟社区激励政策对成员参与动机的影响:强化还是削弱?[J].营销科学学报 10(3):99-112.

卢俊义,王永贵,黄永春,2009. 顾客参与服务创新与顾客知识转移的关系研究:基于社会资本视角的理论综述和模型构建[J].财贸经济(12):128-133.

卢俊义,王永贵,2011. 用户参与服务创新与创新绩效的关系研究[J].管理学报 8(10):1566-1574.

马贵梅,樊耘,于维娜,等,2015. 员工—组织价值观匹配影响建言行为的机制[J].管理评论 27(4):85-98.

马永斌,王其冬,万文海,2013. 消费者创新研究综述与展望[J].外国经济与管理 35(8):71-80.

彭艳君,2008. 国外顾客参与研究述评[J].北京工商大学学报 23(5):56-60.

饶勇,2003. 知识生产的动态过程与知识型企业的创建——对 Nonaka SECI 知识转化模型的扩展与例证分析[J].经济管理(4):44-49.

芮明杰,李鑫,任红波,2004. 高技术企业知识创新模式研究:对野中郁次郎知识创造模型的修正与扩展[J].外国经济与管理(5):8-12.

隋杨,陈云云,王辉,2012. 创新氛围、创新效能感与团队创新:团队领导的调节作用[J].心理学报 44(2):237-248.

孙锐,2014. 战略人力资源管理、组织创新氛围与研发人员创新[J].科研管理 35(8):34-43.

汪林,储小平,黄嘉欣,等,2010. 与高层领导的关系对经理人"谏言"的影响机制——来自本土家族企业的经验证据[J].管理世界(5):108-117.

汪涛,郭锐,2010. 顾客参与对新产品开发作用机理研究[J]. 科学学研究 28(9):1383-1412.

汪涛,何昊,诸凡,2011. 新产品开发中的消费者创意——产品创新任务和消费者知识对消费者产品创意的影响[J]. 管理世界(2):80-92.

王莉,方澜,罗瑾琏,2011. 顾客知识、创造力和创新行为的关系研究——基于产品创新过程的实证分析[J]. 科学学研究 29(5):777-784.

王莉,任浩,2013. 虚拟创新社区中消费者互动和群体创造力——知识共享的中介作用研究[J]. 科学学研究 31(5):701-710.

王莉,方澜,王方华,等,2007. 网络环境下客户参与对产品开发绩效的影响研究——以我国软件企业为例[J]. 管理工程学报 21(4):95-135.

王琳,魏江,2009. 顾客互动对新服务开发绩效的影响——基于知识密集型服务企业的实证研究[J]. 重庆大学学报(社会科学版)15(1):35-41.

王琳,郑长娟,彭新敏,2012. 国外企业—顾客合作创新研究述评与展望[J]. 外国经济与管理 34(9):66-72.

王雁飞,蔡如茵,林星驰,2014. 内部人身份认知与创新行为的关系——一个有调节的中介效应模型研究[J]. 外国经济与管理 36(10):40-53.

王永贵,2011. 顾客创新论:全球竞争环境下"价值共创"之道 [M]. 北京:中国经济出版社.

王永贵,马双,2013. 虚拟品牌社区顾客互动的驱动因素及对顾客满意影响的实证研究[J]. 管理学报 10(9):1375-1383.

魏江,胡胜蓉,2007. 知识密集型服务创新范式研究[M]. 北京:科学出版社.

吴道友,高丽丽,段锦云,2014. 工作投入如何影响员工建言:认知灵活性和权力动机的作用[J]. 应用心理学 20(1):67-75.

辛春林,彭乔,苏颖,2013. 新服务开发的过程、模型和影响因素——研究现状与研究视角探析[J]. 软科学 27(9):131-134.

闫幸,常亚平,2013. 企业微博互动策略对消费者品牌关系的影响——基于新浪微博的扎根分析[J]. 营销科学学报 9(1):62-78.

杨百寅,连欣,马月婷,2013. 中国企业组织创新氛围的结构和测量[J]. 科学学与科学技术管理(8):43-55.

杨波,刘伟,2011. 领先用户在线参与新产品开发的动机研究[J]. 预测 30(2):66-70.

姚山季,王永贵,2011. 顾客参与新产品开发的绩效影响:产品创新类型的调节效应[J]. 商业经济与管理 235(5):89-96.

姚山季,王永贵,2012. 顾客参与新产品开发及其绩效影响:关系嵌入的中介机制[J].管理工程学报 26(4):39-83.

叶笛,刘震宇,林东清,2014. 管理信息系统开发中用户和开发者间知识共创性
　问题研究[J].管理学报 11(1):101-106.

俞明传,顾琴轩,朱爱武,2014. 员工实际介入与组织关系视角下的内部人身份
　感知对创新行为的影响研究[J]. 管理学报 11(6):836-843.

张红琪,鲁若愚,2012. 顾客知识管理对服务创新能力影响的实证研究[J]. 科学
　学与科学技术管理 33(8): 66-73.

张红琪,鲁若愚,2010. 基于顾客参与的服务创新中顾客类型的研究[J]. 管理科
　学 12(1):25-29.

张辉,徐岚,张琴,等,2013. 顾客参与创新过程中授权对消费者创造力的影响研
　究[J]. 商业经济与管理(12): 37-44.

张若勇,刘新梅,王海珍,等,2010. 顾客—企业交互对服务创新的影响:基于组
　织学习的视角[J].管理学报 7(2):218-224.

张欣,姚山季,王永贵,2014. 顾客参与新产品开发的驱动因素:关系视角的影响
　机制[J]. 管理评论 26(5): 99-110.

张雪,张庆普,2012. 知识创造视角下客户协同产品创新投入产出研究[J]. 科研
　管理 33(2):122-129.

张永成,郝冬冬,2011. 开放式创新下的知识共同创造机理[J]. 情报杂志 30
　(9):132-138.

赵夫增,2009. 互联网时代的在线社区生产模式研究[J]. 科学学研究 27(4):
　546-553.

赵红丹,汤先萍,2015. 内部人身份认知研究述评[J]. 外国经济与管理 37(4):
　56-65.

赵建彬,景奉杰,2016. 在线品牌社群氛围对顾客创新行为的影响研究[J].管理
　科学 29(4):125-138.

朱春平,范钧,高孟立,2017. 虚拟品牌社区中顾客建言行为的动机研究[J]. 管
　理评论 29(12):155-16.